JACK CANFIELD, MARK VICTOR HANSEN
ET KIMBERLY KIRBERGER

Bouillon de Poulet pour l'âme des Ados dans les moments difficiles

Traduit par Fernand A. Lec...

D1115641

BÉLIVEAU
★
éditeur
Montréal, Canada

L'édition originale de cet ouvrage a été publiée sous le titre
CHICKEN SOUP FOR THE TEENAGE SOUL ON TOUGH STUFF
© 2001 Jack Canfield et Mark Victor Hansen
Health Communications, Inc., Deerfield Beach, Floride (É.-U.)
ISBN 1-55874-942-X

Réalisation de la couverture : Jean-François Szakacs

Tous droits réservés pour l'édition française
© 2007, BÉLIVEAU Éditeur

Dépôt légal : 1er trimestre 2010
Bibliothèque et Archives nationales du Québec
Bibliothèque et Archives Canada

ISBN 978-2-89092-456-7

 BÉLIVEAU 5090, rue de Bellechasse
éditeur Montréal (Québec) Canada H1T 2A2
514 253-0403 Télécopieur : 514 256-5078

www.beliveauediteur.com
admin@beliveauediteur.com

Gouvernement du Québec — Programme de crédit d'impôt pour
l'édition de livres — Gestion SODEC — *www.sodec.gouv.qc.ca*.

Nous reconnaissons l'aide financière du gouvernement du Canada par
l'entremise du Programme d'Aide au Développement de l'Industrie de
l'Édition pour nos activités d'édition.

IMPRIMÉ AU CANADA

Avec amour, nous dédions
ce livre à nos ados :
Jesse, Christopher,
Melanie et Elisabeth.
Nous vous aimons !

Table des matières

4.   Le suicide

5.   Les tragédies

6.   L'abus

10. La mort et les mourants

Remerciements

On dit qu'il faut un village entier pour élever un enfant. Il en va de même pour l'élaboration et la publication de ce livre. Il y a tant de personnes dont la générosité d'esprit et le travail acharné se retrouvent dans ce livre qu'il est difficile d'exprimer la profondeur de notre gratitude à chacune d'elles

Voici, du fond de notre cœur, nos plus profonds et sincères remerciements à :

Jesse Kirberger, le fils adolescent de Kim, pour son humour, sa bonté et sa capacité d'être une inspiration constante pour tous ceux qui le connaissent.

John Anderson, le mari de Kim, qui s'est assuré que Kim ne perde pas son sens de l'humour et qui l'aime même quand elle le perd.

Inga Mahoney, qui aime Jack et qui fait ressortir le meilleur en lui.

Christopher Canfield, le fils de Jack, pour être l'adolescent créatif et aimant qu'il est. Nous t'aimons beaucoup.

Kyle et Oran Canfield, les enfants plus âgés de Jack, pour leur amour et leur soutien. Si seulement nous pouvions capturer votre génie créatif et le répandre, le monde serait meilleur.

Patty Hansen, la femme de Mark, qui l'aime, qui aime les ados et qui soutient si bien les préados.

Elisabeth et Melanie, les filles de Mark, parce que vous êtes des ados *cool* et pleines de sagesse.

Ellen Taylor, la mère de Kim et de Jack, pour son amour, sa patience envers nous et sa générosité de nous permettre de toujours être qui nous sommes.

Fred Angelis, le père de Kim et de Jack, pour son amour et son soutien, et pour nous avoir appris les vertus du travail.

Paul et Una, les parents de Mark, pour tout l'amour et le soutien qu'ils lui apportent.

Il faut une énorme somme de travail pour produire un livre comme celui-ci. Chaque fois que nous élaborons un ouvrage de la série *Bouillon de poulet pour l'âme,* nous sommes toujours étonnés du nombre requis de personnes et combien d'entre elles montent au front avec le sourire aux lèvres et le cœur plein d'amour. Les personnes suivantes n'ont pas seulement contribué des heures et des heures de travail acharné, mais elles ont aussi apporté leur amour, leur énergie et leur compassion. Pour ces raisons, nous sommes très reconnaissants à :

Mitch Claspy, président de *I.A.M. 4 Teens*, pour sa créativité et sa grande éthique du travail. Nous avons la plus grande admiration pour Mitch et pour son habileté à superviser la production de ces livres. Kim vous est très reconnaissante pour votre dévouement et votre engagement. Merci, Mitch, pour votre grande intelligence qui vous permet de faire tant de choses avec tant de perfection.

Un énorme et sincère merci à Tasha Boucher, rédactrice senior de *I.A.M. 4 Teens*, pour votre dévouement, votre travail acharné et votre étonnante capacité de vous occuper de tous les détails de ces histoires avec tant de grâce. Kim a souvent répété qu'elle s'estime très privilégiée de pouvoir travailler avec une personne si intègre et qui réussit tout ce qu'elle entreprend. Nous vous remercions aussi d'être l'amie de Kim. C'est très important pour elle.

Lisa Wood-Vazquez, l'adjointe de Kim, qui règle si bien l'emploi du temps de Kim et qui fait tout avec une si bonne attitude. Vous êtes une précieuse partie de son équipe. Kim vous est très reconnaissante, et nous aussi.

Nina Palais, vous êtes une perle. Nous vous remercions de diriger le *Teen Letter Project*, de faire fonctionner le bureau de Kim, d'être une mère pour chacun de nous et d'avoir un cœur d'or. Nous voulons aussi vous remercier pour tout ce que vous avez fait pour *Soup and Support for Teachers*.

Sharon House, qui a fait de si grands efforts pour la promotion de ce livre et qui s'est assurée qu'il se retrouve entre les mains du plus grand nombre possible de personnes. Merci de vos efforts.

Nous voulons exprimer nos sincères remerciements aux adolescents suivants qui ont travaillé si fort à cet ouvrage:

Christine Kalinowski, pour cette grande maturité dans ton travail et pour être si sage malgré ton âge.

Hayley Gibson, pour tes commentaires si importants sur les histoires et pour ton dévouement à ce travail.

Jenny Sharaf, pour tes talents de lecture, d'écriture et de révision. Nous te sommes également reconnaissants de tes efforts pour soutenir le *Teen Letter Project* et ta polyvalence.

Lia Gay, une des grandes amies de Kim, pour ton soutien indéfectible dans tout ce que nous te demandons. Merci pour tes révisions et tes commentaires si précieux.

Aux autres membres de notre super équipe d'adolescents qui ont investi tellement d'efforts pour rendre ce livre si spécial. Merci Rose Lannutti, pour avoir gardé le fort et pour ta somme de travail si impressionnante.

Nous voulons aussi remercier des ados qui viennent de se joindre à notre équipe: Caitlin Owens, Lily Lamden et Ashley Fisher. Nous apprécions votre contribution et votre travail.

Colin Mortensen, pour ta fidèle amitié et ton inspiration constante. Tu feras toujours partie de notre équipe.

Les adolescents suivants ont pris de leur temps précieux pour lire le manuscrit original, nous aider à faire la sélection finale et leurs commentaires inestimables pour améliorer le livre. Un gros merci à: Katrina Mumaw, Pamela Rizzo, Karen Groth, Britney Graham, Kelsey Walt, Katie Conner, Blaire Tacquard, Jill Muschinski, Jessica Turner, Jenna Ahlberg, Cara Wells, Emily Pember, Laura Bauer, Erin Downey, Michelle Andoniello, Berni Donovan, Lauren Mee, Maribel Antonio, Patricia Ochoa, Anna Meyer, Meghan Deppenschmidt, Shaina Swedburg, Cassandra Sarenco, Brian Chan, Laurel Walker, Kelly Kitts, Helen Scammell, Carolyn Rae, Theresa Galeani, Jenny

Merlo, Suzi Bonnot, Chris Ingram, Dominic Donovan, Maxwell Li, Hayley Gibson, Jenny Sharaf et Christine Kalinowski.

Nous voulons remercier le personnel de notre merveilleux éditeur, Health Communications :

Lisa Drucker et Susan Tobias, nos étonnantes réviseures chez Health Communications, qui donnent le meilleur d'elles-mêmes. Leur compétence, leur patience et leur grand cœur font la qualité de ce livre. Nous vous aimons.

Peter Vegso, notre éditeur, qui nous soutient et qui est ouvert aux nouvelles idées et inspirations. Merci de continuer à publier des livres qui font une différence.

Kim Weiss, notre talentueuse publiciste chez Health Communications, une grande amie avec qui nous avons tant de plaisir à travailler.

Maria Dinoia, membre de la grande équipe de publicistes de Health Communications, car, grâce à ses efforts, nos livres sont toujours sur les listes des best-sellers.

Terry Burke et Kelly Maragni, qui excellent toujours dans leur travail. Sans leurs grands talents dans les ventes et la commercialisation, les livres *Bouillon de poulet pour l'âme* ne connaîtraient pas le succès qu'ils connaissent aujourd'hui.

Randee Feldman, pour sa magistrale coordination et son soutien de tous les projets de *Bouillon de poulet.*

Merci au service du graphisme de Health Communications, pour leur talent, leur créativité et leur patience sans bornes dans la production des couvertures des livres et des maquettes intérieures qui donnent le ton au *Bouillon de poulet:* Larissa Hise Henoch, Lawna Patterson Oldfield, Andrea Perrine Brower, Lisa Camp, Anthony Clausi et Dawn Grove.

Teri Peluso, Christine Belleris, Patricia McConnell, Karen Ornstein et les autres membres du personnel de Health Communications, qui donnent le meilleur d'eux-mêmes pour assurer le succès de ces livres.

Un énorme merci à toute l'équipe des bureaux de Jack et de Mark:

Patty Aubery, pour son leadership infatigable, son amour et son soutien.

Heather McNamara et D'ette Corona, pour leurs révisions méticuleuses et éclairées qui ont renforcé ce livre. Votre travail et votre dévouement sans bornes sont appréciés de nous tous.

Leslie Riskin, si utile dans l'obtention des autorisations et toujours prête à aider.

Et les autres membres de leurs étonnantes équipes — Nancy Autio, Veronica Romero, Robin Yerian, Teresa Esparza, Cindy Holland, Vince Wong, Sarah White, Patty Hansen, Trudy Marschall, Maria Nickless, Laurie Hartman, Michelle Adams, Tracy Smith, Dee Dee Romanello, Joy Pieterse, Lisa Williams, Kristi Knopp et David Coleman — qui ont tellement facilité la réalisation de ce livre. Nous apprécions leur travail acharné et leur dévouement.

Claude Choquette et Tom Sand, qui, année après année, voient à la traduction de nos ouvrages dans plus de 45 langues dans le monde entier.

Ron Carnell, dont le site Web *Passions in Poetry* [*www.netpoets.com/*] est une source constante d'excellente poésie.

L'immensité de ce projet a peut-être fait que nous avons oublié de mentionner des personnes qui nous ont aidés. Si c'était le cas, nous nous en excusons et sachez que vous êtes appréciés.

Introduction

Chers ados,

Il y a quelques années, nous avons eu l'idée d'écrire pour les adolescents le livre *Bouillon de poulet pour l'âme des ados*. Comme vous le savez, il a été très bien accueilli et des millions d'ados ont trouvé réconfort et soutien dans les histoires écrites par des ados. Nous avons reçu des milliers de lettres nous demandant de préparer d'autres livres pour les adolescents. Ces demandes, accompagnées d'un déluge d'histoires qui nous ont été envoyées, nous ont fourni la motivation et les ressources pour poursuivre cette série.

Chaque semaine, nous recevons des centaines de lettres et d'histoires d'adolescents du monde entier par l'Internet et par la poste. À la lecture de cette montagne de courrier, nous avons remarqué que le chapitre consacré aux coups durs était le plus populaire de tous ces livres. Plus tard, nous avons commencé à recevoir des demandes pour un ouvrage entier consacré aux moments difficiles. Notre réponse à ces demandes est le livre que tu tiens maintenant dans tes mains.

Pour ceux d'entre vous qui ne connaissent pas la série *Bouillon de poulet pour l'âme des ados,* chacun des livres précédents contenait un chapitre consacré aux coups durs où l'on trouvait les questions et les expériences les plus difficiles dans la vie d'un adolescent, comme la drogue et l'alcool, le rejet, la fin d'une amitié ou d'une relation, la mort, le suicide, le divorce, l'abus physique et psychologique et les troubles alimentaires.

Même si le sujet de certaines de ces histoires peut être troublant et parfois même tragique, ces histoires offrent un potentiel d'éveil, d'apprentissage et de « mûrissement » énorme. Nous croyons que c'est ce qui explique l'étonnante réaction à ce genre d'histoires. Par exemple, dans les livres précédents, nous avons publié des histoires qui parlaient de la mort d'un parent. C'est l'une des plus grandes peurs des enfants et l'on pourrait s'interroger sur le bien-fondé de les inclure dans un livre. Cependant, nos lecteurs nous ont plusieurs fois envoyé des commentaires comme ceux-ci : « Après avoir lu cette histoire, j'ai immédiatement écrit une lettre à mes parents pour m'excuser de leur avoir causé tant de problèmes. » Aussi : « Même si ma mère et moi nous disputons encore, les choses ont changé. Je l'apprécie tellement plus maintenant et JE SAIS que tout ce qu'elle fait est par amour pour moi. Je ne comprenais pas cela avant de lire cette histoire. » Nous publions rarement une histoire dont l'auteur n'a pas tiré ou compris quelque chose de profond de son expérience. Nous souhaitons que cette leçon te serve à toi, ami lecteur, et qu'elle t'évite de souffrir. Au moins qu'elle t'apprenne que tu n'es pas seul au monde avec tes difficultés.

L'un de nos critères les plus importants pour retenir une histoire est qu'elle fasse du lecteur une meilleure personne après l'avoir lue. Un exemple est le poème très apprécié « Quelqu'un aurait dû lui dire » dans le premier livre *Bouillon de poulet pour l'âme des ados*. Ce poème raconte l'histoire d'une jeune fille qui est tuée par un conducteur ivre en rentrant chez elle d'une fête où elle avait choisi de ne pas boire. C'est un poème très émouvant qui nous fait encore pleurer chaque fois que nous le lisons. Ce petit poème, simple mais très puissant, a fait que des milliers d'adolescents ont juré de ne pas prendre le volant après avoir bu. Plusieurs ados ont écrit des lettres en ce sens à leurs parents; d'autres ont rédigé des contrats qu'ils ont signés devant témoins alors que dans d'autres cas, des ados se sont juré de ne pas le faire et ils nous ont écrit pour nous le dire. La partie la plus agréable est que des années plus tard, nous avons reçu des lettres de suivi qui nous informaient qu'ils avaient tenu parole.

Un autre sujet que nous abordons dans notre chapitre sur les moments difficiles est celui des troubles alimentaires. Dans *Bouillon de poulet pour l'âme des ados,* il y avait l'histoire d'une jeune fille et de son rétablissement difficile, mais finalement réussi, de l'anorexie. Plusieurs mois après la sortie du livre, Mark Victor Hansen, qui participait à une séance de signature, a été abordé par deux visiteurs en larmes qui lui ont demandé s'il pouvait leur accorder quelques instants. Ils lui ont raconté que leur fille avait reçu le volume en cadeau de fin d'études. Elle devait partir pour le collège et tout le monde était excité. Ils ont eu de la peine quand, avant son départ pour le collège, elle a passé le week-end entier enfermée dans sa chambre. Les parents croyaient que leur fille aurait dû passer au moins quelque temps avec eux avant son départ.

Le dimanche soir, elle est descendue de sa chambre et leur a dit qu'elle voulait leur parler. Elle s'est assise et leur a annoncé qu'elle ne partirait pas le lendemain pour le collège. Elle a poursuivi en disant qu'elle souffrait d'un trouble alimentaire et qu'après avoir lu

Bouillon de poulet pour l'âme des ados, elle avait pu trouver le courage d'être honnête avec eux à ce sujet. Elle a avoué se sentir faible et craindre pour sa vie. Elle a demandé à ses parents de l'emmener chez le médecin dès le lendemain matin. Ils l'ont fait et ses craintes se sont confirmées. Elle était aux portes de la mort et si elle n'avait pas parlé au moment où elle l'a fait, elle serait morte. Au moment où ils ont raconté cette histoire à Mark, elle était encore à l'hôpital.

Il n'y a pas de mots pour décrire ce que nous ressentons quand nous entendons de telles histoires. Nous sommes reconnaissants et aussi pleins d'humilité, mais surtout, nous sommes convaincus qu'aussi longtemps que ces histoires changeront des vies, nous continuerons à publier de tels volumes.

Conseils pour lire ce livre

Sache que ce livre ne contient que des histoires qui traitent d'événements difficiles et souvent tragiques. Même si une histoire de *Bouillon de poulet* contient toujours des éléments inspirants, encourageants ou qui peuvent changer une vie, l'élément le plus positif de certaines histoires pourrait être ta décision de faire quelque chose de différent dans ta vie, plus encore que le contenu même de l'histoire.

Lis ce livre une histoire à la fois.

Il n'est pas nécessaire de lire les histoires dans l'ordre du livre. En fait, tu pourrais préférer sauter d'une histoire à l'autre et t'arrêter à celles qui t'attirent, plutôt que de lire un chapitre du début à la fin. Suis ton intuition.

Les parents d'enfants plus jeunes (et les frères et sœurs plus âgés) devraient savoir que plusieurs de ces histoires ne conviennent pas à des enfants qui ne sont pas encore ados (10 à 12 ans). Nous suggérons de commencer par lire les histoires dans un premier temps, et de décider ensuite lesquelles conviennent à votre enfant (ou à un frère ou une sœur plus jeune).

Nous avons amorcé ce livre par un chapitre sur l'acceptation de soi parce que nous croyons que c'est la question la plus importante pour les ados d'aujourd'hui. Ce sont des histoires qui parlent d'embarras, de harcèlement et de taquineries, et elles ont reçu l'aval de notre panel de lecteurs ados. L'histoire « J'embrasse comme un cheval » contient des mots crus pour décrire la cruauté subie par l'auteure. Nous avons longuement discuté s'il convenait de changer certains mots (comme *salope* et *putain*), qui auraient pu à notre avis choquer certains lecteurs, mais nous avons pensé que cela réduirait la force de cette histoire. Malheureusement, c'est une situation courante pour plusieurs adolescentes et nous avons cru qu'il était très important de laisser l'histoire comme elle avait été écrite dans l'espoir que cela aiderait d'autres filles qui subissent le même genre d'abus verbal ou psychologique tout en sensibilisant les adolescents et adolescentes à la force terriblement destructrice de leurs paroles.

Pour donner le plus de soutien possible à ceux et celles d'entre vous qui vivent des moments difficiles dans leur vie, nous avons donné des numéros de téléphone d'assistance psychologique et des sites Web utiles à la fin de plusieurs histoires et à la fin du livre. Si tu vis un problème semblable à celui dont on parle dans l'une des histoires, nous t'encourageons à demander de l'aide. Nous espérons aussi que tu encourageras tes amis et des frères et sœurs à faire appel également à ces ressources précieuses.

N'oublie pas qu'affronter les difficultés fait partie de l'expérience de grandir et qu'il y a de grands avantages à en retirer si tu as le courage de demander de l'aide. Les êtres humains ne sont pas faits pour traverser seuls la vie. Personne n'est obligé de porter seul le fardeau des moments difficiles. Il y a des milliers de professionnels consciencieux (enseignants, conseillers, pasteurs, thérapeutes et psychologues) ainsi que des bénévoles compétents et dévoués qui ont consacré leur vie à aider les ados à traverser les moments difficiles. Aie le courage de demander de l'aide à ces gens et laisse-les t'aider.

Notre cœur est avec toi pendant que tu lis ces histoires et au moment où tu affrontes les défis uniques de ta vie. Nous espérons que chacun d'entre vous découvre le réconfort, l'espoir et l'inspiration dans le courage, la force et la foi de ces ados qui ont bravement partagé leur histoire avec toi dans les pages qui suivent.

Avec tout notre amour,

Kimberly, Jack et Mark

Les temps et la durée

Il y a un moment pour tout
un temps pour chaque chose sous le ciel:

    un temps pour enfanter et un temps pour mourir,
    un temps pour planter et un temps pour arracher
      le plant,
    un temps pour tuer et un temps pour guérir,
    un temps pour saper et un temps pour bâtir,

    un temps pour pleurer et un temps pour rire,
    un temps pour se lamenter et un temps pour danser,
    un temps pour jeter des pierres et un temps pour
      amasser des pierres,
    un temps pour embrasser et un temps pour éviter
      d'embrasser,

    un temps pour chercher et un temps pour perdre,
    un temps pour garder et un temps pour jeter,
    un temps pour déchirer et un temps pour coudre,
    un temps pour se taire et un temps pour parler,

    un temps pour aimer et un temps pour haïr,
    un temps de guerre et un temps de paix.

Ecclésiaste 3, 1-8
La Bible TOB

1

L'ACCEPTATION
DE SOI

*... Vous vous aidez mutuellement à
comprendre que vous êtes déjà tout...
ce que vous souhaitez être.*

Gretchen, Dawson's Creek

J'embrasse
comme un cheval

*Le pardon, c'est lâcher prise sur les choses qui
font mal et s'occuper de son propre bonheur.*

Amanda Ford

Il a été le premier garçon à m'inviter au bal de fin
d'études. Il a aussi été le premier garçon à me laisser
tomber deux jours avant la cérémonie. Ma robe était
écarlate, et tous les jours, après l'école, je dansais sur la
pointe des pieds devant le miroir en relevant mes cheveux avec mes mains, rêvant à un slow sous des lumières bleues et peut-être à une caresse furtive sous les
étoiles.

Max était en cinquième secondaire, moi, en troisième secondaire. Max avait une voiture, j'avais une
bicyclette. Max se tenait avec des filles qui, à mon avis,
étaient vachement mesquines. Ces filles aimaient Max
et me détestaient. J'étais trop jeune pour me tenir avec
Max. Je n'étais pas assez *cool*. Je ne criais pas, je ne me
battais pas, et je ne fumais pas de l'herbe aux soirées
d'école. Une semaine après notre rupture, j'ai été
réveillée tard dans la nuit par des cris de filles et les
klaxons de plusieurs voitures.

« Salope! Max ne t'a jamais aimée. Tiens-toi loin
de nos gars à l'avenir… Il a profité de toi! Tu es si-i-i
bête! » Je n'ai pas bougé. Je n'ai même pas regardé par
la fenêtre. Je craignais qu'elles me voient et continuent
à crier.

« Allez, on s'en va », a crié une fille. Puis, elles ont disparu.

J'étais complètement abasourdie. Je me suis levée tôt le lendemain et j'ai fait l'inventaire des dommages. Le papier hygiénique passait encore. Ça m'était déjà arrivé. Par contre, le sirop au chocolat sur la porte du garage était une autre histoire. On avait écrit: « Tu embrasses comme un cheval. » On pouvait encore voir les taches même après que je les ai passées au jet d'eau. Et dans l'allée, on avait peint une demi-douzaine de phrases cruelles décrivant faussement ma vie sexuelle inexistante. Je n'ai rien dit et j'ai décidé d'en rire. C'étaient des mensonges après tout. On s'en foutait.

Le lendemain à l'école, tout le monde était au courant.

« Tu dois être terriblement gênée », dit l'une.

« Je suis désolé pour toi », dit un autre.

« Ça embrasse comment un cheval? » a demandé un troisième.

« As-tu vraiment fait l'amour avec lui? » a demandé la quatrième.

« Ta gueule! Je m'en fous! Peu importe! » ai-je répondu. « Et, non, je n'ai pas fait l'amour avec lui. »

Max était un des rares garçons que j'avais déjà embrassés et j'imagine que je n'embrassais pas bien. Je lui ai mordu la langue une ou deux fois et il a saigné. Il avait bien pris ça à l'époque.

« *Cool!…* » avait-il dit en essuyant le sang sur sa lèvre. « Ça ne fait pas mal, tu peux me mordre quand tu veux. »

Par contre, j'imagine qu'en fin de partie, rien ne vaut plus.

Les taquineries n'ont pas cessé, elles ont empiré. Quelques semaines plus tard, les filles plus âgées ont photocopié et fait circuler une « liste » dans l'école. Non seulement mon nom était-il associé à morsures et chevaux, mais j'étais désormais première sur la « Liste des putains de l'école ».

« Je ne suis pas une putain », ai-je soupiré dans les toilettes des filles en me lavant les mains. Les affiches avaient été collées partout. Je les ai arrachées.

Je l'avais embrassé, c'est tout. Et même, j'avais raté mon coup. « Je ne suis pas une putain », ai-je crié à deux douzaines d'yeux qui me dépouillaient de mon innocence. Je les dégoûtais. Je dégoûtais tout le monde. Je commençais même à croire ce qu'elles disaient de moi. Étonnant comme il est facile de croire les rumeurs, même quand elles vous concernent. J'ai changé mon comportement. J'allais aux fêtes et j'embrassais tous les garçons. Je voulais leur montrer que je n'embrassais pas mal, que je n'étais pas un cheval, ni une mauvaise personne. Malgré cela, personne n'a défendu ma réputation. Au contraire, ils ont tous essayé de m'emmener chez eux. Après tout, j'étais la fille « la plus facile de l'école ».

Je n'ai jamais réalisé mon rêve de bal de fin d'études, encore moins porté ma robe de soirée et me faire coiffer. J'ai trouvé difficile de rester à la maison le soir du bal, pieds nus sur le canapé entre mes parents à regarder *I Love Lucy*.

La robe était toujours accrochée dans mon garde-robe le soir où le téléphone a sonné, mes belles chaussures toutes neuves dans leur boîte. J'ai répondu.

« Hiiiiiiiii. »

« Pardon? » Je ne pouvais pas croire que cela durait encore.

« Hiiiiiiiii. »

Clic.

La personne avait raccroché. Max était-il derrière tout ce cirque? Qu'avais-je fait pour être traitée ainsi? Quelque chose que je n'avais pas compris? Cela finirait-il jamais? Je n'en pouvais plus. Cela se poursuivrait jusqu'à ce que je fasse quelque chose. Je devais trouver Max et lui parler. Il fallait que je passe à l'action.

Je l'ai trouvé devant son casier. J'avais volontairement évité ce corridor depuis un mois ou deux. Je ne voulais pas le voir. Aujourd'hui, par contre, les choses étaient différentes. J'en avais assez de fuir l'affrontement. Je voulais reprendre ma vie en main.

Au début, il m'a ignorée, et j'ai fait la moue.

« Je dois… » a-t-il commencé à dire.

Je l'ai interrompu. « Alors, dis-moi pourquoi? Qu'est-ce que je t'ai fait? Tu as rompu avec moi. Tu as répandu des rumeurs à mon sujet. Je ne comprends pas. Qu'est-ce que je t'ai fait? »

« … aller en classe », a-t-il terminé.

« Pourquoi, Max? »

« Écoute, je ne sais pas de quoi tu parles, et même si je le savais, ce n'est pas mon problème. » Il s'en fichait. Totalement.

Je ne sais pas ce que je cherchais; peut-être des excuses ou une explication. J'imagine que j'espérais qu'il retire ses paroles. Je voulais qu'il me dise qu'il était désolé et qu'il corrigerait les rumeurs pour m'en libérer. Je voulais qu'il me dise qu'après tout je n'embrassais pas comme un cheval. Il n'a rien dit.

Finalement, je n'avais pas besoin d'une explication. Son silence disait ce qu'il n'aurait jamais le courage de dire. Max avait peur. Il ne pouvait pas sortir avec moi. Il n'en avait pas le droit. Ses amis n'étaient pas d'accord, alors il s'est débarrassé de moi, même si je sais qu'il ne le souhaitait pas. Il a dû se convaincre que j'étais un monstre, ou la fille qui embrassait le plus mal de toute l'école. Il a dû se convaincre qu'il ne m'aimait plus, et pour cette raison, je le plaignais. Je le plaignais ainsi que toutes les pauvres âmes qui l'avaient cru. Je plaignais les filles qui gaspillaient leur argent de *baby-sitting* à acheter du papier hygiénique et qui perdaient leurs week-ends à dresser des listes humiliantes. Je les plaignais tous. Pour la première fois depuis des mois, je me suis sentie soulagée. Je savais qui j'étais et le reste n'avait pas d'importance.

Max n'était qu'un garçon, un garçon qui manquait de maturité. Je refusais de n'être qu'une fille comme les autres. Et tant pis si j'embrassais mal. Il m'a fallu des années pour être à l'aise sur mes « rollers ». Tant pis si les filles plus âgées ne m'aimaient pas. Bientôt, je serais à mon tour une « fille plus âgée ». Et tant pis pour les rumeurs. Elles étaient fausses. J'ai relevé la tête, j'ai défendu ma moralité et ma réputation en affichant ma confiance. Je n'étais pas la seule.

Au secondaire, les mensonges, les rumeurs, la haine et l'envie volent comme des projectiles chaque jour. J'ai été atteinte, comme plusieurs autres, malheureusement, mais j'étais prête à rentrer dans la mêlée en me protégeant derrière la vérité et une armure de confiance que j'avais oubliée.

Une semaine plus tard, un garçon m'a arrêtée dans le corridor à l'école et m'a demandé : « Alors, c'est vrai que tu embrasses comme un cheval ? »

J'ai souri. « Je vais te dire, je n'ai jamais embrassé un cheval. Toi, tu l'as fait ? » Il a secoué la tête, gêné. J'ai tourné les talons et poursuivi mon chemin.

Rebecca Woolf

As-tu déjà

As-tu déjà vécu ma vie?
Passé une minute dans mes souliers?
Si ce n'est pas le cas, dis-moi alors
Pourquoi tu me juges comme tu le fais.

T'es-tu déjà réveillé le matin
En te demandant si c'était ton dernier jour sur terre?
As-tu déjà quitté ta maison
Sans penser si tu y reviendrais?

As-tu déjà vu ton ami se faire tirer
Devant son magasin préféré?
As-tu déjà vu un ami mourir
De drogues qu'il n'avait jamais consommées
      avant?

As-tu déjà vu ta maman se faire battre
Par ton beau-père, ivre mort?
As-tu déjà été enceinte sans le vouloir,
Obligée de choisir?

T'est-il déjà arrivé de t'asseoir sous les étoiles
Espérant que Dieu entende ton cri?
As-tu déjà vu un ami prendre sa voiture
Après avoir bu quelques bières?

As-tu déjà vu un ami
Essayer de l'herbe?
As-tu déjà tenté de te disculper
En faisant une bonne action?

As-tu déjà pensé que le suicide
Était la seule porte de sortie?
As-tu déjà essayé de te cacher
Derrière des paroles?

As-tu déjà souhaité protéger
Tes amis et le monde entier?
As-tu déjà eu tant de peine
Que tu t'es endormi en pleurant?

As-tu déjà vécu ma vie?
Passé une minute dans mes souliers?
Si ce n'est pas le cas, dis-moi alors
Pourquoi tu me juges comme tu le fais.

Tiffany Blevins

Je m'appelle Loni

*De rester toi-même dans un monde qui fait de
son mieux pour te changer, voilà la plus dure
bataille de ta vie. Ne baisse jamais les bras.*

e.e. cummings

Pourquoi je fais des efforts? S'il est une chose que
j'aurais dû apprendre, c'est que, peu importent mes
efforts, je vais probablement tout foutre en l'air.
Maman dit: « Loni, une jeune fille ne dit pas des mots
comme *foutre en l'air* » Vous voyez? J'ai même foutu
en l'air ma façon de dire que j'ai tout foutu en l'air.

Je sais, j'ai beaucoup de qualités. N'en parlez
même pas. Papa se vante de mes bonnes notes et
maman est fière de moi et de mes activités. Grand-
maman ne cesse de dire que j'ai un beau visage. Je me
dis: *Ouais, tu oublies le reste de ma personne.*

Je ne suis pas, disons, assez grosse pour être
L'Étonnante amazone adolescente du *Livre des
records Guinness,* mais je suis assez grosse pour ne
pas aimer magasiner avec mes amies. « Comme c'est
mi-i-gnonnn! » s'écrient-elles devant chaque étalage
de vêtements. Elles savent que tout leur va. Je ne peux
me prononcer sur rien avant d'avoir inventorié les disques de plastique qui donnent les tailles.

Je prétends que les vêtements ne m'intéressent pas.
C'est ce qui explique mon look semi-grunge que je
semble privilégier. Aucun ensemble n'est complet sans

un chandail, une chemise de flanelle ou un coton ouaté noué autour de la taille pour masquer… tout.

Quand nous allons au centre commercial, je suis la cliente désignée. Comme le chauffeur désigné qui assiste à la fête sans fêter. Je reste en dehors des cabines d'essayage et je fais des *oh!* et des *ah!* quand elles sortent pour se regarder dans les miroirs à trois faces. Je les examine attentivement avant de les rassurer que leurs cuisses, leurs jambes, leur taille ou leur derrière ne souffrent pas dans cet ensemble; autrement, j'aurais l'air de manquer de sincérité.

J'ai besoin de tout mon courage pour ne pas faire la moue quand elles me tendent un vêtement et me prient: « Pourrais-tu me trouver ceci dans une plus petite taille? » Donnez-moi une chance. Où vais-je le trouver? Dans le rayon des enfants?

J'ai vraiment tout foutu en l'air. D'une bonne nature, j'ai tenté ma chance dans l'équipe de volley-ball avec mes amies. Et, malheur, j'ai été acceptée.

Il semble que mon service soit dévastateur. Je m'en sers comme moyen de défense. Plus je frappe le ballon avec force, moins il sera retourné, ce qui m'obligerait à faire la lourdingue pour tenter de le garder en jeu.

Pire, encore. Nous gagnons régulièrement nos matches. C'est la première fois de l'histoire des sports féminins de notre école que nous avons une équipe gagnante. La fièvre du volley-ball a déferlé et le nombre de spectateurs a augmenté en flèche. C'est bien ma chance. Sans parler de ces foutus partisans. C'est très excitant. Tout le monde s'agite et fait des « High-five » pendant que mon nom retentit dans la sono.

Dans notre petite ville, se rendre à la finale provinciale est une grosse nouvelle. Notre équipe a été photographiée dans les estrades, assise en formant un « V pour Victoire ». J'étais la base du « V » tout en avant et au centre dans toute ma splendeur.

« Loni mène la charge au Championnat provincial ! » disait la manchette. Pas mal. Je n'ai même pas fait semblant de protester quand maman a acheté des exemplaires pour la parenté. J'ai bien aimé que l'équipe encadre la photo pour l'accrocher dans le tunnel entre notre vestiaire et l'aréna. Nous avons rapidement pris l'habitude d'envoyer des bisous à notre photo chaque fois que nous passions devant.

C'était la soirée de la finale et nous avions l'avantage du terrain. La série était nulle, deux partout. Je menais la course d'entrée triomphale de l'équipe sur le terrain. Les cris de la foule nous ont accueillies dès notre arrivée dans dans le tunnel. Nous avons regardé les banderoles sur les murs, et elles nous ont donné de l'énergie.

ALLEZ, LES FILLES ! OUI, C'EST POSSIBLE ! NOUS SOMMES #1 !

Nous nous apprêtions à envoyer nos bisous à notre photo quand j'ai eu un choc. On avait écrit deux mots en rouge sur la vitre. Deux mots qui changeaient totalement le sens de la manchette.

« Loni, LE TAUREAU, mène la charge au Championnat provincial ! »

Pour ajouter à l'insulte, on avait dessiné des cornes au-dessus de ma tête.

J'ai perdu toute mon énergie, je n'étais plus moi-même. J'étais une moins que rien. L'équipe s'est arrêtée derrière moi.

« Qui a fait ça? »

« C'est vraiment vache! »

Je ne trouvais pas de réponse. Elles croyaient à tort être aussi en colère que moi. Je n'étais pas en colère, j'étais en état de choc.

C'est donc ça, la vérité, pensai-je. *C'est ce que je suis.*

Aucune des paroles qu'on a prononcées n'a apaisé ma peine, car personne n'a dit les mots que j'avais besoin d'entendre: « Ce n'est pas vrai. »

L'équipe m'a poussée dans le tunnel. Je n'avais pas le temps de me ressaisir. La réalité semblait un rêve et je ne pouvais m'éveiller. Les cris de « Loni! Loni! » semblaient vides. J'ai laissé les encouragements de la foule être noyés par les moqueries de quelques personnes.

Nous avons gagné le tirage au sort et nous avons pris nos places sur le terrain pour mon premier service. Autour de moi, l'équipe était gonflée à bloc, prête à l'action. J'ai fait tourner le ballon dans mes mains pour bien le sentir et j'ai mécaniquement pris ma position au service. Je ne voyais que ces mots… LE TAUREAU. LE TAUREAU. LE TAUREAU.

J'ai lancé le ballon, mais avant même que mon poing ne fasse contact, j'ai entendu le cri « OLÉ! » J'ai fait un faux mouvement et j'ai raté le ballon. Je me disais qu'il ne fallait pas regarder, mais mes yeux cherchaient malgré moi. Je n'ai pas pu voir qui avait crié cela. L'équipe a tenté de me réconforter avec des tapes dans le dos et des « pas de problème », sans succès.

J'ai suivi la rotation jusqu'à ce que j'arrive au filet. Ma concentration passait du jeu aux estrades. Quand le ballon a passé au-dessus de ma tête, j'ai entendu un grognement venant du premier rang.

Quelqu'un a crié: « Allez, prends le taureau par les cornes! » La fille derrière moi a relevé le ballon et me l'a passé pour un smash. Cependant, je ne regardais pas le ballon. Je fixais le visage de cinq gars du secondaire qui se moquaient de moi. Mon humiliation les encourageait à continuer.

« Donnez-moi un T, donnez-moi un A, donnez-moi un U, donnez-moi un R, un E, un A, un U, et vous sentez quoi? LONI! LONI! LONI! »

Pourquoi personne ne leur dit d'arrêter?

L'entraîneuse a demandé un temps d'arrêt. « Loni, concentre-toi sur le match! »

J'ai haussé les épaules.

« Pourquoi laisses-tu quelques personnes qui ne te connaissent même pas décider qui tu es? »

J'ai haussé les épaules de nouveau.

« Loni, tu es une bonne personne et tu es précieuse pour ton équipe. Les méchancetés ne changent pas qui tu es, à moins que tu ne leur permettes », dit-elle.

Belle théorie, ai-je pensé, *mais nous sommes dans la vraie vie.*

« Je te laisse sur le terrain, mais si tu ne changes pas, je te retirerai du jeu. »

J'ai hoché la tête.

J'ai marché devant les garçons et j'ai repris ma place sur le terrain.

À chacun de mes pas, ils martelaient le plancher qui vibrait. J'ai compris, très drôle.

Je devais aussi passer devant mes coéquipières et, malgré ma piètre performance, elles étaient toujours derrière moi. « Tu es capable. » « Tu es la meilleure. »

Quelque chose en moi s'est réveillé. Un aimant sur le frigo de ma grand-mère m'est revenu à l'esprit : « Dieu n'a pas fait de choses peu importantes. »

Je savais ce que je savais. Je me connaissais et je n'étais pas une chose peu importante. J'ai ressenti ma valeur jusqu'au tréfonds de moi-même. Qui étais-je finalement ? Ces garçons immatures ne me connaissaient pas. Il y avait une foule de gens qui m'aimaient et me soutenaient, et le temps était venu pour moi de leur donner le meilleur de moi-même et de le faire pour moi aussi.

Instantanément, j'ai été libérée d'eux. Ils ont bien continué à marteler le plancher au rythme de chacun de mes pas. Je n'aimais pas ça, mais ce n'était plus important. Ils n'avaient aucun pouvoir sur ma vie.

Le match était serré et nous avons joué avec tout notre cœur. Le service pour la victoire me revenait. C'était mon moment et je l'ai saisi. Le ballon a monté, mon poing s'est avancé et l'a frappé solidement. Un service en puissance parfait, que l'autre équipe n'a pu retourner. La foule a explosé. La fanfare a entamé l'air de notre école. L'équipe m'a entourée.

L'aréna résonnait aux cris de « Loni! Loni! ». Étrangement, ces cris ne me nourrissaient plus comme avant. C'était bien, mais la joie que je ressentais, la liberté que je ressentais, le sentiment d'être moi-même m'apportaient plus que tous les cris du monde.

Ce jour-là a été marqué par plus d'une victoire, et celle du match n'était pas la plus importante.

Loni Taylor
Telle que racontée à
Cynthia Hamond

Poursuivre

Si tu t'éveilles le matin
Et que tu souffres tellement
Que tu ne veux pas sortir du lit
Et faire face à un monde de haine.

Si tout semble aller mal dans ta vie
Et que tout ce que tu fais semble tourner à l'échec,
Tu n'as qu'à faire un petit effort de plus
Et bientôt tu verras la lumière.

Pour chaque personne qui t'a dénigré
Et t'a causé du chagrin,
Tu dois rechercher la perfection
et lui montrer que tu es un gagnant.

Pour chaque désappointement,
Pour toutes les fois où l'on t'a laissé tomber,
Il y aura un meilleur moment
Et ta vie s'améliorera.

Car, tout le monde vit du chagrin,
Tout le mode vit la souffrance,
Mais seuls ceux qui ont le véritable courage
Se relèvent et poursuivent leur chemin.

Teal Henderson

Pourquoi j'ai coulé
le cours d'histoire

Je crois que je suis un être humain sensible et intelligent qui a l'âme d'un clown, ce qui me fait toujours gaffer dans les moments les plus importants.

Jim Morrison

À quoi j'ai pensé? Pourquoi ai-je fait ça? Cette foutue journée de la Saint-Valentin… Il a fallu que j'écrive ce poème débile et que je le dépose dans le casier de Lisa. Pourquoi mettent-ils des fentes dans les casiers? Qu'est-ce qui a besoin d'air dans un casier? Je ne garde pas de chiots dans mon casier et je ne connais personne qui le fasse. Mes livres de classe sont toujours aussi rassis, qu'ils aient de l'air ou non. Pourtant, il a fallu qu'ils mettent ces fentes idiotes, juste assez grandes pour y glisser un stupide valentin avec un poème débile dedans.

Tout a commencé au début de l'an dernier au cours d'histoire des États-Unis. Je me rendais en classe avec mon ami Dave, je me mêlais de mes affaires, nous parlions d'un jeu que nous avions vu au match la veille quand quelque chose a attiré mon attention. J'ai regardé. En fait, c'était une tête d'un blond brillant. Sous ces cheveux, il y avait deux superbes yeux bleus. Je l'ignorais alors, mais c'est là que j'ai perdu toute chance d'avoir une bonne note au cours d'histoire.

J'ai passé les douze semaines suivantes à fixer cette belle tête (du moins l'arrière de la tête). Nous étions assis en ordre alphabétique et j'ai eu la chance de me retrouver trois rangs derrière et quatre rangs à côté de Lisa. Ainsi, si je me plaçais de telle façon, je pouvais voir la tête. Quand la cloche sonnait, j'essayais de me lever au moment propice pour la croiser ou attirer son regard en sortant de la classe. Je suis certain que M. Houston, notre professeur, a donné un cours chaque jour, mais tout ce dont je me souviens, c'est quelque chose comme Appomattox et quelque chose comme Bataille des Ardennes (même si ce dernier souvenir pourrait venir du film *Il faut sauver le soldat Ryan*).

Pendant les vacances, je n'ai fait que penser à Lisa. J'allais aux jeux vidéo et je flânais au centre commercial dans l'espoir de l'apercevoir. Lisa devait bien aller chez Gap. Je pourrais peut-être la voir là. Je crois que je l'ai déjà entendue dire qu'elle aimait le cinéma. Je l'apercevrais peut-être au cinéma. Au centre commercial, j'ai vu une fille que je croyais avoir déjà aperçue en conversation avec Lisa à l'école. Je l'ai donc suivie pendant vingt minutes jusqu'à ce que je me rende compte qu'elle était avec sa mère et elle m'a regardé comme si je lui donnais la chair de poule. J'ai donc cessé de la suivre.

Le trimestre suivant est arrivé. Lisa ne m'ayant pas manifesté un intérêt quelconque, j'ai donc décidé que ce serait bien d'écrire un poème débile et de le déposer dans son casier, par l'une de ces fentes maudites. Je savais à quelle heure Lisa terminait son prochain cours et je m'étais fait donner une autorisation d'absence pour pouvoir quitter mon cours plus tôt et me placer dans le corridor d'où je pouvais apercevoir son casier avant son arrivée. Mon plan a marché et j'étais là à temps pour voir Lisa ouvrir son casier. L'enveloppe écarlate a volé et l'a presque frappée dans l'œil. Elle est tombée au sol et Tyler Coleman l'a ramassée.

« Qu'est-ce que c'est? » a-t-il demandé. « Quelqu'un t'a envoyé un Valentin? Qui est ton *petit ami?* » Les amies de Lisa se sont approchées. Tyler a ouvert l'enveloppe et a commencé à lire mon poème.

Chère Lisa,

Tu ne me connais pas
Voici donc mon souhait
Aujourd'hui, c'est la Saint-Valentin
Et j'ai un message pour toi.

Je t'admire de loin depuis longtemps
J'aimerais avoir une voiture
Pour t'emmener en promenade
Aller au cinéma ou peut-être faire du patin.

Je crois que tu es cool
La plus belle de toute cette école débile
Alors, écoute ce que j'ai à te dire,
C'est vraiment très important.

Les mots résonnaient dans ma tête comme des coups de masse. Et j'avais signé mon nom au bas de la page… Tout le monde le savait maintenant. *À quoi avais-je pensé?* Tout le monde a ri. J'ai bougé, oh à peine, mais assez pour qu'on me remarque. J'étais pris au piège, car je devais passer devant eux pour me rendre à mon prochain cours, l'Histoire. Ils m'ont vu.

« Regarde, Lisa, c'est ton *petit ami.* » « Viens lui donner un baiser. » « Hé, super-pauvre-mec, approche et donne un gros câlin à ta petite amie. »

Tyler m'a saisi par le bras et a tenté de m'approcher de Lisa. Elle s'est détournée comme si on lui présentait une crotte de chien. Je crois que je suis devenu d'un rouge qui n'existe même pas dans l'assortiment de crayons Crayola. Je n'entendais que leurs rires. D'autres se sont approchés pour voir la cause de cette risée et Tyler leur a fait circuler la carte. J'ai tenté de me déprendre, mais Tyler me tenait solidement par le bras. C'était l'enfer !

J'ai regardé Lisa, espérant de l'aide, un signe qu'elle ne faisait pas partie de cette meute furieuse. Mais son expression s'était transformée ; elle n'exprimait plus du dégoût, elle riait, elle aussi. Elle s'était rangée dans leur camp. C'était vraiment le pire moment de toute ma vie.

Si j'avais été distrait au cours d'histoire auparavant, aujourd'hui, c'était dix fois pire. Je ne pouvais même pas regarder le derrière de la tête de Lisa, car tous m'observaient pour savoir si je regardais le derrière de la tête de Lisa. Je ne pouvais que me réfugier dans l'apitoiement. Jusqu'à la fin de l'année, j'ai été ou bien le *petit ami* de Lisa ou le super-pauvre-mec. Les gens avaient oublié mon nom.

Ce jour-là, je suis rentré à la maison et j'ai tenté de disparaître sous mes couvertures. Ma mère est arrivée et m'a demandé ce que j'avais. Je ne pouvais pas le lui dire. Mais il fallait que j'en parle à quelqu'un.

Elle a fini par me tirer les vers du nez. Je lui ai tout raconté: Lisa, les cheveux blonds, les yeux bleus, mes tentatives de la toucher par accident, mes regards soutenus et, pour terminer, les horribles fentes du casier qui m'avaient forcé à y glisser cette carte et le poème qu'elle contenait.

Elle s'est contentée de me regarder en souriant. Elle a souri. Elle n'a pas ri, elle n'a pas pleuré. Elle ne m'a pas caressé la tête en me disant que les choses s'arrangeraient. Elle n'a pas tenté de transformer cette expérience en leçon de vie. Elle ne m'a pas grondé, elle ne m'a pas fait de compliment. Elle a seulement souri.

Au début, j'ai craint qu'elle ne soit possédée du démon ou qu'elle avait encore trop cuisiné au vin. Mais elle m'a pris la main et m'a demandé: « Si c'était à refaire, que ferais-tu de différent? »

J'ai réfléchi. J'aurais pu éviter de regarder la belle tête blonde de Lisa. J'aurais pu éviter d'essayer de la toucher accidentellement. J'aurais pu ne pas mettre cette carte dans son casier. Sûrement, j'aurais pu ne rien faire et les gens sauraient encore mon prénom.

« Alors, ça t'aurait mené où? » a demandé maman. *Je serais un élève en 3ᵉ secondaire, heureux et anonyme.* « C'est ce que tu penses de toi-même? » a-t-elle demandé. *Ce que je pensais de moi?* Pas grand-chose à ce moment précis. Je me sentais un *loser*. Elle l'a sans doute deviné.

« Tu n'es pas un *loser*. Comment penses-tu que les garçons rencontrent les filles? En se cachant dans un coin? En laissant les Tyler de ce monde décider pour eux qui ils peuvent aimer ou non? Je crois que c'est Lisa qui perd dans cette affaire. Je crois que ton poème est très beau. »

Elle disait cela parce que c'est ce que les mères disent. Je le savais. Je me sentais toujours mal, mais j'ai commencé à voir ce qu'elle voulait dire. Pourquoi n'aurais-je pas tenté ma chance? Quand j'avais déposé la carte dans le casier de Lisa, je me sentais brave et aventureux et fort. Comment avaient-ils pu se moquer de moi? J'avais osé tenter ma chance.

Ce moment fut de courte durée, car le lendemain, j'ai reçu mon bulletin et j'avais échoué en histoire des États-Unis. Je dois donc prendre des cours d'été. Mais, c'est bien, car il y a une nouvelle fille, Carolyn, qui vient d'arriver à notre école et elle doit suivre des cours d'été, elle aussi. Vous devriez voir le derrière de sa tête…

Tal Vigderson

Adieu, cher ange

Mes jours sont longs et las
Quand tu n'es plus à mes côtés.
Ma confiance fait place au doute
La peur remplace la force.

La belle assurance que j'éprouvais
Chaque matin à mon réveil a disparu,
Comme si mes rêves et mes aspirations
Avaient été engloutis.

J'entends ta voix portée par le vent
Comme tes doigts qui jouaient dans mes cheveux.
Je ferme les yeux et je me souviens de tes baisers
Et je voudrais que tu sois encore là.

Alors, pour assouvir ma peine,
Il ne me reste plus qu'à dire:
Adieu, ma chérie, mon amour
Adieu, cher ange.

Tyler Phillips

Je m'applique

Ceux qui rêvent le jour connaissent bien des choses qui pourraient échapper à ceux qui ne rêvent que la nuit.

Edgar Allen Poe

À treize ans, j'étais comme tous les enfants de mon âge. J'aimais les ordinateurs et les jeux Nintendo. Je me plaignais d'avoir trop de devoirs et j'avais horreur de voir mon petit frère manger le dernier *Fruit Roll-Up* de la boîte. J'imagine que je ressemblais aussi à tous les enfants de mon âge. Je portais des pantalons bouffants et des T-shirts trop grands, vous savez l'uniforme typique des jeunes du début du secondaire qui ressemble à un uniforme de prisonnier. Cependant, en moi se cachait un secret qui faisait que je me sentais différent et bizarre.

On avait diagnostiqué chez moi des TDA. C'est le mot *in* pour trouble déficitaire de l'attention. Manque de pot, je n'avais pas hérité de la variante *cool* qui faisait de moi un hyperactif. J'étais affligé du genre rêveur, genre « cadet de l'espace ». Je peux vous regarder droit dans les yeux et ne rien entendre de ce que vous me dites. Cela ressemble à un spécial TV de Charlie Brown. Dans cette bande dessinée, les voix des adultes ressemblent à un bourdonnement ininterrompu. « Mwop, mwop, mwop, mwop. » Je semble attentif, mais mon cerveau est à des kilomètres de là.

Après une longue série ennuyante de tests, le médecin a dit à ma mère que j'étais « doublement exceptionnel ». Ça semble *cool*, non? Ça ne veut pas dire que je suis polyvalent comme *Les Trois Mousquetaires*. Ça ne veut pas dire non plus que je souffre d'un grave problème psychiatrique comme le dédoublement de la personnalité. Ce pourrait être *cool* tellement c'est bizarre. Ce que signifie « doublement exceptionnel », c'est que je suis ce qu'on appelle un « surdoué ». Ça veut dire que je suis très intelligent; par contre, j'ai des troubles d'apprentissage. Je trouve donc l'école difficile.

Oui, vous pouvez à la fois être surdoué et avoir des troubles d'apprentissage. Ces deux mots ne sont pas contradictoires. J'ai déjà entendu un comédien parler de « calme énervant » pour illustrer l'une de ces expressions contradictoires.

J'ai fini par accepter que je suis une énigme pour certaines personnes. Tout de même, c'est désagréable d'être mal compris. Ce syndrome fait qu'il m'arrive parfois de me sentir dehors regardant en dedans. Tous les autres semblent comprendre, moi pas.

Ce qui me met vraiment en rogne, par contre, c'est les professeurs qui ne comprennent pas. Au début du secondaire, je me suis inscrit au cours d'arts de Mme Smith. Elle avait des yeux bruns perçants qui vous donnaient toujours l'impression d'avoir fait une gaffe. Sa posture rigide, très sérieuse, nous laissait à penser qu'elle avait oublié d'enlever le cintre avant d'enfiler sa robe. Elle avait le visage anguleux, impassible et blanc, comme un mouchoir fraîchement amidonné et repassé. Rarement voyait-on un sourire sur son visage bien maquillé. Je ne pouvais qu'imaginer le rictus occasionnel qui passait sur ses lèvres quand elle mettait des « X » sur un examen raté avec son célèbre marqueur rouge.

J'étais inscrit dans la section des surdoués de Mme Smith. Le premier jour, non seulement elle a énoncé les règles de son pénitencier, mais elle nous en a distribué des exemplaires sur papier que nous devions mémoriser, car elle allait nous donner un examen sur le sujet le lendemain. J'ai immédiatement décidé que je devrais « plaider ma cause ». C'est une expression sophistiquée qui veut dire me défendre. Dans mon cas, il s'agit de tenter d'expliquer, pour la énième fois, mes difficultés d'apprentissage. Simplement dit, j'ai de la difficulté à comprendre ce que je lis et mon écriture est tout à fait illisible. Je lui ai donc dit que je souffrais de TDA et qu'il me faudrait probablement apporter mes travaux de lecture à la maison, car j'ai besoin de calme pour me concentrer. Je lui ai ensuite expliqué mes problèmes de « motricité fine » qui font que j'écris en « pattes de mouche ». Je lui ai demandé si je pourrais utiliser mon traitement de texte à la maison pour mes travaux écrits.

Pendant que j'expliquais mon cas à Mme Smith, elle me regardait, les yeux plissés, au travers de ses lunettes juchées sur le bout de son nez, et elle m'a dit : « Jeune homme, tu n'es pas différent des autres. Si je fais exception pour toi, je devrai le faire pour tous les autres. » Elle a grogné une fois avant de poursuivre : « Je ne te donnerai pas un avantage injustifié sur tes camarades de classe. » Sur ce, la cloche a sonné et j'ai été emporté vers mon prochain cours par une vague d'élèves.

Les devoirs d'analyse étaient assez difficiles. Il fallait lire un texte, le digérer et écrire un essai sur le sujet, tout cela en quarante-cinq minutes. Non seulement n'ai-je jamais terminé la lecture d'un texte, mais je ne pouvais pas écrire assez vite ni assez clairement pour être lisible. Comme résultat, chacun de mes travaux me revenait orné par la plume rouge feu de Mme Smith. Elle était le Zorro fou des X rouges.

Un jour, après mon cinquième travail bourré de X du trimestre, je suis retourné la voir à son pupitre.

« Serait-il possible que je fasse le prochain travail à la maison, Mme Smith ? Je crois que je réussirais mieux si je travaillais loin des distractions. » Je me suis alors éloigné du pupitre, pour me mettre hors de portée de sa réponse.

Mme Smith a mordu ses minces lèvres rouges pour laisser paraître son célèbre rictus. « Ce n'est pas la politique de l'école, jeune homme. Pas d'avantages injustes. Depuis trente ans que j'enseigne ici, j'ai traité tous mes élèves de la même manière. » Elle a gonflé ses narines, claqué ses talons et s'est éloignée de moi, dans plus d'un sens.

J'ai donc fait ce que tout autre enfant dans ma situation aurait fait : j'ai emporté le travail hors de la salle de classe. J'avais l'impression de commettre un geste illégal, pourtant mes intentions étaient pures. Je devais lui prouver, ou plutôt me prouver à moi, que je pouvais faire ce travail dans les conditions appropriées pour moi.

J'ai discrètement ouvert le paquet de contrebande sur mon lit ce soir-là. L'histoire, que j'avais peine à comprendre en classe, m'est apparue claire dans le calme de ma chambre. Je l'ai non seulement comprise, mais j'ai pu m'y identifier. C'était un cas vécu, l'histoire de Louis Braille. Il avait vécu dans les années 1800, et avait perdu la vue à la suite d'un accident dans son enfance. À cette époque, la société ne donnait pas accès à l'éducation aux aveugles. La plupart ne pouvaient qu'espérer devenir des gueux itinérants. Malgré toute cette incompréhension de son handicap, Louis Braille a « plaidé sa cause ». Il a perfectionné une méthode de lecture à partir de points en relief pour les aveugles, ce qui lui permettait de lire aussi bien que ses contemporains. Lui et ses semblables ont ainsi eu accès à un monde de livres et de connaissance qui leur était inaccessible avant. Dans ma classe, j'étais comme Louis. On me forçait à apprendre comme les autres élèves voyants, alors que je ne voyais pas, pour ainsi dire.

Ce soir-là, je me suis installé à mon traitement de texte. Les idées me venaient si rapidement que j'avais de la difficulté à les transférer au clavier. Je me suis présenté comme Louis, espérant que Mme Smith finirait par me comprendre. Étrangement, quelque part dans ce cheminement, j'ai commencé à me voir comme je ne m'étais jamais vu auparavant.

J'ai parlé de plusieurs personnages historiques qui avaient, eux aussi, des capacités d'apprentissage différentes. On dit qu'Hans Christian Andersen avait des troubles d'apprentissage, ce qui ne l'a pas empêché d'écrire certains des meilleurs contes de fées de notre époque. J'ai terminé en posant la question : « Si j'étais un élève mal voyant, devrais-je m'asseoir au fond de la classe? » « Me priverait-on de mes lunettes pour ne pas que j'aie un avantage indu sur les autres élèves qui n'en portent pas? »

Mme Smith ne m'a jamais regardé quand elle m'a remis ma copie, à l'envers, ce jour-là. Elle n'a pas dit un mot sur le fait que mon travail avait été fait au traitement de texte. En regardant la page, j'ai vu un A dans la marge au lieu de son X habituel. Sous le A, elle avait écrit de sa belle écriture: « Tu vois, quand tu t'appliques, tu peux réussir. »

J'ai ramassé mon travail, je l'ai mis dans mon cartable en hochant la tête. Je crains bien que certaines personnes ne comprendront jamais!

C. S. Dweck

2

LES DROGUES ET L'ALCOOL

Décide d'être toi-même et sache que celui qui se trouve cesse d'être malheureux.

Matthew Arnold

La dernière chanson
pour Christy

Matt n'a jamais pris de drogues. Il passait ses après-midi et ses soirées sur sa planche à roulettes dans les rues de la petite ville où il a grandi. Ses amis essayaient les substances habituelles, mais pas Matt.

Christy était sa grande sœur, elle avait six ans de plus que lui. Matt et elle étaient très proches. Ils aimaient tous deux les tatouages et les riffs de guitare. Christy peignait des portraits et des images abstraites incroyables et Matt grattait sa guitare. Ils se racontaient des histoires et ils se disaient toujours « je t'aime » avant d'aller au lit.

Quand j'ai commencé à sortir avec Matt, sa sœur Christy a été le premier membre de sa famille à qui il m'a présentée.

« Tu vois ce tatouage sur mon poignet? Christy a le même. Nous l'avons fait faire ensemble. » Son visage s'éclairait quand il parlait d'elle.

Matt était au sommet de sa carrière de planche à roulettes et Christy peignait toujours. Elle était magnifique. Ils se ressemblaient beaucoup, cheveux noirs, yeux bleus. Christy était menue, son maquillage était sombre et intéressant, ses lèvres rouges et passionnées. Elle ressemblait à son personnage, l'artiste, autrefois rebelle, qui avait survécu à l'enfer et qui en était revenue pour vivre tout en évoquant périodiquement son sombre passé par ses coups de pinceau.

Matt était au début du secondaire quand la police est venue arrêter Christy. Ses parents ne lui en ont pas donné la raison, mais il l'a découverte par lui-même: l'héroïne. Elle consommait de l'héroïne et ils l'ont prise en flagrant délit. Elle n'avait que dix-huit ans. Elle a séjourné en centre de réadaptation plusieurs mois pendant que Matt attendait, en grattant sa guitare et en faisant ses acrobaties sur sa planche à roulettes.

Quand elle est rentrée enfin à la maison, les choses avaient changé. Christy semblait distante, et Matt ne savait quoi lui dire. Quelques mois plus tard, ils sont revenus, les policiers. Matt dormait et ils ont enfoncé la porte. Sa sœur hurlait pendant qu'ils l'emmenaient, cette fois, en prison.

J'ai demandé à Matt comment il se sentait, comment cela l'affectait. J'essayais d'imaginer les hurlements de sa sœur. Je me demandais comment Matt pouvait dormir en sachant qu'elle avait froid et était seule dans une cellule anonyme.

« Je n'ai jamais pu, jamais pu dormir », a-t-il dit.

« Tu lui as rendu visite? » ai-je demandé.

Matt est resté silencieux.

« Tu lui en as déjà parlé, tu lui as déjà dit à quel point tu avais souffert, que tu ne pouvais pas dormir, que tu avais peur pour elle? »

Il est resté silencieux un long moment. « Elle va mieux maintenant. Elle n'a pas consommé depuis huit ans. Elle est bien. C'est terminé. Les drogues, c'est terminé. » Matt était distant quand il parlait du passé de Christy. Sa voix devenait faible et il changeait de sujet.

Lorsque Christy est sortie de prison et du centre de réadaptation, sa famille a décidé de déménager. Ils sont partis vers le Sud, loin de la réputation de Christy et des rues de la petite ville au bord de la mer où Matt avait appris ses acrobaties de planche à roulettes. Christy était abstinente et Matt ne s'est jamais fait réveiller par les arrestations de sa sœur, ou en sueur à cause des cauchemars qui l'ont hanté pendant qu'elle était en prison. Elle n'a pas consommé pendant six mois, puis deux ans et, enfin, quatre. Matt est entré au collège et Christy est remontée vers le Nord pour aller étudier.

« Tu as craint pour elle? » ai-je demandé.

« Non. Elle retournait aux études, j'étais heureux. Elle allait poursuivre des études dans son domaine. Elle avait beaucoup de talent, tu sais », a murmuré Matt.

Je le savais, j'avais vu ses œuvres. Il y en avait dans la chambre de Matt, dans sa cuisine et dans sa salle de bains. Elle avait même peint directement sur les murs. Matt l'avait laissée faire.

Matt et moi sortions ensemble au cours de ma dernière année. Il était mon premier flirt sérieux. Christy venait souvent rendre visite à Matt et à sa famille, et chaque fois qu'elle arrivait, Matt recherchait sa compagnie. Plus que je ne l'ai jamais été, elle était la femme de sa vie. Christy et Matt étaient les meilleurs amis du monde. Je n'ai jamais rien vu de tel. Le visage de Matt s'éclairait dès qu'elle entrait dans une pièce. Il était si fier d'elle. Elle était son ange, sa grande sœur, et tout ce qu'elle disait était drôle, brillant ou simplement *cool*.

Il y a quelques mois, j'ai reçu un appel. Même si Matt et moi ne sortions plus ensemble depuis plus d'un an, nous étions toujours bons amis. Ce n'est pas lui qui a appelé, c'est un autre ami.

« Becca… j'ai cru bien faire en t'appelant. Christy est décédée. Elle a fait une overdose d'héroïne. Désolé. »

J'ai figé sur place et le murmure de la télé dans l'autre pièce s'est estompé. J'ai laissé tomber le téléphone et j'ai fixé le mur pendant ce qui m'a semblé des heures.

« Mais, elle ne consommait pas. Depuis dix ans! Elle ne consommait pas… », ai-je murmuré, la voix triste comme cet après-midi pluvieux. J'ai téléphoné à Matt. Il était avec sa famille dans le Nord, où cela s'était produit.

Au salon funéraire, Matt m'a dit: « Elle n'aurait pas dû mourir. Elle allait se marier dans quelques mois. Ils avaient choisi la date et tout. Nous avons trouvé un portrait d'elle, avec des ailes, elle ressemble à un ange. »

Il n'a pas pleuré. J'ai cherché une larme dans ses yeux bleus, mais il semblait sous hypnose. En état de choc. Il semblait impossible que cet ange terrestre se soit envolé dans l'univers. C'en était trop.

« La dernière fois que je l'ai vue, elle était si heureuse. J'avais ma guitare et je jouais pour elle. Elle riait. Elle était si belle et si heureuse. Elle allait devenir maquilleuse professionnelle. Elle aurait été la meilleure. » Matt souriait. J'ai pris sa main.

Elle n'aurait pas dû mourir. Elle n'avait pas consommé depuis dix ans. Un jour, elle a rechuté. Son corps n'a pas résisté. Elle a perdu conscience et personne n'a pu la ranimer. On n'a pas pu la ramener à la vie.

Matt a pris la parole durant le service funèbre. Il a parlé doucement et avec éloquence. En regardant les amis de Christy et sa famille, il leur a dit combien il l'aimait et combien il l'aimerait toujours. Il a montré son tatouage, celui que sa sœur et lui avait fait faire ensemble. Certains ont ri. D'autres ont pleuré.

Le portrait dont m'avait parlé Matt était derrière le podium entre les lys et les roses. Matt avait raison. Elle avait vraiment l'air d'un ange, lèvres rouges et yeux bleus, vêtue de blanc, avec des ailes d'ange.

Le soir, après les funérailles, Matt et moi sommes allés à l'anse où Christy et lui avaient tant ri. « Comment a-t-elle pu faire ça? Pourquoi? Pourquoi a-t-il fallu qu'elle fasse ça? » a-t-il demandé.

Il a pleuré et j'ai pleuré aussi.

J'ai revu Matt l'autre jour et je lui ai demandé comment il allait.

« Je vais bien, a-t-il dit. La plupart du temps. Parfois, j'ai de la difficulté à dormir. J'attends que Christy rentre à la maison ou qu'elle m'appelle. Je fais parfois des cauchemars. Je joue beaucoup de la guitare, beaucoup plus qu'avant. Je dois pratiquer. Je fais partie d'un orchestre et nous avons des engagements. La dernière chanson du concert est toujours la meilleure. C'est celle que je pratique toujours jusqu'à ce qu'elle soit parfaite. Elle doit être parfaite parce que je la joue pour Christy. La dernière chanson est toujours pour Christy. »

Rebecca Woolf

Le dernier acte

Pneus qui crissent, verre brisé,
Métal et fibre de verre tordus.
Le décor est planté, fondu au noir,
Le rideau se lève sur le dernier acte.
Sirènes dans la nuit,
Cris d'horreur, cris de peur.
Douleur intense, odeur de sang,
Yeux noyés de larmes.

Ils retirent les corps un à un.
Que se passe-t-il? Ce n'était qu'une fête!
Mon amie a disparu. Qu'est-ce que j'ai fait?
Ses effets sont dispersés sur le sol,
Sa chaussure gît sur le pavé.

Un homme se penche sur moi et me regarde
    dans les yeux,
« À quoi tu as pensé, mon gars?
Croyais-tu que tu pouvais encore conduire? »
Il remonte le drap en me regardant,
« Si seulement tu avais appelé papa ou maman,
    tu serais encore vivant. »

Je crie, je hurle
Mais personne ne m'entend, personne.
On me met dans l'ambulance et nous partons.
À l'hôpital, le médecin dit: « Mort sur le coup! »

Mon père est en état de choc, ma mère en larmes,
Elle s'écroule de chagrin, ébranlée par la peine.
Ils m'emmènent à cette place, me mettent
    dans cette boîte.
Je demande ce qui se passe,
Mais, en vain, impossible d'arrêter le train.

Les gens pleurent, ma famille est triste.
J'aimerais qu'on me réponde,
Je commence à perdre la raison.
Ma mère se penche pour me dire adieu,
Mon père l'emmène alors qu'elle cri
    « POURQUOI? »

Ils déposent mon corps dans la fosse,
J'ai si froid, je crie au secours.
Je vois alors un ange et j'éclate en sanglots.
Peux-tu me dire ce qui se passe?
L'ange me répond que je suis mort.

Mort, ce n'est pas possible, je suis si jeune!
J'ai encore tant de choses à faire,
Chanter, danser et courir.
Sans oublier le collège et le bal de fin d'études?
Et je veux me marier! S'il vous plaît, je veux rester.

L'ange me regarde et d'une voix triste,
« Tu n'avais pas à finir comme ça, tu savais
    que tu avais le choix.
Désolé, il est trop tard maintenant, on ne peut
    reculer le temps.
Ta vie est finie, et ça, mon gars, c'est pour toujours.

Pourquoi c'est arrivé? Je ne voulais pas mourir!
L'ange me prend dans ses bras et murmure ces
    paroles:
« Mon gars, c'est le prix à payer pour avoir bu
    avant de prendre le volant.
J'aurais souhaité que tu fasses un autre choix,
    alors, tu serais toujours vivant.
Tu peux me supplier, te mettre à genoux,
Je n'y peux rien, tu dois venir avec moi. »

Je regarde ma famille et je leur fais mes adieux.
« Désolé de t'avoir déçu, papa.
Maman, ne pleure pas.
Je ne voulais pas vous faire de peine,
    ni vous faire de mal.
Désolé de vous laisser avec seulement un nom
    sur une tombe.
Désolé d'avoir brisé tous les rêves
    que vous aviez faits pour moi,
Tous ces plans pour l'avenir qui sont enterrés
    avec moi.

« C'est idiot d'avoir agi ainsi,
J'aimerais avoir une nouvelle chance.
Mais le rideau tombe maintenant.
C'est la fin de mon dernier acte. »

Lisa Teller

Ça fait réfléchir…

Au moment où mes amis entraient en 4e secondaire en 1998, je sortais d'un coma. J'avais raté tout l'été et quand je me suis réveillée, j'étais une fille de 15 ans avec le cerveau d'une enfant de huit ans.

Quelques mois auparavant, le 12 juin, nous venions de terminer nos cours avant les examens. Pour célébrer, j'avais prévu aller à une fête avec mon ami Dean. Je savais que papa ne me donnerait pas la permission d'aller à une fête avec Dean, car il était en 2e du collégial et moi en 4e secondaire. J'ai donc dit que nous allions manger un hamburger en ville. Papa m'a donné la permission en me disant d'être à la maison à 23 heures.

Je ne me souviens pas très bien de ce qui s'est passé ce soir-là. On m'a raconté ce qui était arrivé par la suite. Je sais que Dean est venu me prendre, que nous avons rencontré des garçons et nous nous sommes rendus à un lac près de chez moi. Certains d'entre eux, dont Dean, fumaient de l'herbe. Je savais que je ne devais pas monter en voiture avec une personne qui consommait des drogues, mais au moment de monter en voiture, je me suis dit que si Dean croyait que cette personne pouvait conduire, c'était probablement vrai. Nous sommes donc allés à la fête. Mon frère était là et il m'a raconté depuis que j'avais passé la plus grande partie de la soirée assise dans un coin du garage à regarder ce qui se passait. Je n'avais que quinze ans et j'étais avec des gens de dix-huit, dix-neuf et même vingt ans.

Je ne me souviens pas d'avoir bu de l'alcool, mais je me souviens d'avoir vu Dean boire de la bière.

À 23 heures, j'ai dit à Dean que je devais rentrer et il a accepté de me reconduire. Il a demandé à quelques amis de nous accompagner et nous sommes montés en voiture. Là non plus, je n'ai pas hésité à monter en voiture avec ce garçon, même s'il avait bu et s'il avait fumé de l'herbe. On vous apprend cela à l'école, mais dans le feu de l'action, on n'y pense pas. J'imagine que je n'ai pas pensé qu'il pourrait y avoir un accident. En rentrant, Dean roulait vraiment rapidement, quelque chose comme 160 km/h. Nous étions sur une route de terre et il s'amusait à faire déraper l'arrière de la voiture. C'est là que j'ai compris que j'avais commis une terrible erreur. Du siège du passager, j'ai crié à Dean de ralentir, mais il ne l'a pas fait. Au sommet d'une côte, nous allions si vite que la voiture a quitté le sol. Nous avons atterri du mauvais côté de la route et quand Dean a surcompensé pour revenir sur la bonne voie, la voiture s'est écrasée contre quatre arbres, du côté où je prenais place. Ma tête a frappé chacun de ces arbres tour à tour.

Le garçon derrière moi a eu une jambe fracturée, mais Dean et le garçon derrière lui s'en sont tirés indemnes. Pendant le mois qui a suivi l'accident, on doutait de ma survie. J'ai été dans le coma jusqu'en septembre et je ne me souviens de rien avant le mois d'octobre. Je n'avais aucune fracture, aucune égratignure ni coupure, seulement une grosse ecchymose sur la poitrine causée par la ceinture de sécurité. Sans cette ceinture, j'aurais été éjectée par le pare-brise et je serais morte.

Mes parents ont vécu le pire des cauchemars, constamment à mon chevet, craignant que je meure. Quand je suis sortie du coma, j'ai reconnu ma famille, mais je n'étais plus celle qui avait pris place dans la voiture de Dean avant l'accident. Mon cerveau a heurté mon crâne et j'ai subi un traumatisme crânien. En bref, le côté de mon cerveau qui envoie les messages pour faire bouger mon corps avait été sérieusement endommagé. J'ignore combien il faudra de temps pour retrouver toute mon habileté motrice, ni même si je la retrouverai un jour.

Même après une longue réhabilitation à l'hôpital, j'avais tellement de difficulté à marcher que les gens dans la rue me dévisageaient, se demandant ce que j'avais. C'est un miracle que je puisse marcher, encore plus faire du sport. En première secondaire, je rêvais de jouer au basket-ball dans la WNBA, mais ce rêve est mort le soir de l'accident. Aujourd'hui, je suis très heureuse de pouvoir jouer de nouveau et je fais de gros efforts pour retrouver mon rythme. Je sais que je ne le retrouverai jamais totalement. Mon genou fait de drôles de mouvements quand je cours et je ne retrouverai jamais mon ancienne coordination motrice.

Les effets du traumatisme crânien n'ont pas été seulement physiques. Quand je suis revenue à l'école, on m'a envoyée dans une classe spéciale de communication, d'orthophonie, de physiothérapie et d'ergothérapie. Finalement, j'ai réintégré les classes normales et j'aurai mon diplôme comme les autres, mais l'accident a endommagé ma mémoire et ma capacité de concentration, et j'ai beaucoup de difficulté à étudier. Je dois m'écrire des notes pour me rappeler les choses à faire. Et même après deux ans de rééducation en écriture, je n'écris pas très rapidement ni très clairement. J'ai fait des progrès en élocution, mais ce n'est pas encore très bon. La plupart des gens ne le savent pas, mais ce sont ces choses qui vous définissent et quand elles ne sont plus là, une partie de vous est changée à tout jamais.

Par contre, depuis l'accident, j'ai changé pour le mieux. Avant, je croyais que la vie était une grosse fête. Aujourd'hui, je sais qu'elle est précieuse et je crois que Dean le sait aussi. On nous a interdit de nous voir quand je suis retournée à l'école. Il n'a pas fait de prison, mais il a dû payer une amende. Mes parents en voudront toujours à Dean, et parfois je suis en colère contre lui. Cependant, je ne le blâme pas totalement. Il m'a déjà dit: « J'aimerais être mort dans cet accident; j'aimerais ne pas t'avoir fait de mal. Mais je l'ai fait, et je le regrette. » Je sais que je ne peux pas changer ce qui est arrivé, et lui non plus. Nous devons donc lâcher prise sur les choses qui nous attristent ou qui nous mettent en colère, et vivre chaque jour dans la gratitude.

Sarah Jackson
Telle que racontée à
Jennifer Braunschweiger

Le bas-fond

« Les gens ne changent pas beaucoup... »

« Oh oui, ils changent. Ils vieillissent et acceptent leurs responsabilités, et ils finissent par comprendre que "mourir jeune et en pleine gloire" n'est pas si cool que ça. »

Drue et Jen, *Dawson's Creek*

Tout a commencé alors que j'avais onze ans. Nous venions de déménager dans une nouvelle ville. Je n'avais jamais eu de difficulté à me faire des amis auparavant, mais je vivais une période difficile et j'étais gênée de mon apparence. J'avais de la difficulté à me faire de nouvelles connaissances. C'est alors que j'ai vu des jeunes qui fumaient. Je me suis dit que je pourrais me joindre à eux le temps d'une cigarette et que je pourrais ainsi rencontrer de nouveaux « amis ». Nous nous tenions ensemble et nous fumions, et répétions ce rituel presque chaque jour. Bientôt, on m'a présenté à d'autres jeunes et j'ai finalement commencé à boire et à me geler en leur compagnie, cela me semblait normal. Rapidement, l'alcool et les drogues sont devenus mes amis aussi. Quelques années plus tard, j'ai commencé la cocaïne et je faisais des fugues.

Ma première fugue a eu lieu à treize ans. Un soir, j'étais rentrée tard à la maison et ma mère m'attendait. Elle m'a vue dans la voiture d'un ami devant la maison. Elle me défendait d'aller en voiture avec mes amis.

J'étais tellement gelée que j'ai décidé que je ne pouvais pas rentrer à la maison et je suis partie avec mon ami.

Au cours des dix-huit mois suivants, j'ai fait vingt-trois fugues. Chaque fois, on me retrouvait, mais je recommençais vingt-quatre heures plus tard. J'étais tellement accro aux drogues que je craignais qu'en restant à la maison, je ne pourrais me procurer la drogue que j'aimais tant et dont j'avais tellement besoin.

J'habitais chez des amis jusqu'à ce que leurs parents découvrent le pot aux roses. Au lieu de rentrer à la maison, j'ai choisi de vivre dans la rue avec des amis ou seule. Quand il faisait froid, je m'abritais dans les sous-sols des immeubles d'appartements.

Maman ignorait pourquoi je faisais des fugues. Je ne lui parlais pas. Elle se doutait bien de quelque chose, mais elle ignorait pourquoi je fuguais. Elle a tenté de m'envoyer en cure. J'ai fini par m'y retrouver. Au cours d'une visite à ce premier centre de traitement, je lui ai dit ce que je vivais.

Quand je suis sortie du centre de traitement, je ne consommais plus, mais quelques semaines plus tard j'ai recommencé. J'ai répété ce processus à quelques reprises, faisant rechute après rechute. Maman a fini par quitter son travail pour s'occuper de moi à temps plein.

J'ai suivi trois autres thérapies de courte durée, entre onze et quatorze jours chacune. Chaque fois, je voulais sincèrement cesser la drogue, mais je ne savais pas comment faire. J'avais l'impression que ces brefs séjours étaient trop courts pour m'apprendre à vivre sans drogue. À cette époque, j'avais perdu toute estime de moi et, de plus, je souffrais aussi de troubles du comportement alimentaire.

À quatorze ans, j'étais suivie de façon régulière et maman a décidé que je devais suivre un programme à long terme. Dans l'État où j'habite, à quatorze ans, nous avons le droit de refuser un traitement. C'est ainsi que, lorsque maman a voulu m'inscrire à un programme de six à neuf mois, j'ai refusé. J'avais déjà fait une overdose de peyotl et j'avais tellement peu de contrôle sur ma vie que j'ai songé au suicide pour m'en sortir. Je ne croyais pas qu'un autre centre de traitement puisse m'aider.

Ma mère et moi nous sommes retrouvées devant le juge. Elle lui a exposé mon histoire, ma consommation de drogues et elle lui a dit que j'étais accro. Le lendemain, il m'avait placée dans un centre de traitement. Je ne me suis plus gelée depuis ce jour, il y a maintenant cinq ans et demi.

Le centre de traitement était comme une grande famille. Nous allions à l'école la moitié de la journée, puis nous suivions une thérapie intensive. Avant d'entrer au centre, je consommais beaucoup de cocaïne. J'ai donc connu le sevrage.

Le point décisif de mon rétablissement s'est produit quand j'ai fait la connaissance d'une personne de mon âge qui voulait vraiment s'en sortir. Elle me disait constamment: « Aide-moi et je t'aiderai. » J'ai été très touchée et je le suis encore quand j'y pense. Qu'un de mes pairs me dise « Hé, tu peux t'en sortir » m'a convaincue que je voulais m'en sortir cette fois.

J'ai aussi fait la connaissance d'une femme à une réunion des Narcotiques anonymes qui m'a beaucoup influencée. Elle a commencé à parler de sa vie. Je me souviens de l'avoir regardée et de l'avoir trouvée radieuse. Je ne sais comment l'expliquer, mais elle était radieuse. Maintenant, tout allait bien dans sa vie, même les choses qu'elle n'aimait pas. Je me souviens de l'avoir regardée et de m'être dit: *Je veux seulement être un petit peu rayonnante. Je ne veux pas nécessairement être radieuse, juste un peu rayonnante.* Ce jour-là, j'ai pris la décision de faire tout mon possible pour mener une vie saine.

Souhaiter quelque chose et faire le nécessaire pour que cela se produise étaient deux choses totalement différentes dans mon esprit à cette époque. Après ma thérapie, nous avons de nouveau déménagé. J'allais avoir quinze ans et je savais qu'avant longtemps, tout le monde à l'école connaîtrait mon histoire. Je me retrouverais dans la même situation qu'à onze ans, sans amis, sauf que cette fois je n'aurais plus la drogue pour m'aider à m'en faire.

J'étais tellement déterminée à ne pas flancher que j'ai immédiatement demandé à ma conseillère en orientation de m'aider. Je lui ai dit que je n'avais pas confiance en moi et que je craignais de retomber dans mon ancien mode de vie. Elle m'a surprise en me demandant de raconter mon histoire aux élèves de cinquième et de sixième années. Je lui ai répondu que je n'avais jamais pris la parole en public, mais elle m'a assurée que tout se passerait bien.

J'étais si nerveuse de raconter mon histoire à des étrangers que j'ai demandé à ma mère de m'accompagner. Ce soir-là, nous avons préparé mon exposé. Nous avons eu notre première conversation cœur à cœur depuis l'âge de 10 ans.

Nous avons fait deux conférences dans une école primaire et les journaux locaux en ont parlé en première page. Des écoles ont commencé à nous téléphoner. J'étais stupéfaite. Je ne pouvais pas croire que des gens voulaient que j'aille dans leur école pour parler, raconter mon expérience, qu'ils me considéraient comme une personne importante qui pouvait aider d'autres jeunes.

J'ai compris que ces conférences m'aidaient à retrouver ma confiance en moi et cela a confirmé que je ne voulais plus jamais consommer de drogues. J'ai compris soudain que je pourrais aider à sauver la vie d'une autre personne ou empêcher un jeune de consommer de la drogue.

Maman et moi donnons encore des conférences dans les écoles et les centres de traitement. Parfois, après une conférence, des jeunes me téléphonent à la maison. Certains me remercient. Certains me racontent leur propre histoire. D'autres me disent même que je suis radieuse, et c'est ce que j'aime le plus.

Jenny Hungerford
Telle que racontée à Susan K. Perry

Par une douce nuit…

J'ai été invitée à une fête,
   à l'autre bout de la ville.
J'avais pensé y retrouver mes amis,
   mais ils n'y allaient pas.

J'ai donc sauté dans ma vieille voiture
   en route pour l'aventure.
Ma mère est accourue à ma portière,
   j'attendais son sermon.

Elle m'a simplement dit
   d'être prudente en cette douce nuit.
Je lui ai promis de conduire prudemment,
   que rien ne m'arriverait.

Quand je suis arrivée à la fête,
   j'ai accepté un petit verre.
Je n'en voulais pas vraiment,
   mais je n'ai pas réfléchi sur le moment.

J'ai bu et j'ai bu sans arrêt,
   chaque gorgée me faisait du bien.
Je me sentais libre et invincible,
   en prenant mon dernier verre.

La salle tourbillonnait
   autour de moi quand je dansais.
Je me demandais pourquoi
   je n'avais jamais tant bu avant.

C'est alors que mon ivresse et ma joie
   ont fait place au mal de tête.
J'ai pris mes clés dans mon sac,
   avant que la tête ne m'éclate.

J'ai traversé le jardin en titubant,
   sauté dans ma vieille voiture.
J'ai lancé le moteur,
   et j'ai entrepris de rentrer à la maison.

Puis, la tragédie s'est produite,
   je n'ai pas vu le feu rouge.
Je n'ai pas vu les gens non plus
   qui, en cette douce nuit, traversaient la rue.

La voiture a glissé sur le bitume,
   je savais que mon heure était venue.
Ma tête tournait et tournait,
   tout cela pour une pauvre fête.

Puis, tout s'est embrouillé,
   je gisais dans la voiture, mutilée.
Le corps déchiré par la douleur,
   je n'avais pas cru aller si loin.

J'ai entendu des sirènes dans la nuit,
   accourant à mon secours.
Mais j'ai fermé les yeux, épuisée,
   je savais qu'il était trop tard.

Je voyais la terre en bas,
   j'ai été saisie d'effroi.

J'ai vu les gens que j'avais renversés,
 et je savais qu'ils étaient décédés.

En cette douce nuit, j'ai tant pleuré,
 en flottant dans le ciel.
Sachant que par ma faute
 je n'avais pu faire mes adieux.

Maintenant, je monte vers le ciel,
 je sais que ce n'est pas ma place.
J'ai fait tant de peine à d'autres,
 je sais que c'est ma faute.

J'ai tué six personnes,
 quatre enfants, un homme et sa femme.
Et je repose dans un cercueil,
 car j'ai perdu ma précieuse vie.

Je vois le visage éploré de ma mère,
 ses yeux sont noyés de larmes.
« Ça ne devait pas arriver,
 c'est ce que je craignais le plus. »

Je n'étais qu'une adolescente normale,
 qui a trop consommé d'alcool.
J'avais un petit ami, je réussissais à l'école,
 mais ce soir-là, je n'ai pas réfléchi.

Alors, vous tous, la prochaine fois
 qu'on vous invitera à une fête d'amis,
Souvenez-vous que ce pourrait être
 ce soir-là que tout finit.

J'ai appris cela de dure façon,
    j'ai dû payer de mon erreur la rançon.
Je vous en prie, ne faites pas comme moi,
    ne buvez pas à en perdre la vie.

J'avais un si bel avenir devant moi,
    tellement de belles choses à vivre.
Je voulais être une actrice,
    impossible maintenant, je suis morte.

Tout est arrivé si vite,
    je n'ai même pas pu l'éviter.
J'ignorais que ma vie pouvait se terminer si vite,
    Jamais je n'oublierai cette douce nuit.

Sarah Woo

Elle l'ignore encore

Mon amie a un problème, et parfois je crois que je suis la seule à la voir perdue, tourmentée et seule au monde. Quand elle est gelée, elle vient me voir et me raconte ce qu'elle a pris, que ce soit du speed, de la cocaïne ou quelque chose de plus fort, de plus rapide, de plus dur ou de plus dangereux, quelque chose qui me prive de la personne qui me fait rire et dont j'ai besoin.

Elle fuit la vérité et tout ce que je peux faire, c'est lui dire que je l'aime. Je ne peux que l'écouter déconner quand elle est gelée, et pleurer quand l'effet s'en va, car je ne peux rien faire de plus. Je ne peux qu'être son amie jusqu'à ce qu'elle comprenne qu'elle a un problème, jusqu'à ce qu'elle cesse de fuir la réalité pour soulager ses soucis. Je ne peux la forcer à arrêter de consommer. J'ai trouvé difficile de l'entendre perdre conscience à l'autre bout du fil. J'ai trouvé difficile de la voir accourir chez moi, pas pour ma compagnie, mais pour éviter de se faire prendre.

J'ai le droit de vouloir l'aider. De lui dire qu'elle est forte et qu'elle est si vraie et si vivante pour moi et pour tous les autres. Elle demande de l'aide, mais elle ne le sait pas encore. Elle hurle et refoule ses larmes, car elle sait que quelque part elle ne peut pas continuer de se nier. Parfois, remplie de colère et de fureur ou de tristesse, elle se vautre dedans, car elle a besoin de quelque chose pour combler le vide qu'elle ressent en elle. Je ne peux pas être sa mère, je ne peux pas être à ses côtés constamment, lui dire ce qu'elle peut ou ne peut pas mettre dans son corps. Elle est dans un trou d'où je ne peux la tirer, mais je peux lui montrer comment s'en sortir.

Je la surveille, je la prends dans mes bras pour lui rappeler les innombrables raisons qui font que je suis une meilleure personne grâce à elle. Je peux l'écouter quand elle a besoin de moi ou même quand elle n'en a pas besoin. Je peux lui dire que, peu importent ses actions, elle est mon amie et que rien ne peut changer cela. Je peux prendre du recul et voir ce qui la détruit progressivement. Je peux l'encourager à répondre franchement quand je lui demande comment elle va. Je peux lui parler de modération. Je peux lui parler des gens qui l'aiment. Je peux lui dire qu'elle doit arrêter de consommer pour elle-même. Je peux avoir une influence positive sur elle. Je peux l'écouter quand elle sent confusément son problème, mais qu'elle ne peut mettre le doigt dessus. Elle doit comprendre par elle-même que sa vie de tous les jours est pleine, vivante et multicolore. Je peux lui rappeler ce qu'était sa vie avant les *dealers* et les doses de minuit. Je peux l'aider à se tenir droite et fière, sur des jambes, des pieds et des chevilles solides. Je peux lui faire comprendre que la vie est plus que des solutions de trois heures qui entraînent des réveils vides. Je peux être sa planche de salut. Je peux l'aimer au point de lui montrer la direction et lui tenir la main pendant qu'elle s'y dirige.

Mon amie a un problème et je l'aide. J'écoute, je parle, je travaille avec elle et j'apprends à l'aider. J'ai une confiance inébranlable en elle, et je sais qu'elle peut se prendre en main et arrêter de consommer. Je peux être celle vers qui elle se tournera, car présentement elle ne sait pas qu'elle peut se tourner vers elle-même. Elle l'ignore encore, mais elle le saura bientôt.

Kate Reder

*Apprenez des erreurs des autres —
vous ne vivrez jamais assez vieux
pour toutes les faire.*

John Luther

*[NOTE DE L'ÉDITEUR : Si tu as un ami qui a un problème de stupé-
fiants ou d'alcool (ou tout autre problème qui fait qu'il se détruit),
il faut absolument que tu parles à un adulte pour lui trouver une
aide professionnelle. Nous t'indiquons les sites Web que tu peux
visiter, mais il est important de parler le plus rapidement possible
à un adulte en qui tu as confiance : www.toxquebec.com —
www.al-anon-alateen-qc.ca — www.naquebec.org.]*

L'homme
qu'était mon père

Mes parents ont divorcé alors que j'avais sept ans. Personne de leur connaissance n'en a été surpris. Mon père était alcoolique depuis de nombreuses années, et ce n'était qu'une question de temps avant que leur mariage en soit détruit. Après le divorce, maman s'est remariée et papa a déménagé dans un village à environ trente minutes plus loin. À douze ans, j'étais stable, même heureuse. J'aimais bien avoir deux familles.

C'est à cette époque que mon père a été congédié de son travail après presque dix ans de service. Nous savions tous que c'était à cause de l'alcool. Nous savions aussi qu'il serait difficile pour un homme de près de cinquante ans de se trouver un nouvel emploi. Pendant un an et demi, il n'a pas travaillé, et sa situation semblait de plus en plus désespérée. Malgré cela, il jouait toujours un grand rôle dans ma vie. Comme il n'était plus pris par le travail, il assistait à toutes mes parties de basket-ball et notre relation est demeurée aussi forte que par le passé.

Enfin, il a trouvé un travail — dans l'État voisin. En quelques mois, mon père était installé dans sa nouvelle maison et son nouvel emploi, et moi, je devais essayer de m'ajuster à la vie sans lui. Il a réussi à améliorer sa situation financière, mais je m'inquiétais de lui. Il ne s'est pas fait de nouveaux amis et lorsqu'il n'était pas avec moi, il était seul dans son appartement. Il semblait esseulé.

Lorsque c'était la fin de semaine de garde de mon père, il roulait pendant trois heures pour venir me chercher et nous demeurions à l'hôtel. J'aimais ces weekends que nous passions ensemble, mais je constatais que mon père annulait de plus en plus souvent ses rendez-vous avec moi. Il semblait toujours avoir un « problème d'estomac », et lorsque nous passions le week-end ensemble, il allait souvent vomir dans la salle de bain. Nous avons tous remarqué combien il avait maigri; ses jambes étaient plus maigres que les miennes. Même s'il se détériorait physiquement, papa était bien décidé à maintenir sa relation avec sa famille. Il téléphonait tous les jours à sa fille.

Un soir, papa n'a pas téléphoné. J'étais inquiète, mais maman m'a rassurée. Nous avons pensé qu'il était probablement rentré trop tard pour téléphoner et qu'il ne voulait pas me réveiller. Le soir suivant, il n'a pas téléphoné non plus. J'étais vraiment inquiète.

Le lendemain matin, maman et moi avons décidé de faire quelque chose. Elle m'a dit qu'elle téléphonerait à son bureau et elle a essayé de me rassurer en route vers l'école. Je me sentais toute drôle ce jour-là de rire avec mes amies, comme si je n'avais pas le droit d'être si heureuse. J'avais ce bizarre sentiment qu'une chose grave était arrivée.

Lorsque je suis rentrée à la maison, j'ai immédiatement demandé à maman ce qu'on lui avait dit au bureau. À ce qu'il paraît, eux non plus n'avaient pas eu de ses nouvelles. Ils ont eu des doutes et sont allés à son appartement pour voir ce qui se passait. Papa n'a jamais répondu à la porte et ils ont donc demandé à quelqu'un de la forcer. Ils ont trouvé papa gisant sur le sol de la salle de bain dans une mare de sang. La police a dit plus tard qu'il était mort depuis deux jours.

En entendant la nouvelle, je me suis sentie très mal. J'avais l'impression que la vie n'avait pas de sens. J'ai pris quelques jours de congé de l'école et je les ai passés à regarder des albums de photos et à fouiller dans les vieilles affaires de papa. Mon père n'était pas parfait — parfois, il était insensible, parfois injuste, parfois impitoyable ou blessant ou peu fiable. Mon père m'a beaucoup déçue. Par contre, quand je repense à l'homme qu'était mon père, je ne suis pas déçue. Mon père était seulement humain. Il m'a enseigné comment lancer une balle, laver une voiture, apprécier la musique, jouer au golf, aimer la lecture, discuter avec intelligence, faire des mots croisés, jouer de la guitare et être fière de moi. Il y a des enfants qui n'ont même jamais la chance de connaître leur père; j'ai été assez privilégiée d'avoir le mien pendant quatorze ans.

La mort de mon père fait maintenant partie de moi, gravée profondément en moi. Je deviens plus forte chaque jour. Ma mère m'a enseigné qu'au lieu d'oublier les problèmes et les difficultés de mon père, d'en tirer plutôt des leçons. Ma mère est là chaque fois que j'ai besoin d'elle; son soutien a été l'ancre qui m'a évité de partir à la dérive.

En déposant des fleurs près des cendres de mon père, je dis une prière silencieuse et j'attends là pendant un court instant. Je me souviens de tout à propos de papa — le bon comme le mauvais — et je me souviens de l'homme qu'était mon père.

Kristine Flaherty

Un endroit
qui fait réfléchir

« Que prendrez-vous ? » a demandé le serveur.

« Un Shirley Temple », ai-je répondu. Lorsque je sors, je prends toujours la même chose. Un Sprite pétillant avec de la grenadine et une cerise au maraschin me permet de prétendre, d'une certaine façon, m'intégrer à mes amis, de mettre de côté ma blessure d'enfance.

Je ne bois pas et je n'ai jamais été ivre, mais de temps en temps, je me demande comment je me sentirais. Par contre, j'ai peur qu'une gorgée m'amène à en prendre plusieurs autres, et que ce jour-là je devienne une alcoolique.

Ma mère en est une.

Le doux Shirley Temple cache un passé amer et une image imprégnée dans ma mémoire : maman est assise sur le canapé, les jambes croisées, et elle boit de la bière. J'ai tendance à oublier que c'est moi qui allais la lui chercher dans le réfrigérateur. Je débouchais la bouteille, je l'inclinais dans le verre et je la versais pour elle. À cinq ans, j'étais la barmaid de maman.

Lorsque j'étais petite fille, j'avais les cheveux longs et je croyais que cela me rendait jolie.

« Encore d'autres cheveux », disait maman alors qu'elle faisait la dernière tresse de mes quatre queues-de-cheval.

Je répondais: « Je veux qu'ils poussent », pendant qu'elle nouait mes tresses avec des rubans jaunes.

La fin de semaine, nous n'avions pas notre petit rituel. Maman se saoulait. Elle était une ivrogne méchante, elle ne nettoyait pas la maison ni ne me coiffait. Elle cassait des lampes, injuriait papa et lui lançait même quelques objets. Les arguments se terminaient toujours de la même façon. Elle partait, habillée très chic avec ses talons hauts et une robe moulante qui montrait ses longues jambes. Je pleurais lorsqu'elle partait. Elle s'absentait pour une journée, parfois deux, pour faire la fête. Je me demandais si elle reviendrait un jour.

Elle revenait toujours. Chancelante, fatiguée. Je m'en foutais. J'étais seulement contente que maman soit de retour. Je détestais qu'elle boive, mais je ne la détestais pas. Je l'aimais alors, et je l'aime encore. J'ai séparé ma mère de l'alcool et décidé que la boisson était le monstre.

Lorsque je serai grande, me suis-je juré, *je ne ferai pas de scènes à mon mari et je ne serai pas méchante avec mes enfants. Je ne boirai pas.*

Le message n'a jamais résonné aussi fort à mes oreilles que lorsque j'ai eu seize ans. Alors que la plupart des jeunes rôdaient autour du McDonald's les vendredis et samedis soir, j'étais dehors et je parcourais les rues de la ville avec mon père pour chercher la voiture de maman. Papa, un militaire de carrière, cherchait pendant des heures, craignant qu'elle revienne en voiture à la maison complètement ivre, qu'elle ait une contravention pour conduite en état d'ébriété, ou qu'elle ait un accident. Quand il la trouvait dans un club, elle refusait de partir. Je me glissais donc sur le siège du conducteur de la voiture de papa et je démarrais. Il allait dans le stationnement pour prendre la voiture de maman. Je devais le suivre jusqu'à la maison, entrer dans l'allée derrière lui et fermer la porte, tout en pensant à maman, échouée quelque part dans un club. Cela n'avait pas de sens: maman qui se saoule, papa et moi qui l'abandonnions. Je crois que ni l'un ni l'autre n'avaient raison.

Maman a été élevée pauvrement dans le Sud profond. Elle a vécu à droite et à gauche jusqu'à l'adolescence, et elle ne savait pas qui était son père — c'étaient là ses démons, et elle était incapable de les noyer dans l'alcool. Elle a essayé à maintes reprises de se réhabiliter. Une fois, j'ai même passé une semaine avec elle dans un centre, racontant mon côté de l'histoire pour essayer de l'aider. Le scénario était toujours le même: elle entrait dans le centre en colère, et en ressortait comme ma mère, la femme qui avait noué des rubans jaunes dans mes cheveux. Hélas, les démons revenaient encore la hanter, lui faisaient renier les Douze Étapes qu'elle avait apprises avec tant de difficulté.

On dit que les alcooliques doivent atteindre le fond du trou avant de changer. Maman n'y est pas arrivée avant son divorce avec mon père. Papa est parti, en emmenant mon petit frère et moi avec lui en Caroline du Sud. L'alcool avait eu le dessus, et elle avait tout perdu — son mariage, ses enfants, sa maison. Mon frère et moi n'avons jamais été vraiment proches de notre père, et son travail l'a mené en Corée, et plus tard à l'opération militaire « Tempête du désert » au Moyen-Orient, mais nous avons décidé de vivre quand même avec lui.

Après avoir perdu son mariage et ses enfants, maman a continué de boire pendant encore sept ans. Maman ne boit plus. « J'ai fini par me lasser, a-t-elle dit récemment. Me lever ivre, me coucher ivre, je me suis lassée de vivre comme ça. »

Près de trente ans après avoir goûté à son premier verre de rhum et Cola lors d'une danse militaire, elle a arrêté. Plus de bière, plus de brandy, plus de *whiskey sours*. Elle est très active dans le programme des Douze Étapes et n'a pas pris un verre depuis près de cinq ans.

Pendant ce temps, je tiens ma promesse. Je n'ai pas bu non plus. Je n'ai pas suivi les traces de ma mère ; j'ai pris une autre direction. Ça m'a menée, au sens propre et au figuré, vers un endroit qui fait réfléchir. À l'occasion, il me prend une envie de rompre ma promesse. Alors, j'attrape quelque chose de doux — un Shirley Temple.

Monique Fields

3

LES QUESTIONS FAMILIALES

La famille est l'un des chefs-d'œuvre
de la nature.

George Santayana

Ce que savent les enfants
d'une même famille

Lorsque j'avais douze ans et mon frère David, dix-sept, nous étions à la maison un soir de l'Halloween et nous regardions un film d'horreur que nous avions loué. C'était un film intéressant mais idiot sur une femme qui était devenue sorcière. La femme qui jouait le rôle de la sorcière était jeune et avait l'air d'un mannequin. Chaque fois qu'elle jetait un sort, ses longs cheveux rouges fouettaient brusquement son visage et ses yeux devenaient vert clair. Une fois, lorsque c'est arrivé, mon frère a dit: « Sensas, elle est vraiment sexy. »

Je l'ai regardé d'une manière intense. J'étais étonnée de ce qu'il venait de dire. Je ne l'avais pas remarqué avant, mais jusqu'à ce soir-là, je n'avais jamais entendu mon frère exprimer un attrait envers les femmes, même s'il était adolescent et soi-disant dans la fleur de l'âge.

C'est ce dont je me rappelle lorsque les gens me demandent quand j'ai su la première fois que mon frère était gai. Je ne me suis pas aperçu qu'il était différent jusqu'à ce que je l'entende dire quelque chose que la plupart des garçons de son âge diraient sans y penser.

Mon frère a essayé d'aimer les filles. À l'idée de le voir essayer — même en disant quelque chose d'aussi banal que « Elle a l'air sexy » en parlant d'une actrice à la télévision — j'en ai eu le cœur brisé. Pendant tout le temps où il a essayé, jusqu'à l'école secondaire et même au collège, il ne pouvait dire ni à moi ni à mes parents combien il trouvait cela difficile. Il était absolument seul.

J'avais eu douze ans lorsque David est allé dans un collège à l'extérieur de l'État. Il revenait à la maison pour les fêtes et pour quelques semaines pendant l'été, et il téléphonait toutes les semaines. Mais année après année, il semblait s'éloigner de plus en plus de moi et de mes parents. Lorsqu'il était à la maison, il était tranquille et distant, et au téléphone, il était poli mais tendu, comme le sont les personnes lorsqu'elles cachent de gros secrets.

Mes parents étaient simples, mais ils n'étaient pas stupides. Deux années après le départ de David pour le collège, ils ne l'avaient pas encore entendu mentionner le nom d'une petite amie, ou même un rendez-vous, ils ont alors eu des soupçons. Ma mère a commencé à me poser des questions, croyant que je devais savoir quelque chose qu'elle ne savait pas, car les frères et sœurs se disent des choses qu'ils n'avouent pas à leurs parents. David ne m'avait rien dit. Il ne l'avait jamais fait, pas même avant de partir pour le collège. J'ai toujours su qu'il m'aimait, mais il était plus indépendant que nous tous, et je n'ai jamais eu l'impression qu'il avait besoin de moi.

La fois suivante où David est venu à la maison, j'ai fait une chose terrible. Je voulais emprunter son sac à dos en cuir et je savais qu'il refuserait si je le lui demandais, donc, je l'ai simplement pris. Avant d'y mettre mes choses, j'ai dû sortir les siennes pour faire de la place. Il y avait des livres de classe et un carnet de notes élégant entouré d'un élastique. J'étais curieuse. J'ai enlevé l'élastique et j'ai commencé à le lire.

Immédiatement, je me suis retrouvée plongée dans un monde de colère réprimé, de dégoût de soi et d'ébauches de romance. J'en ai appris plus sur mon frère dans ces pages que ce qu'il m'avait dit, du moins en ce temps-là. J'ai appris qu'il a toujours su qu'il était gai, mais ce n'est pas avant qu'il quitte le collège qu'il l'a admis à une autre personne. Cette personne, c'était son compagnon de chambre, Rob. Je me souviens qu'il avait mentionné que Rob avait changé de chambre au milieu du semestre, et j'ai lu dans le journal de mon frère que Rob avait changé de chambre parce qu'il ne voulait pas cohabiter avec un gai.

Il a fallu quelque temps — quelques pages plus loin dans le journal — avant que mon frère en parle à quelqu'un d'autre. Il s'est joint à un groupe sur le campus et il s'est fait des amis gais, et peu à peu il a commencé à mener une double vie. Il y avait celle que mes parents et moi voyions — une vie de mensonge, d'amis qui ne le connaissaient pas, sans amour — et sa deuxième vie, avec des amis, des amourettes et des rendez-vous. Une vie où il était heureux.

J'ai remis le sac à dos — et le petit carnet de notes — dans la chambre de mon frère, et je ne lui ai jamais dit ce que j'avais appris. Mes parents continuaient d'essayer de me soutirer des informations sur David et sur sa vie amoureuse inexistante — je suis certaine qu'ils savaient qu'il était gai, mais ils refusaient de l'admettre, même à eux-mêmes — et un jour, j'ai parlé à mon frère. « David, ai-je dit, il faut que tu le leur annonces. »

Il ne m'a pas demandé comment je le savais, et je ne le lui ai pas dit. Cependant, en y repensant, j'ai constaté que le fait de lire le journal de mon frère — un crime horrible que je ne commettrai plus jamais — n'a fait que me donner certains détails. De toute façon, je le savais déjà. Peut-être est-ce vrai que des frères et sœurs se connaissent mieux que leurs parents les connaissent. J'aime à le croire.

Le jour de l'Action de grâce suivant, après un repas de famille tout à fait typique, mon frère a suggéré que nous allions tous prendre une marche. Nous avons marché jusqu'au bout de notre rue, jusqu'au terrain de l'école secondaire, puis sur la piste. Alors, mon frère s'est arrêté. « J'ai quelque chose à vous annoncer », a-t-il dit. Je crois que le cœur de mes parents a sauté un tour — ils voulaient tellement, alors, ne pas y croire. « Je veux vous annoncer que je suis gai. »

Tout compte fait, mes parents ont été assez rationnels. Ils ont dit à David qu'il ne faisait que vivre une expérience, qu'éventuellement il trouverait une femme qu'il voudrait marier. Il les a écoutés, puis poliment mais fermement, il a dit que c'était quelque chose qui n'allait pas changer. Ils ont argumenté, sans jamais élever la voix. Et à la fin, nous sommes retournés à la maison et avons fait une sieste dans des chambres séparées. Les jours suivants, ils ont été très silencieux. David est ensuite retourné au collège, vers sa vie heureuse.

Il a fallu cinq ans avant que mes parents acceptent vraiment mon frère. Il était chanceux d'être loin de la maison pendant ce temps, mais moi, je ne l'étais pas. Mes parents se sont querellés plus que jamais, mon père buvait beaucoup, et je passais mon temps à l'extérieur de la maison. Lentement — *très* lentement — mes parents se sont faits à l'idée. Un an plus tard, ma mère a parlé de David à l'une de ses amies, puis mon père a fait de même avec l'un de ses copains. Ils ont reçu de l'amour et du soutien — *David était un bon enfant*, ont dit les amis de mes parents. Rien de cela n'avait changé. En secret, je suis certaine qu'ils étaient soulagés que ce ne soit pas leur enfant. Après que mes parents ont appris à ne plus le cacher, il restait la question d'être fier de David, de ne pas simplement tolérer de l'entendre parler de sa vie amoureuse, mais de vouloir le savoir heureux.

Une année, environ une semaine avant Noël, mon frère a téléphoné à mes parents pour leur demander s'il pouvait amener un ami pour les fêtes. Un garçon. Mes parents lui ont dit qu'ils y réfléchiraient, puis ils l'ont rappelé pour carrément refuser. Mon frère s'est senti blessé et rejeté, et lorsqu'il est venu à la maison, les relations entre lui et mes parents étaient tendues. Mon père et lui se sont querellés la veille de Noël, et David a pris le premier avion pour retourner au collège. Le jour de Noël fut plus triste et plus solitaire que jamais.

J'ai téléphoné à David quelques jours plus tard. « Tu ne peux pas les bousculer », ai-je dit en me sentant coupable de les défendre.

« Cela fait trois ans », a répliqué David. Il était frustré, et je le comprenais. Moi aussi, j'étais frustrée. Je ne comprenais pas pourquoi mes parents ne pouvaient pas accepter. Il me semblait que c'était simple. Chaque fois que ma mère me demandait comment avait été ma sortie avec un garçon, ou lorsqu'elle disait qu'elle aimait un garçon que je lui avais présenté, je pensais: *Qu'y a-t-il de si différent entre David et moi? Ne souhaites-tu pas aussi son bonheur?*

La patience de David a finalement été récompensée. Ma mère a fait partie d'un groupe de soutien pour les parents de gais et lesbiennes, et peu après elle a réussi à entraîner mon père avec elle aux réunions. On lui a même demandé de parler lors d'une conférence pour parents d'élèves d'une école secondaire sur le fait d'être impartial concernant l'homosexualité dans les classes. Le temps a passé. Mes parents ont accepté le fait que David ne serait jamais hétéro, mais aussi que ce n'était pas du tout une mauvaise chose. Pour David, c'était même très bien.

Ils ont alors fait la chose la plus folle et la plus merveilleuse. Je ris encore en y pensant. Ils ont préparé une liste de toutes les personnes à qui ils n'avaient rien dit sur David, y compris de vieux amis, leurs frères et sœurs et leurs propres parents, et ils ont organisé un voyage de trois semaines à travers le pays. Ils avaient une nouvelle à annoncer et ils voulaient la dire en personne tout en visitant le pays. Ils ont eu cette idée qu'il n'était pas suffisant pour David de se montrer au grand jour. Il n'aurait jamais l'impression qu'ils l'acceptaient vraiment jusqu'à ce qu'eux-mêmes se montrent aussi au grand jour, comme des parents aimants d'un fils gai.

L'appartement de David était le dernier arrêt de leur voyage, et j'ai pris l'avion pour aller les rejoindre à leur arrivée. Nous avons pris une autre marche en famille, et David nous a parlé de son nouvel ami. Je leur ai parlé du mien. Finalement, après tant de douleur et de travail ardu, les deux vies de mon frère ont commencé à se fusionner.

Danielle Collier

Comment effrayer
sa grande sœur

Petits, mon frère et moi avions une relation toute particulière. Je lui faisais peur et il se mettait à pleurer. Je ne me souviens pas pourquoi je pensais que lui faire peur était si drôle. C'était probablement dû au fait que lorsque je sortais en courant et que je criais « hou! », surtout si je me cachais bien et que je le surprenais pendant qu'il passait, perdu dans ses pensées d'enfant de trois ans, il sautait dans les airs comme une grenouille affolée.

Cette méthode m'a amusée pendant des années dans ma jeunesse, mais avec le temps, j'ai trouvé de plus en plus difficile de faire peur à mon petit frère. Il devenait trop vieux pour sursauter lorsque je lui faisais peur. De crainte que mon pouvoir de grande sœur ne soit menacé par ce développement, j'ai changé de tactique en vitesse. Des frousses plus sophistiquées. Des serpents en caoutchouc sous son oreiller, des histoires de fantômes à propos d'une vieille femme acariâtre qui hantait son coffre à vêtements, de temps en temps lui plonger la tête sous l'eau lorsque nous jouions dans la piscine. Rien n'était au-dessus de mes forces. Il grandissait, bien sûr, mais pas assez pour que cela m'empêche de le faire crier de terreur. C'était mon devoir et ma passion.

Hélas, toute bonne chose a une fin. Sans crier gare, le petit Daniel était presque aussi grand que son antagoniste de sœur (et il la rattrapait vite). Mes meilleurs coups le faisaient à peine sursauter. Même la maîtresse de la terreur professionnelle que je suis sait quand abandonner une cause désespérée. J'ai déclaré la paix et j'ai fait amende honorable à mon petit frère — il a très bien accepté, et n'a pas demandé que je répare mes torts.

J'aurais dû me douter que je ne me tirerais pas si facilement de mes crimes. Le destin m'attendait au détour.

Un jour, en rentrant de l'école, j'ai trouvé la maison vide. C'était normal dans ma famille, et je n'ai pas été inquiète. Maman et papa travaillaient souvent tard, et mon petit frère et ma petite sœur restaient chez un ami pendant les après-midi. Mon frère aîné apparaissait généralement à l'heure du repas. J'aimais bien être seule dans la maison tranquille. Ainsi, je pouvais regarder la télé et écouter ma musique avec le volume aussi fort que je le voulais. Ce jour-là, toutefois, le bruit sonnait vide et faux — il semblait que j'essayais de couvrir le silence. Je pouvais ressentir l'absence de son se cachant dans les coins comme un grand enfant qui voulait sauter sur moi. Je ne pouvais pas comprendre pourquoi je me sentais si anxieuse.

Après un certain temps, j'ai constaté qu'il se faisait tard — *vraiment* tard. Ma famille rentrait généralement vers dix-sept heures trente et il était près de dix-neuf heures. C'est la gardienne de ma petite sœur qui, en la ramenant à la maison, m'a informée de ce qui se passait. Tout le monde était à l'hôpital, dans la salle d'urgence.

« Daniel a eu un accident de bicyclette. »

Aussitôt, je me suis sentie mieux — mon petit frère n'arrêtait pas de se casser les orteils et de s'érafler les genoux. L'explication m'a redonné une impression de normalité. La gardienne parlait encore.

« Il avait emprunté la vieille bicyclette d'un voisin. Le guidon lui est tombé des mains. »

J'ai cessé d'écouter. Mon idiot de frère! Je pouvais le voir passer dans la rue comme une flèche en faisant le clown, lâchant le guidon, l'air penaud. Je n'ai entendu que des bribes de ce que la gardienne essayait de me dire —

« …la serviette imbibée de sang… »

J'allais le taquiner lorsqu'il reviendrait à la maison avec ses points —

« … ne pouvait pas trouver la dent… »

Je me parlais à moi-même, pour bloquer un sentiment peu familier. J'avais peur. Ce n'était plus drôle du tout et, malgré tout, j'ai entendu un rire hystérique monter de ma gorge —

« … une chirurgie… nous ne savons pas… »

Je me suis assise pour digérer le coup. Aussi pour me calmer. Daniel n'est pas rentré à la maison ce soir-là. Mon grand frère est enfin rentré — et il avait pleuré, même si aujourd'hui il ne l'admettra jamais. Il m'a raconté ce qu'il savait de l'accident.

Mon petit frère coursait dans une côte à pic sur une bicyclette empruntée. Soudain, une vis est tombée et le guidon de sa bicyclette s'est détaché. Il ne portait pas de casque protecteur. Si une voiture était venue, elle l'aurait frappée. Heureusement, Daniel a glissé de côté dans le gravier sur l'accotement de la route. Le visage en premier.

S'il était tombé sur un angle un peu plus pointu, il se serait cassé le cou.

Mon petit frère gisait en sang près d'un fossé pendant que ses amis sont revenus au haut de la colline. Les deux autres petits garçons ont réussi à l'amener chez le parent le plus proche.

Daniel a perdu une dent. Sa peau était horriblement éraflée. Mon petit frère a dû subir toute une série de chirurgies buccales. J'en avais mal au cœur — son visage était tout enflé, noir et bleu et rouge vif. Je pleurais presque chaque fois qu'il souriait, le trou de sa bouche s'ouvrant pour exposer une horrible série de dents et de gencives déchiquetées. Il ne souriait pas beaucoup car cela faisait mal. Mon pauvre petit frère.

Quand on le regarde maintenant, il est impossible de deviner que Daniel a déjà eu un accident. Sa dent de porcelaine est parfaite. Sa peau, miraculeusement, a guéri sans l'ombre d'une cicatrice. Lorsqu'il sourit, il ne souffre pas.

Maintenant, nous sommes tout à fait quittes. Il en faut beaucoup pour effrayer une grande sœur.

Natalie Atkins

Un **flash-back**
de soixante secondes

Dans ma Honda Civic, je suis arrêtée à un feu rouge, je regarde droit devant, et j'aperçois alors une Subaru blanche du coin de l'œil. Par habitude, je tourne la tête pour voir si c'est quelqu'un que je connais, quelqu'un que j'aime beaucoup mais que je n'ai pas vu depuis trois mois — pour voir si c'est Zach, mon frère aîné, ma moitié. L'homme dans la Subaru ressemble beaucoup à Zach, mais ce n'est pas lui.

Soudain, je plonge dans mes souvenirs et je me remémore toutes ces choses sur mon frère que j'aime et qui me manque tant. Je me rappelle ses cheveux blonds frisés, et à quel point il essayait de les raidir en portant une casquette de baseball jusqu'à ce que ses cheveux soient secs, ou en les lissant avec du gel. Je me rappelle combien il se mettait en colère contre moi lorsque j'essayais de porter ses pantalons amples et ses chemises pour lui ressembler. Il voulait se distinguer. Je me souviens que, lorsque j'étais déprimée, il me serrait dans ses bras et me disait combien j'étais belle, pour ensuite me réconforter encore plus en me racontant des blagues stupides. Il avait un sens de l'humour qui pouvait toujours faire rire, même quand on était très contrarié.

Je me suis rappelé une conversation que nous avons eue, lui et moi. J'avais quatorze ans et lui, dix-huit. Nous vivions tous les deux une période difficile avec nos parents, même si notre situation était différente. Nous roulions dans sa Subaru, qui était presque neuve à l'époque. Et pour la première fois, il m'a ouvert son cœur. J'avais l'impression qu'il me considérait son égale au lieu de sa petite sœur. Il a commencé par me dire à quel point il aimait la musique, et combien il s'évadait dans la musique pour chasser le stress lorsque les choses devenaient trop difficiles à supporter. Il m'a regardée dans les yeux, ce qu'il faisait rarement puisqu'il évitait généralement le contact direct avec les yeux, et il m'a dit que moi aussi, je possédais quelque chose de profondément enfoui en moi pour me permettre de me retrouver lorsque je sentais que je n'avais plus d'endroit où me tourner. Il m'a dit que je n'avais qu'à chercher dans mon âme, et je trouverais cette chose. À ce moment-là, je l'ai regardé et j'ai tant souhaité être capable de jouer de la guitare comme lui, ou de dessiner comme lui. Il semblait posséder tant de talent que je lui enviais, et l'entendre dire qu'il voyait en moi de la créativité m'a donné envie de le serrer dans mes bras. Pourtant, je ne l'ai pas fait.

Je me souviens qu'il était toujours enfermé dans sa chambre lorsqu'il était à la maison, ce qui n'arrivait pas souvent. Il préférait sortir et faire la fête avec ses amis. Il consommait différentes sortes de drogues, ce qui le rendait mélancolique et difficile à supporter. Lorsqu'il était dans la maison, il y avait toujours de la tension car il ne voulait pas qu'on lui dise quoi faire; il ne voulait rien entendre de ce que nous avions à lui dire. Je crois que c'est la raison pour laquelle j'ai été tellement surprise lorsqu'il m'a emmenée avec lui ce jour-là dans sa voiture et qu'il m'a parlé avec une telle sincérité.

Mes yeux se sont remplis de larmes en me rappelant cette fois, il n'y a pas si longtemps, où sa chienne de dix ans a eu le cancer et qu'il a fallu l'euthanasier. Il a dormi avec elle dans le garage pendant la dernière semaine de sa vie, et nous étions tous ensemble lorsqu'elle est morte. Le sentiment de perte dans ses yeux et la rivière de larmes qui a inondé ses joues m'ont appris plus sur l'amour qu'il portait à son chien que tout ce qu'il aurait pu dire. En se penchant pour prendre dans ses bras le corps sans vie de sa chienne, il s'est mis à trembler, et j'ai compris à quel point il était attaché à elle. Lorsqu'il s'est relevé, je l'ai serré dans mes bras, en espérant qu'il comprendrait que j'étais là pour lui, mais il est resté distant, dans son monde à lui.

Plus tard dans la journée, il est entré par la porte du garage avec ses verres fumés, même s'il pleuvait, afin que nous ne puissions pas voir ses yeux rouges et gonflés. Il portait toujours des colliers étrangleurs, mais il en portait un autre qu'il n'avait pas avant. Il a sorti le collier de sous sa chemise et nous a montré qu'il portait la plaque d'identité de sa chienne, Annie.

J'ai pleuré encore plus lorsque je me suis mise à penser pourquoi nous ne nous sommes pas parlé depuis trois mois. Il fallait que je définisse des limites. Je me rappelle très clairement le soir où je me suis réveillée alors qu'il traitait quelqu'un de chienne et de putain. Je m'étais avancée dans le corridor et j'entendais mon frère injurier sa petite amie, en mettant la cuisine sens dessus dessous comme un lapin fou. Il était terriblement soûl. Les mots blessants qu'il prononçait ne pouvaient venir que d'un aliéné. Ce n'était pas des mots à dire à un être cher.

Le jour suivant, j'ai décidé qu'il fallait parler de la nuit précédente. Il était dans la salle familiale, le regard vague mais défiant, et j'ai commencé à lui dire ce que j'avais sur le cœur, à quel point j'étais inquiète de sa consommation d'alcool. Il semblait que plus je parlais, plus il s'éloignait. Il m'a enfin regardée, m'a dit que j'exagérais et qu'il était parfaitement normal. Je l'ai écouté refuser d'admettre mon inquiétude, sachant que son déni n'était qu'un moyen de se convaincre lui-même qu'il n'y avait pas de problème. J'ai rassemblé tout mon courage et je lui ai dit que, jusqu'à ce qu'il cesse de boire et demande de l'aide, il ne pourrait pas y avoir de relation frère-sœur entre nous. Le regard qu'il m'a jeté en a dit plus long que les mots qu'il aurait pu prononcer. Je savais qu'il croyait que j'avais réagi de manière excessive et que je n'irais pas jusqu'au bout — après tout, je ne l'avais jamais fait.

Il est déménagé deux semaines plus tard quand mes parents et moi lui avons donné l'ultimatum de vivre abstinent à la maison ou de quitter. Il a choisi de quitter. Il était furieux contre nous d'avoir eu à faire ce choix. Il est resté à l'écart depuis trois mois maintenant.

Le feu a viré au vert et j'ai traversé l'intersection tout en regardant à l'intérieur de la Subaru blanche. L'homme qui conduisait avait la même stature que Zach. J'ai compris à quel point je voulais le voir et je me suis demandé si j'avais pris la bonne décision. Je me suis ensuite rappelé ce que mon père m'avait dit le jour où Zach est parti: « Tiani, il ne s'en rend pas compte maintenant, mais un jour, il te remerciera de l'avoir aimé au point de l'avoir confronté et de lui avoir dit comment les choses devaient fonctionner. Ta mère et moi, nous t'aimons et nous te respectons d'être si forte et si aimante, jusqu'à prendre le risque de ne plus lui parler afin qu'il voie la réalité en face et qu'il se soigne. » À ce moment-là, j'ai su que j'avais pris la bonne décision, et j'ai fait une petite prière pour demander de revoir mon frère bientôt.

Tiani Crocker

[NOTE DE L'ÉDITEUR : Nous avons reçu les dernières nouvelles de Tiani : « Le problème d'alcool de Zach n'existe plus ; l'alcool a cessé de contrôler sa vie et notre relation. Zach est revenu à Washington, il étudie dans une école de massage et s'occupe en priorité de sa santé et de sa bonne forme physique. Il a pris de la maturité de façon étonnante — il a un lien plus fort et plus sain avec toute la famille, et nous sommes fiers de lui. Je me sens privilégiée que notre relation soit plus solide qu'avant, mais encore plus qu'il soit un modèle pour mon fils. »]

Le changement

Vient un temps où l'on croit que tout est fini.
Ce n'est que le début.

Louis L'Amour

Si le changement fait peur, je peux honnêtement dire que j'ai eu la peur de ma vie à seize ans. Nous devions quitter la seule maison et les amis que j'avais connus et déménager. « Ce sera un nouveau départ pour tout le monde, Carrie », disaient toujours mes parents. Parce que mes parents avaient décidé de sauver leur mariage et de « recommencer », cela n'était pas une raison pour moi de tout abandonner.

J'ai fait la moue et j'ai protesté, jusqu'à ce qu'ils vendent la maison, emballent notre vie et que nous déménagions. Puis, je me suis tue; je n'avais pas le choix. Pourtant, je n'avais pas dit mon dernier mot. À dessein, mes notes ont baissé, je n'ai fait partie d'aucune activité sociale et, surtout, je n'ai jamais admis que quoi que ce soit ici était aussi bien que dans notre ancienne ville.

La stratégie n'a pas duré longtemps. Non pas parce que j'avais des tonnes de nouveaux amis, ou parce que j'étais conquise par ce nouveau village qu'ils avaient adopté. La raison est que mes parents ont commencé à se quereller, et ils se querellaient à *mon* sujet. Ils appelaient cela de la « discussion », mais en fait, ils se querellaient. De grands désaccords suivis de silences pleins de tension étaient devenus la norme.

Croyez-moi, mes parents devaient s'occuper de leur mariage. Ils s'étaient séparés et étaient revenus ensemble tant de fois que je classais mes photos d'anniversaire en disant: « Ils étaient séparés cette année-là », ou « C'est l'année où ils essayaient de recréer leur relation. »

Je crois que j'étais lasse de tenter de deviner si une porte fermée avec force voulait dire que mon père quittait de nouveau nos vies, ou s'il allait simplement marcher pour se calmer. Ou encore, si le sourire de ma mère était heureux ou si c'était le sourire forcé qu'elle faisait pour me rassurer, qui voulait dire: « Nous pourrons très bien nous passer de ton père. »

C'était déjà bien assez difficile qu'ils se séparent continuellement, je ne pouvais pas en plus supporter d'être la raison de ces épisodes redoutables. Je me suis donc reprise en main, j'ai travaillé fort à l'école et j'ai commencé à rencontrer des amis. Les choses se calmaient à la maison, mais j'avais peur de penser ou de ressentir quoi que ce soit qui pourrait créer des vagues. Mon tour était venu d'être la gardienne de la paix.

Tout semblait « bien » aller à nouveau, jusqu'au soir où la porte avant s'est refermée avec force et, au matin, ma mère avait le sourire *nous pourrons très bien nous passer de lui*. J'avais fait de mon mieux et ce n'était pas assez.

Le soir, je me suis traînée dans mon lit, épuisée et totalement vidée, rien pour me stimuler le lendemain, totalement abattue.

C'est alors que j'ai rencontré la petite fille d'à côté.

J'étais seule sur les marches de la galerie avant et j'essayais de trouver le courage de simplement entrer dans la maison. Le rythme de sa corde à danser qui claquait sur le trottoir pendant qu'elle comptait ses sauts avait sur moi un effet calmant. Ses cheveux se déployaient sur son dos et brillaient dans le soleil couchant.

« Quarante-huit, quarante-neuf, cinquante », comptait-elle, tout essoufflée. Comme cela paraissait facile !

« Soixante-trois, soixante-quatre… Oh non ! » Elle m'a regardée, en détresse. « Regarde, la poignée est sortie ! Est-ce que je peux reprendre ? Je n'ai jamais réussi aussi bien. Cet accident ne devrait pas compter. Ce n'est pas ma faute si la corde s'est brisée. »

Je savais exactement comment elle se sentait. Je faisais de mon mieux lorsque le mariage de mes parents s'est brisé.

Elle a sauté sur la marche près de moi. « Alors, qu'est-ce que tu en penses ? Est-ce que je peux reprendre ? »

Elle était tellement sérieuse. Je voulais qu'elle sache que je comprenais la difficulté de sa question, mais je ne pouvais pas retenir le sourire qui montait en moi. Elle m'a regardée, attendant ma réponse.

« Je sais que tu n'as pas marché sur la corde pour faire sortir la poignée parce que je te regardais. » Elle a acquiescé avec sérieux. « De plus, ce n'est pas comme si ton soulier s'était enlevé parce qu'il n'était pas attaché assez serré. » Elle a regardé ses chaussures et a acquiescé de nouveau.

« Donc, étant donné toutes ces circonstances, je crois que tu as le droit de reprendre. »

« Moi aussi », a-t-elle dit, en déposant la poignée et la corde sur mes genoux. « Répare la poignée et je te laisserai tenir le compte pour moi. J'ai arrêté à soixante-quatre et je suis certaine de pouvoir sauter jusqu'à cent, ce qui est le plus haut compte pour moi. »

J'ai donc réparé sa corde et j'ai compté sa reprise jusqu'à cent douze.

« Cent douze ! » Elle m'a tapé dans la main. « C'est plus que Amy à l'école, et elle est dans une classe plus avancée que moi ! »

C'est alors que le miracle s'est produit. C'était une petite chose, qui venait du fond du cœur et facile à donner. Puis, elle m'a serrée dans ses bras ! La chaleur de cette caresse m'a réchauffé le cœur et, tout comme le soleil qui apparaissait derrière les nuages, j'ai compris.

« Je te vois demain », a-t-elle dit, ignorant tout de ce qu'elle venait de me donner.

Mes parents ont eu leur divorce et ce fut très douloureux. Par contre, je n'en étais pas responsable et il n'y avait rien que j'aurais pu faire pour l'éviter. Dans ma nouvelle compréhension que j'avais acquise grâce à l'innocence d'une petite fille, moi aussi, j'avais mérité une reprise.

Carrie Hill
Telle que racontée à
Cynthia Hamond

Une table pour trois

J'ai été réveillée par le bruit de voix qui discutaient dans le garage. En me retournant, j'ai jeté un coup d'œil au réveille-matin, et j'ai vu qu'il n'était que cinq heures. Les deux voix étaient celles de ma mère et de mon père. J'entendais la voix de mon père s'élever alors que maman marchait de long en large, en pleine hystérie. Je connais bien ce duo malade, mais pas si tôt le matin.

Je me souviens d'une conversation que j'ai eue avec mon père et je comprends que ce qu'il m'avait annoncé était en train de se réaliser. La semaine dernière, en mangeant des frites chez McDonald's, il a partagé un secret avec moi qui allait changer ma vie pour toujours. Il a commencé par me demander si j'étais heureuse de la façon dont les choses se passaient à la maison. Je savais qu'il voulait parler de la tension qui existait entre lui et ma mère. Ce n'est pas que j'étais heureuse de la situation, mais j'étais effrayée à la pensée du divorce. C'est comme s'accrocher à un iceberg.

Le divorce est très courant chez les parents de mes amis, et même si je savais qu'il était inévitable que, tous les trois, nous rejoindrions bientôt le groupe, c'était un club dont je ne voulais pas faire partie.

Puis, subitement, il a partagé avec moi son lourd « secret » — un secret que je n'aurais jamais voulu entendre. Il me disait qu'il quitterait ma mère la semaine suivante, tout en m'assurant qu'il serait toujours là pour moi. Je me suis vue acquiescer de la tête, comme si je comprenais, alors que tout ce temps, je ne comprenais vraiment pas. Il m'a dit que depuis long-temps ils n'étaient pas heureux, et je me disais: *Si vous êtes malheureux tous les deux, pourquoi le gros secret? Pourquoi maman ne partage-t-elle pas ce terrible moment?*

Il m'a serrée dans ses bras comme un ours mala-droit, et je me suis raidie à son toucher. Se grattant le nez, il a ajouté qu'il n'était pas encore prêt à annoncer à maman qu'il la quittait. Je lui ai demandé *quand* il allait le lui dire, et il a fermé les yeux en soupirant: « Lorsque le moment sera venu. »

Ainsi, depuis deux semaines, je regarde maman dans les yeux tout en évitant de révéler le secret. Je la trompe, tout comme mon père. J'essaie de me convain-cre que la conversation chez McDonald's n'a vraiment jamais eu lieu.

Maintenant, allongée sur le lit en écoutant les pleurs étouffés de maman, je comprends que le moment est arrivé. Bien que maman et moi n'ayons pas toujours vu les choses de la même façon, comme mes sorties, ma façon de conduire, l'école, les amis, la vie... maintenant, au moment présent, je souffre pour elle. Chacun de ses sanglots me darde directement au cœur. La douleur est tellement forte que je comprends finalement ce que l'on doit ressentir d'avoir le cœur brisé.

Je suis descendue du lit et je me suis rendue sans bruit le long du corridor jusqu'au garage, d'où les voix semblaient venir. Lentement, j'ai ouvert la porte juste assez pour voir sans être vue.

La scène qui se joue par mes parents me donne la nausée. Maman s'accroche au pan du veston de cuir de mon père. Elle tire fortement pour le retenir afin qu'il ne la quitte pas. Ce n'est pas la femme fière qui avait autrefois refusé l'aide financière de ma grand-mère le jour où papa a perdu son emploi. Son visage est rouge, inondé de larmes, son nez coule et elle hurle de douleur. Elle n'a pas de fierté; il l'apporte avec lui.

Il lui arrache son veston et la repousse d'une main. Il lui dit que c'est fini. «... C'est fini depuis très long-temps et nous le savons tous les deux. »

Elle hurle encore et, à travers ses plaintes, je l'entends gémir: « Non, non, non, non », comme un étrange chant hypnotique. Soudain, son ton se trans-forme en colère et elle crie: *Tu te préparais à filer en douce dans la nuit... n'est-ce pas?... Tu es un enfant... Tu n'as pas de colonne vertébrale, espèce de peureux... Je te déteste, salaud!* Elle ne lâchait toujours pas son veston.

Il s'éloigne d'elle et elle se retrouve avec seule-ment son veston dans les mains. Il se penche pour lan-cer sa valise pleine par la porte ouverte de notre voiture familiale. Puis, il s'installe derrière le volant et, sans ajouter un mot, il recule pour sortir de l'entrée et de nos vies à jamais.

Tout ce qui reste maintenant est l'écho de ses cris de douleur. Je ne me soucie pas que les voisins aient entendu la scène. Ils ont l'habitude d'entendre les cris de la guerre que se livrent mes parents; chacun a aban-donné sa dignité depuis longtemps. Nous ne savons plus ce qu'est la honte.

Alors que maman s'appuie sur le mur en gémissant dans des spasmes d'angoisse, la seule chose à laquelle je peux penser, c'est ce que j'aurais pu faire pour causer cela. Était-ce parce que j'ai répliqué à ma mère la fois où nous étions sortis pour prendre un agréable repas en famille? Elle s'était mise dans une telle colère, et je me souviens que papa lui avait dit de garder son calme et que j'avais raison. Le regard glacé qu'elle avait jeté de l'autre côté de la table indiquait qu'elle n'aimait pas du tout cette alliance amicale que papa et moi avions formée. Il y avait eu des cris et des hurlements, et les gens regardaient, mais mes parents ne semblaient pas s'en soucier. La première chose que j'ai sue, papa était sorti en trombe du restaurant pour se réfugier dans la voiture.

C'était toujours la même chose: une bataille en règle, puis papa qui se réfugiait dans un coin éloigné. Ma mère s'est tournée vers moi ce soir-là, alors que nous étions seules à notre table pour trois personnes, et elle a dit: « S'il te plaît, ne détruis pas mon mariage. Je crois que je ne peux pas vivre sans lui. »

J'étais désolée pour elle maintenant, et je me demandais si j'étais la cause de la discorde entre mes parents. J'ai toujours été la petite fille à papa, et elle était ma rivale pour avoir son affection. Maman décrivait notre relation en termes de tout noir et tout blanc. Si elle disait *haut*, je disais *bas*; si elle disait *gros*, je disais *mince*. Je ne pouvais pas m'empêcher d'agir ainsi.

J'ai fermé la porte du garage et je suis retournée dans ma chambre. Une fois rendue, j'ai appuyé mon front contre la vitre froide, en espérant que sa voiture ferait demi-tour. Ce n'était peut-être qu'un mauvais rêve et je me réveillerais bientôt.

Puis, j'ai senti sa main sur mon épaule. Ma rivale, mon adversaire, a pris ma tête dans ses mains et l'a retournée vers elle. Elle ne pleurait plus alors qu'elle pressait sa joue sur la mienne, et pourtant, je sentais encore l'humidité de ses larmes. Ce matin-là, nous ne nous sommes pas dit un seul mot. Pour une fois, nous éprouvions la même chose. Nous étions proches dans notre douleur. Nous restions avec une chaise tristement vide à notre table pour trois personnes.

Isabel Philley
Telle que racontée à
C. S. Dweck

Un cadeau
des plus précieux

Divorce. Ce seul mot donne des frissons dans le dos de certains, mais pas à moi. Cela peut sembler curieux, mais le divorce de mes parents a été, d'une certaine façon, la meilleure chose qui pouvait arriver à ma famille. Voyez-vous, je peux difficilement me rappeler à quoi ressemblait le fait d'être marié pour mes parents. Mes souvenirs sont très confus, comme une histoire dans une autre vie.

Mon père est déménagé la veille du jour de l'An, peu après mon sixième anniversaire de naissance. Tout ce dont je me souviens, c'est que j'étais dans la salle familiale et qu'il me faisait un câlin d'adieu. Mon frère, qui avait quatre ans, nous a consolées, ma mère et moi. Papa nous a quittés alors que nous pleurions lamentablement. J'ai pensé que je ne reverrais jamais plus mon papa chéri. Pourtant, le lundi soir suivant, il était là. Un rituel de repas hebdomadaire était né.

Il venait chercher mon frère et moi pour le repas du soir tous les lundis et jeudis soir. Tous les deux week-ends, il nous amenait dans son nouvel appartement pour passer la nuit. Pour une raison inconnue, j'ai appris à aimer ma nouvelle vie. Je savais que chaque semaine je ne pouvais pas faire d'autres projets les soirs où nous mangions ensemble; c'était un temps précieux à passer avec notre père. J'ai appris comment préparer mon sac pour les voyages de fin de semaine à l'appartement, en essayant bien de ne rien oublier. Avec les années, notre rituel du souper a dû se faire en tenant compte des cours de danse, du basket-ball, du tennis, des cours d'art et des équipes de golf. Mais ce souper avait toujours priorité.

Trois ans après le divorce de mes parents, j'avais alors neuf ans, ma mère s'est remariée avec Marty. Il est merveilleux et me fait rire depuis avec son grand sens de l'humour. Le fait d'avoir un autre homme dans la vie de leurs enfants risque souvent de mettre certains pères en colère, mais pas le mien. Papa a rencontré notre nouveau beau-père et il s'est lié d'amitié avec lui.

Avec notre nouveau beau-père venaient un demi-frère plus vieux et une très grande famille élargie. Trois ans plus tard, papa a finalement trouvé l'amour de sa vie, et mon frère et moi avons été privilégiés d'avoir une belle-mère pas-du-tout-acariâtre, Suzi. À leur tour, le fils et la fille de Suzi ont rapidement fait partie de la famille.

Maintenant que maman et Marty sont mariés depuis plus de neuf ans, et papa et Suzi depuis six ans, je ne peux pas même imaginer mes parents mariés l'un à l'autre. Depuis des années, lorsque des gens sont présentés à tous mes parents et qu'ils observent leurs relations les uns avec les autres, ils me disent que ma famille est un parfait exemple de la façon dont la vie devrait se passer après un divorce.

Lorsque je rencontre de nouvelles personnes et qu'elles apprennent que mes parents sont divorcés, elles émettent des regrets et de la sympathie. Pour moi, je ne regrette pas le divorce de mes parents. En soi, un divorce est triste et marque une fin, mais dans notre cas, le résultat a été magnifique pour nous tous. Pour nos anniversaires, nous allons tous manger à l'extérieur, tous les six. Mes parents sont toujours demeurés amis, et maman et Suzi ont même joué au golf ensemble.

Je ne changerais rien de ma vie. J'ai huit grands-parents, quatre parents, quatre frères et sœurs, trop de tantes et d'oncles pour pouvoir les compter, et un nombre inouï de cousins. Je suis entourée d'amour et de soutien, peu importe dans quelle maison je me trouve. Avec l'aide de ma famille, j'ai appris à faire face aux périodes difficiles. Mais plus que tout, j'ai appris que l'amour est incommensurable et lorsqu'il est partagé, c'est le cadeau le plus précieux de tous.

Jessica Colman

Les derniers mois

J'étais heureuse d'être à la maison ce soir-là, tout emmitouflée dans ma couverture de laine polaire, si douce, si chaude. C'était le premier janvier du nouveau millénaire et, dehors, le temps était froid et venteux. Papa regardait notre arbre de Noël, décoré comme à l'habitude avec des souvenirs de toute une vie. Papa avait insisté pour avoir l'arbre parfait, et nous l'avions eu. Il était d'un vert luxuriant, et l'odeur du pin se répandait dans toute la maison. Il était énorme — 3 mètres de haut et 1,5 mètre de large. Mon père le regardait.

Soudain, j'ai vu des larmes couler sur ses joues. Je ne comprenais pas cette démonstration inusitée. J'en étais troublée et j'ai donc décidé de le laisser seul. J'ai regardé par la cuisine pour voir ce qu'il faisait, sans que cela paraisse que je le surveillais. Il a touché chaque guirlande longuement. C'était comme s'il essayait de contenir le flot de pensées sombres et dévastatrices.

Ce fut le mois où j'ai commencé à voir mon père devenir faible et fragile. Ne connaissant pas le problème, maman l'a amené chez le médecin. Après avoir passé des rayons X et des tests de sang, ils sont revenus à la maison pour attendre les résultats avec angoisse. Enfin, le médecin a téléphoné. Mon père courait un danger sérieux d'avoir une autre crise cardiaque, et il fallait qu'il soit hospitalisé immédiatement.

Je ne me souviens pas d'un temps où papa était vraiment en santé. Il a déjà eu une série de crises cardiaques, ainsi que des complications à la suite d'un pontage. Cette fois-ci, papa est resté à l'hôpital pendant deux longues semaines. Il était relié à tant de tubes par voie intraveineuse et à tant de moniteurs qu'il lui était difficile de communiquer avec nous. Il a fini par se rétablir assez pour rentrer à la maison.

Tous les deux jours, une infirmière venait à la maison pour aider mon père à sa réhabilitation. Un jour, alors que nous attendions son arrivée, j'ai remarqué quelque chose d'inhabituel. Papa ne respirait pas. Maman a accouru vers lui et l'a secoué.

« Quoi? Qu'est-ce qui ne va pas? » a-t-il demandé.

« Tu ne respirais plus », ai-je dit.

Il a répondu par un simple « Oh », puis il est retombé dans un sommeil agité. Quelques minutes plus tard, je l'ai regardé de nouveau.

« Maman… » Le souffle coupé, je lui ai pointé mon père. Elle l'a réveillé une autre fois.

« Pourquoi ne pas rester éveillé jusqu'à l'arrivée de l'infirmière? » lui a-t-elle demandé, la voix étranglée. Il a légèrement penché sa tête grise en guise d'acquiescement. Je ne savais pas quoi dire, alors je me suis tue.

Enfin, l'infirmière est arrivée. Elle l'a regardé et a dit: « Nous devons vous amener à la salle d'urgence. »

Mon père a froncé les sourcils, comme un enfant qui ne veut pas faire ce qu'on lui dit. D'un air malheureux, il a demandé: « Est-ce nécessaire? » L'infirmière a fait signe que oui.

Il y avait tant de choses à dire, mais personne ne savait trop comment les dire. Lorsque papa fut sur le point de partir, je lui ai fait une longue caresse et je l'ai serré bien fort. Je ne voulais pas le laisser partir. Quand il est monté dans la voiture, je lui ai dit que je l'aimais.

Il m'a souri et m'a fait un signe de la tête. J'ai regardé tout le temps qu'ils sortaient de l'entrée. J'ai regardé jusqu'à ce que la voiture disparaisse derrière un gros arbre sur le côté de la route. J'avais vu papa pour la dernière fois.

Les choses ont changé dans ma vie depuis les huit derniers mois. Il n'y a plus autant de rires, et parfois je me sens en colère et déprimée. Voyager n'est plus aussi agréable sans papa. J'éprouve de l'envie lorsque je vois une famille où le père est là. Parfois, lorsque je reviens à la maison, j'oublie qu'il n'est plus là et je vais dans sa chambre pour lui parler. Je sens toujours un grand vide lorsque je réalise qu'il n'est plus là.

Ma rivière de larmes pour lui coule encore de temps à autre. Je sais que cette rivière coulera sans fin et ne se tarira jamais, tout comme mon amour et mes souvenirs de mon père ne s'effaceront jamais. Ils dureront toujours, tout comme son esprit.

Mon temps est venu,
Et donc je pars.
Il y a un endroit meilleur
Loin, tout au loin.

Je vous aime tous,
Vous le savez.
Mais maintenant, c'est mieux,
Car je suis libre…

Traci Kornhauser

Notre chanson

Tu m'as demandé de chanter pour toi. J'ai grommelé: « Voyons, maman, je vais réveiller le monde. » Encore une fois, j'ai laissé s'interposer entre nous mon trac toujours présent. En y repensant, il est difficile de croire que j'étais si égoïste. Mais tu as insisté, et j'ai fini par céder.

J'ai chanté nos favorites — Barbra Streisand, Linda Ronstadt et Bette Midler. Ma voix était calme et feutrée, tout comme l'était la lumière tamisée dans la pièce. Je me suis assurée que le son ne traversait pas les murs. Tu as écouté, les yeux fermés, puis tu m'as remerciée et tu as dit à quel point c'était beau et paisible.

Lorsque nous t'avons ramenée à la maison cette dernière semaine de janvier, je m'assoyais avec toi pendant la soirée. Je te lisais des extraits de *La tragédie du roi Richard III,* sachant que c'était ton livre préféré. Bien sûr, je faisais toujours des commentaires sarcastiques. « Lady Anne était la pire idiote au monde. » Je cherchais tes yeux pour une réponse, espérant que tu les ouvrirais et que tu sourirais à mes propos désinvoltes.

Je t'ai lu de la poésie de Robbie Burns et de Walt Whitman, et je t'ai frotté les mains avec de la lotion. Enfin, j'ai trouvé le courage de chanter encore pour toi. Tu n'as pas été capable de me le demander cette fois-là. Avec un sourire et les larmes aux yeux, grand-maman a jeté un regard par la porte. Je me suis tue. « Continue de chanter pour ta mère », a-t-elle dit. Lorsque j'ai eu terminé, papa m'a demandé: « Voudrais-tu chanter à la cérémonie du souvenir? » Tu étais couchée tout près de moi et soudain cela m'a semblé pervers d'avoir cette conversation devant toi. « Je ne sais pas si je le pourrai. Je vais essayer. » Nous n'en avons pas reparlé.

Le samedi après ton décès, je suis allée à la maison pour pratiquer. J'avais besoin que tu m'entendes une dernière fois, belle et sans tache.

Puis, j'étais là, debout sur le podium. Je n'avais dit à personne ce que je voulais faire, au cas où je flancherais. Pendant que le pasteur me disait quand il faudrait me présenter à l'avant pendant le service, Shirley, qui prononcerait l'éloge funèbre, a demandé: « Mais si quelqu'un se lève avant Jennifer? » J'ai répliqué: « Eh bien, ils n'auront qu'à attendre, non? » Elle s'est mise à rire: « Tu es exactement comme ta mère. » J'ai souri et je l'ai remerciée du compliment.

Mes mains tremblaient devant le micro. J'ai prononcé quelques mots pour rassembler mon courage et me calmer. Puis, très doucement, j'ai chanté « Somewhere over the Rainbow ».

Je me suis reportée au temps où j'étais une petite fille. Tu m'avais téléphoné lors d'un de tes voyages pour regarder avec moi à la télévision *Le magicien d'Oz*. À des kilomètres de distance et malgré les frais d'interurbain, nous avons toutes les deux poussé un cri pendant la scène de la tornade. Nous avons chanté en duo et en trio lorsque Ashlea était avec nous dans la voiture. C'était notre chanson.

J'ai chanté la dernière ligne: « If happy little bluebirds fly, beyond the rainbow, why oh why can't I? ».

Puis, j'ai murmuré: « Maman, tu as des ailes magnifiques maintenant. Puissent-elles t'amener là où tu veux… »

Au moins une centaine de personnes ont été témoin du moment le plus difficile de ma vie, mais seulement une personne importait. Bien sûr, je vais chanter pour toi, maman. Demande-le-moi n'importe quand.

Jennifer Dalrymple-Mozisek

Que faire lorsque quelqu'un meurt — quelqu'un de si cher et de si rare — sinon le faire revivre dans nos souvenirs?

May Sarton

Cela fait longtemps

Cela fait longtemps que j'ai entendu ta voix,
Ta chaude et réconfortante voix,
Toujours murmurant des mots pleins de sagesse.
Tu en savais tellement plus que moi sur la vie,
Et jour après jour, tu m'enseignais.

Tu m'as vue grandir pour devenir femme,
Tu m'as toujours supportée, quoi qu'il arrive.
Tu étais fière de ce que je devenais,
Tu m'aimais sans fin, sans question, sans jugement.
Pendant que tu me regardais devenir la personne
      que je suis aujourd'hui,
Je te regardais lutter pour rester en vie.

Tu m'as dit et répété que tout s'arrangerait à la fin.
Tu savais toujours quoi dire pour que le monde
      semble être de notre côté.
Cette fois-là, tu as eu tort, maman —
Le monde n'était pas de notre côté.
Il t'a volée à moi,
Me laissant seule, me languissant de ton amour,
      sans mère.
Sans personne pour me dire que j'étais belle,
Pour essuyer les larmes qui coulaient
      sur mes joues,
Sans personne avec qui partager mes peurs,
      mes joies et mes triomphes.

J'ai encore entendu ta voix la nuit dernière.
Elle me manque chaque jour depuis que tu es partie.
J'ai encore vu ton sourire la nuit dernière,
J'ai souhaité le revoir chaque heure
   depuis ton départ.

Dans mon rêve, tu disais
Que tu serais toujours près.
Maintenant que j'y pense,
Tu as dit la même chose
Le jour de ton décès.

Tu as toujours su quoi dire
Pour que le monde semble
Être de notre côté.

Catherine Starr

Renouer avec maman

Ça n'a pas toujours été seulement maman et moi. Il fut un temps où mon père était là, mais il y a si longtemps. Peut-être était-ce dans une autre vie. Je ne me souviens pas très bien de lui. Lorsque j'essaie de me l'imaginer, tout ce que je vois, c'est l'image floue d'un homme grand aux cheveux foncés. Bien que ce soit difficile à voir, je crois qu'il sourit. Par contre, nous ne parlons pas de lui. Tout ce qui concerne mon père est un sujet tabou. J'ignore comment je le sais. Je le sais, c'est tout. C'est une règle non écrite que ma mère a faite et je l'ai toujours respectée. Par contre, j'ai l'impression que c'était un homme bon. Simplement me l'imaginer dans ma tête me rassure un peu. Elle n'a jamais parlé de lui. Pas depuis qu'il n'est plus là. Je crois qu'elle se sent coupable.

Les détails sont difficiles. Je ne me souviens que des mauvais côtés. J'étais si jeune. Est-ce que j'avais environ quatre ans lorsque c'est arrivé? Je crois que oui. Je venais juste d'avoir quatre ans. Ma fête était quelques jours avant que cela arrive. Je crois que c'est la raison pour laquelle maman semble toujours triste quand arrive mon anniversaire. Elle ne le fait pas voir. Disons que c'est une période de l'année où ses yeux larmoient à cause du pollen dans l'air. C'est ce qu'elle dit toujours. Pourtant, je peux l'entendre parfois au milieu de la nuit. De petits sanglots étouffés proviennent de sa chambre.

C'était le printemps. Une journée fraîche, et je m'en rappelle parce que maman chicanait pour que je remonte la fermeture de ma veste. Je détestais cette fermeture qui me coupait le cou. C'était le matin. Je me souviens de l'odeur de la rosée alors que nous marchions de la maison vers la voiture. Je me souviens des grandes bouffées d'air que j'aspirais, comme pour le boire. À ce jour, je retiens encore parfois mon souffle les matins de printemps quand j'attends l'autobus au bout de l'allée du garage.

Je ne me souviens pas où nous allions, mais où que ce soit, nous allions y rencontrer papa. Cela me rendait heureuse. Une fine bruine s'est mise à tomber en route. Je regardais les petites gouttes de pluie qui glissaient du haut de la vitre, et je suivais leur parcours pendant qu'elles devenaient de plus en plus petites, pour finalement disparaître en atteignant le bas de la vitre. Ça m'amusait et, parfois, je m'y adonne encore lorsque mon esprit vagabonde lors de longues randonnées en voiture.

Les gouttelettes sont devenues de plus en plus grosses jusqu'à ce qu'elles se transforment en orage, cascadant sur la voiture jusqu'à ce que mes yeux en deviennent tout embrouillés. C'est alors que ma mère a commencé à avoir cet étrange regard. Un regard déterminé, les yeux plissés à cause du brouillard. Je voulais désespérément voir chaque goutte de pluie. Elle s'agrippait au volant et ses jointures étaient blanches. Je me souviens d'avoir serré mes petits poings pour voir s'ils feraient la même chose. Viré au blanc. Au moment où j'étudiais la façon dont les petites montagnes d'os se formaient et disparaissaient en serrant et en ouvrant les poings, il y a eu un bruit aigu. La voiture a freiné et j'ai été propulsée en avant, me frappant presque la tête sur le tableau de bord. Maman a ouvert la porte de la voiture et s'est mise à courir en criant.

Je me souviens ensuite de m'être retrouvée assise sur le sofa dans la maison de tante Rosa. Tante Rosa était à côté de moi et m'expliquait quelque chose, mais je ne pouvais pas comprendre les mots. Ils n'avaient aucun sens. Ce n'était qu'un ramassis de sons, et je me suis mise à rire car je trouvais ça drôle. Elle s'est pris la tête dans les mains et son corps a commencé à trembler. J'ai essayé de lui expliquer ce que je trouvais si drôle, mais elle ne faisait que pleurer. Je me suis tue.

À nouveau, tout est devenu flou.

C'est curieux comme je peux me souvenir des événements juste avant l'accident de façon si précise, mais je ne me souviens pas beaucoup de ce qui est arrivé après. Je veux dire que je me souviens de bribes: sentiments, couleurs, images. Rien, pourtant, qui met les morceaux en place.

Il y avait beaucoup de noir. Je peux voir des gens qui pleuraient et ma mère assise sur le sofa, entourée de personnes que je connaissais comme ses amis. La femme assise près d'elle était sa meilleure amie, Carmen. Elle tenait la main de maman. Elle avait un regard désespéré. Je me souviens d'avoir désiré plus que tout au monde voir mon père, mais je me répétais qu'il était parti en voyage d'affaires et qu'il reviendrait bientôt, comme il le faisait toujours.

Peu après, les couleurs sont devenues plus vives. Les gens ne pleuraient pas tout le temps. Nous avons commencé à faire ce que nous faisions habituellement, mais ce n'était plus pareil. Maman avait toujours un regard absent. Je chantais et je dansais pour elle, je jouais avec ses cheveux — tout pour essayer de lui arracher un sourire, comme celui qu'elle avait auparavant. Tout pour obtenir plus qu'une caresse sur la tête et ce sourire absent. Je ne pouvais pas la sortir de sa tristesse.

C'est comme cela depuis ce temps.

Par la suite, j'ai glané quelques bribes de conversation et je peux reconstituer l'événement. Je savais que papa était mort dans un accident de voiture. Je savais aussi qu'il y avait plus que cela. Nous étions en route pour aller le chercher à l'aéroport. Il revenait d'un voyage d'affaires. Je me souviens qu'il s'absentait souvent. Nous étions en retard à cause de la pluie qui ralentissait la circulation. Nous sommes arrivées juste à temps pour voir l'accident.

Papa s'était avancé dans la rue pour héler un taxi et lui faire signe. Et comme le taxi a essayé d'arrêter pour le faire monter, il a glissé et a monté sur le trottoir. Il l'a frappé. Mon père est mort sur le coup, ont-ils dit. Et maman a vu toute la scène.

Il a dû penser que nous l'avions oublié, car nous tardions. Donc, il a cherché à rentrer par ses propres moyens.

C'est alors que nous sommes arrivées.

Il pleuvait trop fort. Les rues étaient trop mouillées. Les freins du taxi avaient besoin d'une mise au point. Tant de facteurs étaient en cause dans sa mort. Pourtant, maman n'a blâmé qu'elle-même.

Vraiment, toute ma vie a été teintée de cette tristesse non dite.

Maman est toujours distante. Des années ont passé. J'entrerai bientôt à l'université. Elle est encore dans sa propre prison dont elle seule a la clé. Il n'y a eu qu'elle et moi pendant si longtemps qu'on aurait pu penser développer une sorte de lien. Juste nous deux. Pour faire face au monde ensemble. Mais non. Elle est dans son coin et moi, dans le mien. Il y a eu des moments où j'ai essayé de m'en rapprocher, comme je l'avais fait petite. Des moments où j'ai fait en sorte qu'elle s'ouvre à moi. Rien n'a fonctionné.

Ce n'est pas qu'elle a été une mauvaise mère. Elle m'a toujours donné ce dont j'avais besoin, travaillant de longues heures afin de m'offrir autant que les enfants qui ont deux parents. Elle a été une bonne mère.

Maintenant, il est temps pour moi de partir.

Nous sommes en route vers l'université. La plupart de mes effets sont rangés à l'arrière de notre fourgonnette. Maman conduit et j'écoute le nouvel album des Counting Crows. Il pleut et j'observe les gouttes de pluie qui coulent en cascade sur la vitre. J'ai l'impression que c'est ma dernière chance. C'est le moment ou jamais. Alors, j'ai parlé.

« Papa aurait été fier de moi, ne crois-tu pas? Me rendre jusqu'à l'université? Être devenue adulte? »

Sauf que cela ressemblait plus à: « Pa auraitétéfierde moinecroistupas? me rendrejusqu'àl'université? êtredevenue adulte?

L'université est assez loin au nord de l'État. Nous étions presque arrivées. La route sur ce long chemin désert semble interminable. Donc, lorsque la voiture s'arrête brusquement à un arrêt, il n'y a aucun danger d'accident.

Ma mère tourne son regard lentement vers moi, les larmes coulant sur son visage. Malgré tout, elle sourit. Au début, elle ne fait que me regarder dans les yeux, et je suis étonnée de voir à quel point elle est « présente ». Elle me prend la main et dit: « Oui, mon cœur, papa aurait été tellement fier. » Soudain, j'ai compris que je n'avais jamais eu le temps de pleurer la mort de mon père. J'avais passé toute ma vie à pleurer sur la perte de ma maman. D'une certaine façon, la perdre était pire que perdre mon père, car elle était toujours avec moi. Mais c'était l'ombre d'une personne. Elle est ici, maintenant. Elle est avec moi. C'est tout ce qui compte. De plus, la chaleur émane d'elle. Cette chaleur que j'avais ressentie avant, mais il y a si longtemps. Soudain, je pleure aussi. Non pas parce que mon père me manque et que j'aurais voulu qu'il soit ici avec moi, mais parce qu'enfin, après tout ce temps, ma mère est prête à revenir à la vie.

Analise Antone

4

LE SUICIDE

Souvent, le plus grand courage
n'est pas de mourir, mais de vivre.

Vittorio Alfieri

Je n'ai jamais su

La différence entre s'accrocher à une blessure et s'en libérer en pardonnant, c'est comme la différence entre poser sa tête la nuit sur un oreiller rempli d'épines et poser sa tête sur un oreiller rempli de pétales de roses.

Loren Fischer

Elle était ma meilleure amie, et je l'aimais. Elle était la fille la plus géniale au cinquième secondaire, tout le monde voulait lui ressembler... et elle m'a choisie comme sa meilleure amie. Elle s'appelait Cindy. Elle était belle, avec ses cheveux noirs et son corps mince et élancé. Pendant que le reste d'entre nous, en troisième et en quatrième secondaire, avaient encore l'air amorphe, essayant de développer notre silhouette, Cindy était déjà merveilleusement gracieuse dans son corps de femme.

Sa mère est morte alors qu'elle était une petite fille. Elle était enfant unique et vivait seule avec son père. Chaque jour, au moment où nous arrivions de l'école, son père était déjà au travail. Il ne revenait pas avant deux ou trois heures du matin, et ainsi, nous avions la maison à nous seules. Ne pas avoir de supervision parentale était la plus belle chose que nous pouvions avoir comme adolescentes. Sa maison était grande, à deux étages, dissimulée par une orangeraie. La maison était invisible de la rue, et nous en étions heureuses. Cela ajoutait au côté mystique et à l'ambiance que nous voulions toujours créer.

Cindy était presque toujours le centre de l'attention à l'école. Tout un coin de la cour était réservé à elle et à ses « admiratrices ». S'il y avait une nouvelle musique, une nouvelle mode, une nouvelle coiffure et même de nouvelles façons de prendre des notes ou d'étudier, il était probable que les nouveautés provenaient de ce coin de la cour. Même les professeurs de l'école sont tombés sous le charme de cette fille, et on l'a convaincue de se présenter comme présidente de la classe. Cindy et moi avons été élues présidente et vice-présidente par une majorité écrasante.

Le jour, nous faisions la liaison entre les étudiantes et la direction; le soir, nous avions des activités sociales à la maison de Cindy. S'il n'y avait pas de soirée, les gens venaient juste pour flâner. Les jeunes étaient là pour toutes sortes de raisons — parler de relations, de leurs parents, faire leurs devoirs, ou simplement parce qu'ils savaient que quelqu'un qu'ils aimaient serait là.

Lorsque tout le monde était parti, j'y passais généralement la nuit. Ma mère n'aimait pas beaucoup cela si c'était un jour de semaine. Parfois, Cindy venait chez moi pour passer la nuit, mais maman n'aimait pas cela non plus, car nous restions debout toute la nuit à rire et à parler. Cindy n'aimait pas être seule chez elle.

L'été suivant, au retour de vacances avec ma famille, les choses ont commencé à changer. Cindy semblait plus mince qu'à l'habitude, elle avait des cernes sous les yeux et elle avait commencé à fumer. La fille à la beauté saisissante était pâle et émaciée. Elle a dit qu'elle s'était beaucoup ennuyée de moi. Même si cela me flattait, je ne pouvais pas croire que c'était tout à fait vrai. Après tout, il y avait toujours des personnes qui voulaient être près d'elle et faire partie de son cercle d'amies.

Ma solution: deux semaines à la plage. Nos parents se sont cotisés pour louer une maison au bord de la plage pour deux semaines. Maman serait la seule qui surveillerait. Dans le style inimitable de Cindy, nous avons trouvé un groupe d'amis de plage en moins de quelques jours. Nous nous tenions tous dans un café local pendant le jour, lorsque nous n'étions pas dans l'eau ou sur le sable, et le soir, nous étions autour d'un feu de camp sur la plage.

Cindy est redevenue comme elle était, mais en mieux. Elle était bronzée. Elle était magnifique en bikini, et tous les garçons à la plage voulaient être près d'elle. Par contre, elle fumait encore. Elle m'a dit que cela la calmait.

Un soir, Cindy est rentrée très tard à la maison au bord de la plage. Elle était très désorientée et particulièrement excitée. Elle m'a dit qu'elle et un garçon avaient bu et fumé de la marijuana, et qu'ils avaient couché ensemble. Elle m'a suggéré d'essayer la marijuana car tout était mieux et plus clair. Elle a dit qu'elle aimait vraiment ce garçon et qu'elle voulait s'enfuir avec lui. Je savais qu'elle planait sous l'effet de la drogue et qu'elle changerait d'idée au matin.

Lorsque l'école a repris l'année suivante, les choses avaient changé et je m'ennuyais de notre vieille routine. Cindy voulait faire des choses différentes des miennes, et elle a commencé à se tenir de plus en plus avec les garçons. Nous étions encore ensemble de temps en temps, mais ce n'était plus aussi agréable qu'auparavant. Cindy se fâchait et me disait que je ne comprenais pas la vie. Je pensais seulement qu'elle vieillissait plus vite émotionnellement que les autres, tout comme pour son changement physique.

Un matin, lorsque je suis arrivée à l'école, il y avait des voitures de police tout autour et beaucoup d'activité fébrile dans les corridors. Lorsque je me suis dirigée vers mon casier, ma conseillère et une autre femme m'ont arrêtée. On m'a demandé de les suivre au bureau. Mon cœur battait si vite et si fort que je pouvais à peine reprendre mon souffle. Dans ma tête, il y avait différents scénarios qui auraient pu causer ce singulier comportement.

Nous étions toutes assises dans le bureau de ma conseillère et le directeur est entré et s'est assis. Est-ce que je me trouvais dans une quelconque difficulté? Le directeur a commencé à parler de la vie et de la maturité et des circonstances. Là, j'avais vraiment la tête qui tournait. Qu'essayait-il de dire? Puis, mon monde s'est arrêté dans le temps par les mots: «… et Cindy s'est donné la mort la nuit dernière avec le fusil de son père ». Je ne pouvais pas parler; je ne pouvais pas bouger. Les larmes ont coulé de mes yeux avant que mon cœur puisse même ressentir la douleur. Elle n'avait que quinze ans.

Comme elle le disait dans la note du suicide, son père avait abusé d'elle sexuellement à maintes reprises et elle ne connaissait aucun autre moyen de s'en sortir. Des mois après son arrestation, il a finalement avoué. La note disait quelque chose d'autre. Elle mentionnait que la seule famille qu'elle avait jamais connue et qui se souciait d'elle, c'était moi. Elle m'a laissé une bague que sa mère lui avait donnée.

J'ai pleuré pendant des semaines. Comment se fait-il que je ne l'ai jamais su? Nous étions très proches et nous parlions de tout; comment se fait-il qu'elle ne m'en a jamais parlé? J'étais certaine que j'aurais pu l'aider, et j'ai commencé à me blâmer.

Après des semaines de consultation douloureuse, j'ai finalement compris que le fardeau de l'abus sexuel de Cindy était trop lourd à porter pour elle, surtout lorsqu'elle a commencé à avoir des rapports intimes avec des garçons. La conseillère m'a expliqué qu'elle avait trop honte pour en parler, même à sa meilleure amie. J'ai compris à quel point elle devait s'être sentie seule, et je me suis rendu compte soudain pourquoi elle ne voulait jamais passer la nuit seule dans sa propre maison.

Ma propre souffrance — des semaines de douleur et de confusion — a été grandement soulagée par toute l'aide et le soutien que j'ai reçus. Les professeurs, les conseillères, les amies et les membres de ma famille ont tous pris soin de moi. Aux yeux de tous, il était évident que cette situation changerait ma vie pour toujours, mais parce que j'ai accepté l'aide, un grain de sagesse et de compassion s'est subséquemment ajouté à ma vie. J'aurais voulu que Cindy puisse connaître le soulagement qu'on obtient en laissant les autres nous aider dans notre douleur.

Dans sa note de suicide, Cindy demandait aussi d'être incinérée. Elle disait que je devrais répandre ses cendres où je le voulais. J'ai choisi l'océan près de la plage où nous avions passé deux semaines cet été-là.

Le jour du service funèbre, nous avons loué un bateau pour nous emmener au large. Le bateau était rempli d'amis et de professeurs, même si c'était un jour pluvieux et nuageux. Nous sommes allés sur la proue et, chacun notre tour, nous avons partagé nos expériences et notre amour pour notre amie. Lorsque le moment est venu pour moi de libérer ses cendres, j'ai hésité. Je ne voulais pas les répandre dans une mer qui semblait noire et menaçante. Je pensais qu'elle avait eu assez de malheurs dans sa vie.

On a remarqué mon hésitation, alors ma mère et ma conseillère sont toutes deux montées sur la plate-forme et m'ont serrée dans leurs bras. Avec leur appui, j'ai ouvert le couvercle et j'ai libéré mon amie. Quelques grains de cendre ont frappé la surface de l'eau, le soleil est apparu pendant un moment et il a renvoyé de beaux rayons de lumière qui brillaient à la surface. Les nuages se sont dissipés davantage et peu après tout le bateau fut baigné de soleil chaud. À ce moment-là, je me suis sentie calme comme je ne l'avais plus été depuis des semaines. D'une façon ou d'une autre, je savais que les anges étaient venus prendre mon amie, et qu'elle était en sécurité — et moi aussi.

Rosanne Martorella

[NOTE DE L'ÉDITEUR: Voici certains signes critiques à surveiller si tu crois qu'une de tes connaissances peut avoir des idées suicidaires :

- *changement soudain de comportement (particulièrement un grand calme après une période d'anxiété, ou un changement d'humeur après une période de dépression, qui indiquerait que la personne a maintenant trouvé l'énergie pour mettre à exécution ses pensées suicidaires);*
- *préoccupation par la mort;*
- *don de ses biens;*
- *menaces directes ou indirectes de commettre le suicide. (Il est particulièrement important de porter attention et de prendre au sérieux tout propos sur le suicide, même s'il semble que la personne fait des blagues.)*

Si toi ou quelqu'un que tu connais se sent suicidaire ou démontre quelques-uns des signes d'avertissements critiques décrits plus haut, mets-toi en contact avec un professionnel en qui tu as confiance (par exemple un conseiller scolaire) ou téléphone à l'une des ressources suivantes: Suicide-Action Montréal 514 723-4000; Tel-Aide 514 935-4555; Tel-jeunes 514 288-2266; Jeunesse J'écoute 1-800-668-6868.]

Je suis

Je suis une poète qui parle de sa douleur.

Je suis une personne qui vit dans la honte.

Je suis ta fille cachant sa dépression.

Je suis ta sœur faisant bonne impression.

Je suis ton amie faisant semblant que tout va bien.

Je suis un désir désirant une autre vie que
    la mienne.

Je suis une fille qui pense au suicide.

Je suis une adolescente qui ravale ses larmes.

Je suis une étudiante perdue.

Je suis la fille assise près de toi.

Je suis celle qui te demande de l'aimer.

Je suis ta meilleure amie, espérant que tu seras là.

Krysteen Hernandez

Au-delà de la survie:
suggestions aux survivants

Des centaines de livres ont été écrits sur le deuil et le chagrin. Peu ont traité des conséquences du suicide chez les survivants. Ici encore, il n'y a pas de réponses, mais seulement des suggestions de la part de ceux qui sont passés par là, et ont survécu.

1. Sache que tu peux survivre. Tu peux en douter, mais c'est possible.

2. Efforce-toi de connaître le « pourquoi » jusqu'à ce que tu n'aies plus besoin de savoir « pourquoi », ou jusqu'à ce que tu sois satisfait de réponses incomplètes.

3. Sache que tu pourrais te sentir envahi par l'intensité de tes sentiments, mais tous tes sentiments sont normaux.

4. La colère, la culpabilité, la confusion et l'oubli sont des réactions normales. Tu n'es pas fou, tu es en deuil.

5. Sois conscient que tu pourrais en vouloir à juste titre à la personne, au monde, à Dieu ou à toi-même. Il est bien de l'exprimer.

6. Tu pourrais te sentir coupable de ce que tu penses avoir fait ou n'avoir pas fait. Par le pardon, la culpabilité peut se transformer en regret.

7. Il est courant d'avoir des pensées suicidaires. Cela ne signifie pas que tu te suicideras.

8. N'oublie pas de vivre un moment à la fois ou un jour à la fois.

9. Trouve une bonne oreille avec qui partager. Fais appel à quelqu'un si tu as besoin de parler.

10. N'aie pas peur de pleurer. Les pleurs sont un guérisseur.

11. Donne-toi le temps de guérir.

12. N'oublie pas que le choix n'était pas le tien. Personne n'a l'unique influence sur la vie d'un autre.

13. Attends-toi à des rechutes. Si les émotions reviennent comme une vague, tu ne vis peut-être qu'une dernière étape de ton chagrin.

14. Essaie de retarder les décisions importantes.

15. Donne-toi la permission d'obtenir de l'aide professionnelle.

16. Sois conscient de la peine de ta famille et de tes amis.

17. Sois patient avec toi-même et avec les autres qui peuvent ne pas comprendre.

18. Définis tes propres limites et apprends à dire non.

19. Éloigne-toi des personnes qui cherchent à te dire quoi ressentir ou comment.

20. Sache qu'il y a des groupes de soutien qui peuvent t'aider, tels les Amis compatissants (514 933-5791), ou l'Association canadienne pour la santé mentale (514 849-3291) [www.acsm.qc.ca]. Si ce n'est pas le cas, demande à un professionnel de t'aider à en démarrer un.

21. Fais appel à ta propre foi pour t'aider.

22. Il n'est pas rare d'avoir des réactions physiques au chagrin — maux de tête, perte d'appétit, insomnie.

23. Être disposé à rire avec les autres et de toi-même est guérisseur.

24. Épuise tes questions, ta colère, ta culpabilité ou tes autres sentiments jusqu'à ce que tu puisses lâcher prise sur eux. Lâcher prise ne signifie pas oublier.

25. Sache que tu ne seras jamais plus comme avant, mais tu peux survivre et même aller au-delà de la simple survie.

Iris M. Bolton

Apprendre de mon passé

Alors que les jours s'écoulent lentement
Et que passent les semaines,
Il me vient l'obsession
De la façon dont je pourrais mourir.

La nuit, je reste éveillée
En pensant à ma douleur.
Il n'y a aucune guérison possible.
Je n'ai plus rien à espérer.

Soudain, des pensées de mort
Contrôlent chacun de mes mouvements.
Je semble toujours perdre
Chaque bataille avec mon esprit.

Je ne veux plus me retrouver
Avec les gens que j'aime.
Je ne pense qu'à une chose,
Ce qui m'attend là-haut.

Je me coupe les bras avec une lame de rasoir
Pour atténuer mon mal intérieur,
Mais cela ne peut durer qu'un temps.
Je ne veux plus vivre.

Je réussis à garder mon calme
Lorsque des gens sont près de moi.
Ils ne me comprendraient pas
Alors je ne fais pas un bruit.

Je souris lorsqu'il le faut.
J'éclate lorsque je suis seule.
Je sais que je devrais être forte,
Mais je sais aussi que je ne le serai pas.

J'ai l'intention de prendre des pilules.
Cela devrait aller assez vite.
J'écris des notes à tous mes amis,
Qu'ils liront lorsque je serai partie.

Je demande à maman de comprendre
Que la vie est beaucoup trop difficile.
Mon âme ne peut plus lutter;
Mon cœur est trop effrayé.

J'ai tout préparé à la perfection.
J'ai même choisi la date.
Je suis presque certaine d'être prête;
Je sais que c'est mon destin.

Mon lit est fait soigneusement
Pendant que je prends les pilules une à une.
Je commence à avoir un peu peur;
Je sais que la fin est presque là.

Je ne pense qu'à une chose:
Me laisser aller.
Et combien j'aime les membres de ma famille.
J'espère vraiment qu'ils le savent.

Mes yeux deviennent lourds.
Mon corps est très faible.
Tout est engourdi à l'intérieur.
C'est ainsi qu'il faut que ce soit.

Je suis contente que maman ne soit pas ici
    maintenant
Pour me regarder mourir lentement,
Mais je voudrais pourtant lui dire:
« Je t'aime et adieu. »

Je cède à la noirceur.
Je pars lentement.
J'espère aller au ciel,
Là où la nuit noire fait place au jour.

Je me réveille, confuse,
Je ne sais pas où je suis.
Est-ce le ciel, est-ce l'enfer,
La terre de la damnation éternelle?

Il y a des gens tout autour.
Même si je peux à peine voir,
Je peux entendre les voix feutrées
D'êtres qui me sont chers.

Ma famille et mes amis sont là.
Ils se réconfortent les uns les autres.
Je peux difficilement comprendre les mots
Jusqu'à ce que j'entende la voix de ma mère.

Chaque larme qu'elle verse est comme un couteau
Qui me poignarde l'âme.
Je laisse ma peine et ma souffrance
M'éloigner de mon but.

J'en étais venue à décider
De surmonter cette épreuve,

De vivre pleinement
Et de faire de mon mieux.

Je ne sais comment, j'ai perdu cet idéal de vue.
J'espère qu'elle peut me pardonner.
Je promets de ne pas gaspiller
Ma deuxième chance à la vie.

Je suis assise dans mon lit d'hôpital,
Les joues imbibées de larmes.
Ma mère se précipite en pleurant
Comme si elle ne m'avait pas vue depuis des jours.

Je lui demande pardon
De lui avoir causé tant de peine.
Je lui dis que je réussirai
À mener une vie meilleure.

Ensemble, nous avons trouvé un moyen
De m'offrir de l'aide.
Je sais maintenant que je peux lui parler
Au lieu de me renfermer sur moi-même.

Je sais que rien n'est encore terminé;
La route à parcourir est longue,
Mais j'apprécie les petites choses
Car je pourrais être morte.

J'ai appris à vivre chaque journée
Comme si c'était la dernière.
Je suis tournée vers l'avenir
Et j'apprends de mon passé.

Rachael Bennett

Une autre statistique

Je ne veux pas être une autre statistique
Une adolescente suicidaire
Qui choisit de s'enlever la vie
Alors que le monde apparaît si méchant.
Elle ne peut plus continuer de vivre
Ou il lui semble que ce soit ainsi.
La réalité n'a pas répondu à ses attentes
Et ses nombreux rêves sont tombés à l'eau.

Je ne veux pas être une autre statistique
Une jeune fille enceinte
Qui a rencontré ce merveilleux garçon,
Perdu la tête et fait l'amour.
Elle n'avait que quinze ans,
Mais tout semblait si parfait.
Elle croyait qu'ils seraient ensemble
Plus longtemps qu'une seule nuit.

Je ne veux pas être une autre statistique
Un jeune accro au crack
Qui a commencé dans une fête
Et maintenant ne peut plus s'arrêter.
D'abord les cigarettes et l'alcool,
Aujourd'hui la meth, le crack et la cocaïne.
Il en prend depuis si longtemps
Qu'il est maintenant devenu fou.

Je ne veux pas être une autre statistique
Une fille seule sous la pluie
Marchant de l'école vers la maison,
Puis violée et abandonnée dans la douleur.

Elle ne peut pas le dire à ses parents,
En parler à ses amies la déchire.
Elle ne sait pas quoi faire
Pour mettre fin à ce cauchemar.

Je ne veux pas être une autre statistique
Un ado qui a décroché,
Qui a abandonné beaucoup trop tôt
Et qui se comporte comme un idiot.
Il trouvait cela ennuyant,
Il trouvait cela stupide.
Il n'a aucune éducation
Et il vit dans la rue, comme un bon à rien.

Je ne veux pas être une autre statistique
Une ado stéréotypée
Je vais me prendre en main,
J'irai jusqu'au bout de mon rêve.
Je ne finirai pas enceinte,
Accro de la drogue ou même morte.
Je ne décrocherai pas
Parce que je vais me servir de ma tête.

Je ne veux pas être une autre statistique
Un être coulé dans le moule
De ce que la société pense des jeunes aujourd'hui
Cela devient un peu usé.
Nous ne sommes pas tous mauvais;
En fait, la plupart d'entre nous sont bons.
Quand donc le monde nous verra-t-il
Et nous accordera-t-il le crédit que nous méritons?

Amanda Parmenter

5

LES TRAGÉDIES

*Je suis convaincue que les tragédies existent
pour nous endurcir et notre mission
est de ne jamais les laisser faire.*

Sally Reardon, Felicity

Un lien incassable

Becca et moi nous sommes rencontrées en première année. Elle était nouvelle à notre école et moi, eh bien, j'avais des problèmes parce que j'avais mis Kenny Boucher au défi d'enfoncer des raisins dans son nez. Nous avons passé tout l'après-midi ensemble dans le bureau du directeur et nous en sommes ressorties totalement inséparables. Lors d'une réunion parents-enseignants, mon professeur de première année a dit à ma mère que les amitiés au cours élémentaire ne duraient jamais, qu'en l'espace de deux mois, chacune aurait trouvé une nouvelle meilleure amie. Elle avait tort. Au primaire, les meilleurs amis changent chaque semaine, au secondaire, personne n'est assez « cool », et au collégial, où chacun se réévalue totalement, nous sommes demeurées loyales. Ensemble, avec enthousiasme et appréhension, nous sommes entrées à l'université.

Il est vraiment étonnant de constater à quel point nos priorités changent lorsque nous passons ces doubles portes intimidantes. Plutôt que d'aller coucher chez des amis et de célébrer des fêtes d'anniversaire, nous avons des sorties avec les garçons et des danses. La première danse avait lieu pour fêter le début de l'année. Je n'y ai pas vraiment pensé; j'avais mieux à faire, comme jouer au football, aller au cinéma ou au restaurant. De plus, je n'avais pas la permission de sortir avec les garçons. Je ne voulais pas être une autre de ces étudiantes de première année qui n'était pas accompagnée. Ces raisons étaient assez bonnes pour moi, mais pas pour Becca.

Le vendredi matin, la veille de la fête, elle est venue à mon casier, et j'ai prétendu chercher éperdument mon livre de biologie.

« Je ne savais pas que tu n'allais pas à la danse », m'a-t-elle reproché.

J'ai haussé les épaules, en fouillant toujours.

« Allons, a-t-elle supplié, viens avec moi, s'il te plaît. »

Je cherchais toujours, souhaitant ne jamais avoir entendu parler de la danse du début de l'année.

« Pourquoi ne viens-tu pas? »

Je n'ai pas répondu.

« Est-ce parce que tu n'as personne pour t'accompagner? »

J'ai cessé de fouiller dans mes affaires. « Peut-être. »

Elle a soupiré de frustration et a tourné les talons. J'ai soupiré de soulagement, même si je savais qu'elle n'oublierait pas notre conversation et qu'elle irait même jusqu'à me trouver un garçon.

La deuxième confrontation a eu lieu l'instant d'après.

« Moi non plus, je n'ai personne pour m'accompagner », m'a-t-elle annoncé.

« Becca, tu m'as dit que tu avais quelqu'un. Tu l'as depuis plusieurs semaines. » Je devenais un peu impatiente. Juste un peu. « Aurais-tu la gentillesse de me laisser tranquille? » Je l'ai regardée. Ce n'était vraiment pas la bonne chose à faire. Becca avait des yeux de « chien battu ». Je détestais ce regard.

« S'il te plaît… »

« Vas-tu me laisser tranquille si je te donne une réponse ? »

Elle m'a souri à sa façon bien à elle. « Oui » fut sa réponse rapide.

« Téléphone-moi demain, d'accord ? »

Dès quatorze heures le jour de la danse, j'ai reçu l'appel téléphonique que j'appréhendais.

« Qu'as-tu décidé ? » a-t-elle demandé, en feignant l'indifférence.

« Je crois… » ai-je murmuré, en cherchant désespérément la phrase *Je-regrette-mais-je-ne-peux-pas-y-aller* que j'avais pratiquée toute la journée.

« OK ! Merci. Merci ! Tu ne peux pas savoir à quel point je suis heureuse ! Nous irons te prendre à dix-neuf heures, dac ? »

« Tu n'as pas besoin de venir me chercher… » ai-je commencé à dire.

« Ne t'inquiète pas. C'est sur notre chemin. Je t'aime, salut ! »

« Salut ! » Je ne voulais pas l'admettre, mais son enthousiasme était contagieux. Ce ne serait peut-être pas aussi pire, après tout.

OK, je l'admets, j'ai eu du plaisir. Becca et moi nous sommes amusées comme des folles, nous avons dansé sans arrêt. Le coup de vingt-trois heures est arrivé beaucoup trop tôt. Une seconde, nous dansions sur la musique de « Time of Your Life » et la seconde d'après, les lumières s'éteignaient dans le gym. Becca a mis ses bras autour de mes épaules.

« Alors, qu'en dis-tu? Es-tu contente d'être venue? »

J'ai souri. « Merci d'avoir insisté. »

« Aucun problème, ma belle. Viens, rentrons à la maison. »

Bras dessus, bras dessous, nous avons quitté la salle de danse, en harmonie totale avec la vie. Il semblait que nous nous dirigions vers la plus belle période de notre vie, et les trois années à venir s'annonçaient très bonnes.

Matt nous raccompagnaient en voiture.

« C'est étrange », a-t-il dit, en faisant fonctionner ses essuie-glaces. J'ai jeté un regard nerveux à la lunette arrière de la voiture et j'ai vu qu'il commençait à grêler violemment, chose que nous ne voyons généralement pas au milieu d'octobre.

« Sommes-nous presque rendus? » a demandé Becca, un soupçon d'anxiété dans la voix.

« Ouais, encore quelques kilomètres. »

En regardant par le pare-brise avant, je voyais les branches des arbres dans la benne du camion devant nous qui se balançaient dans le vent violent.

« Je n'aime pas suivre ce camion, a dit Matt nerveusement. Je vais changer de voie. »

Au moment où il allumait son clignotant, j'ai aperçu encore le camion. « Matt », ai-je crié de terreur.

Les quelques secondes suivantes ont semblé s'éterniser: pourtant, elles ont passé plus vite que ma pensée pouvait comprendre ce qui se passait. L'énorme camion a perdu le contrôle et s'est retrouvé couché sur le côté. Des branches d'arbres, des feuilles et tout ce qu'on peut imaginer se sont mis à voler vers la voiture de Matt dans un fouillis épouvantable. Avec un fracas terrible, la voiture s'est immobilisée sur le côté de la route.

Je me suis forcée à ouvrir les yeux. Des branches cassées et des brindilles étaient empilées sur mes genoux. La vitesse et la force des branches qui m'ont frappée ont laissé une série d'égratignures sanguinolentes sur mes bras, mon visage et toutes les parties exposées de ma peau. Je ne pouvais même plus voir personne sur le siège avant.

« Becca? Matt? »

Aucune réponse. Me précipitant hors de la voiture, j'ai fait le tour pour tirer sur la portière du côté de Matt. Il était dans un état épouvantable.

« Tiens bon. Tiens bon. Je peux sortir », disait-il en se dégageant. Je pouvais à peine croire qu'il était encore vivant. Il ne semblait même plus avoir de peau sur le visage. Par contre, il était conscient et, à ce moment, c'est tout ce qui comptait.

J'ai couru de l'autre côté et j'ai ouvert la porte pour Becca. Des petites branches d'arbres étaient tellement entassées au devant de la voiture que je ne pouvais même pas la voir. Avec un mélange de terreur et de frénésie, je les ai cassées jusqu'à ce que je dégage enfin Becca.

« Sara? » a-t-elle dit.

« Hé! Est-ce que ça va, Becca? »

« Ouais, ça va. Je crois… Tu as l'air terrible. Et toi? »

Je crois que c'est à ce moment que mon cœur s'est remis à battre. « Ouais. Ça va. Je suis contente que tu sois OK. Nous avons failli y passer. Peux-tu sortir? »

« Non. »

« Je vais chercher quelqu'un qui peut appeler pour demander de l'aide », a dit Matt, en courant dans la direction opposée. J'espérais que quelqu'un passe sur la route, mais je savais que, dans les conditions atmosphériques du moment, c'était peu probable.

« Bon, nous allons attendre que quelqu'un arrive. » Je me suis agenouillée près de la porte et je lui ai tenu compagnie.

« Je suis vraiment contente que tu sois venue à la danse avec moi », m'a-t-elle dit en souriant.

« Je suis contente aussi. »

Son sourire s'est changé en grimace et j'ai suivi son regard. Soudain, j'ai cru que je serais malade. Un gros tronc d'arbre, au moins aussi gros que mon bras, traversait sa poitrine. Tout son côté gauche était couvert de sang et il s'en rajoutait avec chacune de ses respirations.

« Ça ira bien », lui ai-je dit, en sentant ma gorge se nouer. Je lui ai pris la main et je m'y suis accrochée désespérément. J'avais le cœur en mille miettes pendant que je la surveillais. À chaque respiration, je pouvais sentir des pointes de poignard lacérer chaque centimètre de mon corps.

Elle m'a souri de nouveau. Encore une fois, mon cœur battait la chamade. « Tu es si gentille, merci. »

J'avais le visage mouillé et je ne savais pas si c'était du sang, la pluie ou des larmes. Probablement les trois. Peu de temps après, la main de Becca est devenue froide et son pouls diminuait avec chaque respiration.

« Sara? » a-t-elle murmuré.

« Oui? » ai-je réussi à dire faiblement.

« Toi, je t'aime tant. Ne les laisse pas nous séparer, veux-tu? »

N'étant pas vraiment certaine de ce qu'elle voulait dire, j'étais prête à accepter n'importe quoi. « Ouais, je vais aller à l'hôpital avec toi. »

Elle a secoué la tête. « Ce n'est pas ce que je veux dire, et tu le sais. Tu promets? »

J'ai cherché à retrouver ma voix pendant ce qui m'a semblé des minutes précieuses. « Je te le promets. » Becca a souri, à sa façon bien à elle. En acquiesçant, ses yeux se sont fermés paisiblement. Sa poigne s'est relâchée.

Paniquée, j'ai enfoncé ma tête dans la voiture, à quelques centimètres d'elle. « Becca! Becca! Reste éveillée! Becca, non! Reviens, je t'en prie! Bec — »

Sans voix, j'ai fixé incrédule le corps froid ensanglanté de la personne qui avait été le plus près de moi que quiconque depuis huit ans. Huit belles années qui se sont terminées dans un seul moment incroyable. J'ai mis ma tête sur ses genoux et j'ai sangloté son nom jusqu'à ce que je n'aie plus une once d'énergie. Pleurant à chaudes larmes, je me suis agenouillée sur le sol froid et je lui ai repris la main. La grêle me frappait le dos et j'étais toute seule.

En franchissant ces portes doubles pour la première fois depuis deux semaines, je m'étais préparée à une autre vague de chagrin: la perte me frappait en plein visage. Il m'a fallu une concentration de tout instant pour la marche interminable vers mon casier. Je savais que des personnes s'arrêtaient pour me regarder passer. Je m'y suis finalement rendue, et tout ce que j'ai pu faire, c'est de rester là à fixer les froides portes de métal grises.

En levant les yeux comme pour chercher un quelconque réconfort, je me suis préparée à l'inévitable. Il n'y aurait plus de petite carte collée sur la tablette du dessus, aucun signe récent de la présence de quelqu'un d'autre, sauf moi. En rassemblant mes forces pour contenir toute émotion qui m'envahissait, j'ai tourné lentement ma serrure à combinaison. Vingt et un… trente-neuf… vingt-deux… clic. La gorge serrée, j'ai enlevé le cadenas et, lentement, j'ai ouvert la porte.

Une nouvelle carte était là sur la tablette; l'écriture sur l'enveloppe était indéniablement familière. Pourtant… c'était impossible. Avec tout mon courage, j'ai pris l'enveloppe sur la tablette. L'odeur bien connue qui s'en dégageait m'a bouleversée. Assise sur le sol, un torrent de larmes m'a inondé le visage. Il n'y avait rien d'autre à faire que d'ouvrir l'enveloppe.

Je pouvais à peine lire la carte tellement mes yeux étaient noyés de larmes.

Sara,

Je sais que tu ne voulais pas venir à la danse ce soir, mais je suis contente que tu aies accepté. Tu sais, je t'aime et j'espère ne pas t'avoir rendue folle en essayant de te convaincre. Nous avons toujours été ensemble et nous le serons toujours, d'accord? J'espère que tu t'amuseras.

À bientôt.

Becca

J'ai promené mon regard à l'intérieur du casier et j'y ai vu la photo que je ne voulais pas voir. Elle avait toujours été l'une de mes préférées, et elle datait d'environ deux mois lors d'un camp de musique. Sur la photo, nous nous tenions par la taille, saluant avec nos instruments en riant. On riait toujours à propos de quelque chose…

Je ne savais pas comment j'allais tenir ma promesse à Becca. Il semblait que le destin nous avait joué un bien mauvais tour en nous séparant. Déjà, je ne pouvais pas me souvenir avec précision de son sourire, de son rire, de sa voix et de ses expressions.

La cloche a sonné et pendant que les autres se rendaient en classe, je suis sortie. J'ai levé le visage vers le ciel et j'ai laissé le soleil sécher mes larmes. J'ai pris la décision de changer. Je me suis accrochée à tous mes souvenirs de ma meilleure amie, quels qu'ils soient, je les ai enfermés dans ce grand espace vide dans mon cœur. Ils n'ont certainement pas comblé tout le vide, mais je ne les laisserai jamais s'envoler et, pour la première fois, j'ai compris ce que Becca avait voulu dire à son dernier souffle. Rien ne pourrait plus jamais nous séparer; le temps l'avait prouvé. Me tournant face à l'université que je fréquentais depuis peu, j'ai su, cette fois, que j'avais la force d'y entrer.

Après tout, je n'étais plus seule. Je portais en moi le souvenir de ma meilleure amie, et elle et moi ne serions jamais séparées. Elle vit dans chacun de mes sourires.

Sara Preston

Perdre le meilleur

J'ai eu une enfance facile. On pourrait même dire que j'ai été choyé, surtout par ma mère. Elle était toujours disposée à me gâter. Si je voulais quelque chose, je le demandais à ma mère. C'était une femme qui avait la beauté d'un ange. Elle sentait le ciel, quelque chose qui ressemblait à des fraises mûres. Ses mains étaient de velours, comme les joues tendres et potelées d'un nouveau-né.

D'autre part, depuis que je le connais, mon père a toujours été obèse, chauve, et il portait des lunettes épaisses à double foyer. Ma mère disait que plus jeune, c'était « un bon parti », quoi que cela veuille dire. Tout ce que je sais, c'est qu'il a travaillé fort toute sa vie pour s'assurer que toutes les chances soient de mon côté. Il avait économisé de l'argent pour mes études universitaires depuis que j'avais cinq ans. Je ne crois pas lui avoir jamais dit combien je l'appréciais.

Mon meilleur ami, Donny, avait deux ans et j'en avais trois l'été où sa famille a déménagé en face de chez nous. Mon premier souvenir, c'est celui de nous deux ensemble. C'était le 4 juillet. Les familles du voisinage avaient fait un petit feu d'artifice dans la rue devant chez moi. Le seul moment de la soirée qui me revient à la mémoire, c'est lorsque je me reposais sur l'épaule de maman. Je me souviens avoir aperçu Donny qui était aussi appuyé sur l'épaule de sa mère et qui me souriait.

Plus tard, à l'école, Donny et moi passions la nuit chez l'un ou chez l'autre pendant les fins de semaine.

Nous parlions. De tout et de rien, sans aucune gêne. Nous parlions de nos impressions sur la vie et de ce que nous voulions faire plus tard. Donny voulait être millionnaire et, moi, je voulais tout faire, de professeur à architecte. Je changeais d'idée à tout moment.

Le jour de mes seize ans, maman voulait m'offrir une nouvelle voiture. Papa a dit: « Joyce, attends qu'il se trouve un emploi et qu'il achète sa propre voiture. Il l'appréciera davantage. » Il a toujours eu comme principe de travailler fort et de gagner ce que l'on voulait. Au cours d'une conversation père et fils, il m'a dit: « La vie a cette façon particulière de nous donner ce que l'on mérite. Cela veut dire que si tu travailles fort dans la vie, comme moi, tu auras de la chance. Dans mon cas, la chance, c'est notre stabilité financière et notre merveilleuse famille. Si tu choisis la facilité, plus tard, tu subiras des revers. »

J'étais jeune, stupide, et je n'ai pas écouté. Je faisais rarement mes devoirs et je réussissais mes examens de justesse. Je ne trichais pas, je ne mentais ni ne volais, en tout cas pas trop. Je prenais la vie comme elle venait et je faisais le moins d'efforts possible pour réussir.

Ma mère n'abandonnait pas l'idée de m'offrir une nouvelle voiture et mon père a finalement cédé. Maman m'a acheté une rutilante Toyota 4X4 noire, munie d'un lecteur CD et de phares puissants antibrouillards. Je me sentais invincible. La première chose que j'ai faite ce jour-là, ce fut de m'acheter un détecteur de radar, qui est devenu mon « surveillant ». Je n'ai jamais été arrêté pour excès de vitesse. Avec mon

161

camion, j'ai connu une nouvelle liberté. Avec le détecteur de radar, j'ai acquis un nouveau sens de rébellion.

Le jour de mon dix-septième anniversaire a été celui où le conseil de mon père m'a rattrapé. J'avais insisté toute la journée auprès de maman afin qu'elle lève mon couvre-feu quasi inexistant pour une soirée. Comme je savais exactement quels leviers tirer et quels boutons presser, j'ai eu ce que je voulais.

Ce soir-là, Donny et moi sommes allés camper avec quelques amis. Nous avons pris mon camion et celui de John et nous sommes allés de l'autre côté de la montagne Cook, au terrain de camping du lac Abundance. John et Rick se sont arrêtés à Cook City alors que Donny et moi nous sommes rendus jusqu'au camping. Nous y étions allés au moins une centaine de fois avec notre troupe de scouts, et nous connaissions cette route de quarante-cinq minutes sur le bout de nos doigts.

Donny et moi avons commencé à installer la tente. Une demi-heure après, John et Rick sont arrivés. Ils ont vidé le camion de John et nous ont aidés à terminer l'installation. Puis, nous avons tous relaxé autour du gros feu que Rick avait allumé. C'est alors que John a révélé la surprise que lui et Rick étaient allés chercher à Cook City. Ils avaient rencontré un itinérant à l'entrée du village avec une affiche où il était écrit: « Pourquoi mentir? Je veux de la bière. » Ils lui ont fait une offre qu'il a acceptée. Ils lui ont donné la monnaie qui restait après l'achat d'une caisse de douze de Bud Light, environ six dollars. Je suis certaine que l'idée venait de John, car il faisait toujours de ces folies qui le mettaient dans de beaux draps.

Personne d'entre nous n'avait bu plus qu'une gorgée dans le verre de bière de notre père auparavant, et j'hésitais un peu. Papa m'avait souvent fait des sermons sur les responsabilités et les dangers de prendre de l'alcool.

« Ne t'inquiète pas, ça ne te fera pas de mal », a dit Rick, après avoir bu la moitié de sa première bière.

Cet argument devait bien être le plus faible que personne n'avait jamais dit, mais il n'en fallait pas plus pour me convaincre. Je me suis dit : *Trois bières, qu'est-ce que ça peut faire ? Au pire, je serai malade et je vomirai.*

Après avoir débouché, englouti et lancé trois canettes chacun, Rick a dit : « Je ne sens rien. J'en veux encore. » Il fallait en acheter d'autres.

Donny et moi avons été choisis pour y aller, j'ai donc sauté dans mon camion et j'ai dévoré la route vers Cook City. Nous étions tous deux excités par cette petite rébellion. C'était la première fois que nous faisions quelque chose que nos parents n'approuveraient pas — à part la fois où nous sommes partis en cachette de la maison et avons été pris, mais cela ne devrait pas compter car nous n'avions rien fait.

Je conduisais peut-être un peu trop vite, mais je n'en suis pas certain, car j'étais un peu étourdi — pas au point de ne pas me rappeler ce que je faisais, mais assez pour penser que la vitesse et les ceintures de sécurité n'avaient pas d'importance. Donny m'a suggéré un raccourci. Nous sauverions au moins dix minutes, donc nous avons traversé le Rattlesnake Field.

Le chemin traversait un champ d'herbes hautes, un lieu parfait pour s'étendre sur le dos et regarder passer les nuages, ou pour jouer à cache-cache. Ce chemin était beaucoup plus abrupt que la route que nous venions de quitter. Mon camion l'aurait traversé n'importe quand, mais c'était la nuit et la visibilité était médiocre.

Le camion s'est arrêté brusquement avec un bruit sourd. Nous avions frappé quelque chose et nous étions coincés. J'ai regardé par la fenêtre. « Je ne vois rien; vois-tu quelque chose de ton côté? » ai-je demandé à Donny.

« Ouais, tu as frappé un arbre, a-t-il répondu. Il y a un gros arbre juste à l'arrière de ta roue avant. » Ce n'était pas un arbre; je n'étais pas ivre à ce point. C'était un rondin caché dans l'herbe haute.

Je ne savais pas exactement quoi faire, et j'ai fait comme tout jeune conducteur inexpérimenté: j'ai appuyé l'accélérateur au plancher. Les pneus tournaient à toute vitesse dans le vide, et j'encourageais mon camion. Le rondin s'est déplacé et a jeté mon camion hors d'équilibre. Le camion s'est mis à rouler. En sentant la perte de contrôle du camion, je me souviens de ce sentiment de panique lorsqu'on sait qu'une chose inévitable se prépare. Presque immédiatement, j'ai été projeté à l'extérieur par la porte. Donny a été éjecté par la vitre. J'ai atterri sur la colline et hors du chemin; Donny a été éjecté sur la pente, sous le camion, et il a été écrasé alors que le camion lui passait dessus pour poursuivre sa descente. Je me souviens avoir entendu le cri de Donny quand le camion a roulé sur lui.

Je me suis mis à courir pour aller chercher de l'aide, mais j'ai entendu sa voix qui suppliait: « Ne me laisse pas! S'il te plaît, Drew, ne me laisse pas! » Je suis revenu aussitôt.

Je me suis glissé et j'ai rampé jusqu'à lui. C'était pire que je l'avais cru. Il y avait du sang, beaucoup de sang. Je crois même que j'ai vu des os. Je voulais courir pour chercher de l'aide, mais je suis resté là avec lui. Je me suis arc-bouté contre la colline et j'ai posé sa tête sur mes genoux. Il avait une tache d'herbe sur le front, et de la saleté et du sang aux commissures de sa bouche. Pendant que je l'entendais chercher son souffle, je lui caressais les cheveux, la même coupe qu'il avait depuis la troisième année. Ses côtes brisées se soulevaient de douleur avec chacune de ses respirations lentes et inégales. Je pleurais en le tenant. Je me sentais comme un enfant de première année qui a été frappé dans l'estomac par le dur à cuire de l'école. Un flot d'émotions mêlé de colère, de tristesse et de honte a monté en moi. Je voulais crier, mais je pleurais trop. Je voulais m'excuser de lui avoir fait ça, mais je pleurais trop. J'ai alors remarqué que les respirations de Donny devenaient de plus en plus faibles et espacées. Dans un dernier soupir et un rapide soubresaut de douleur, il a cessé de respirer.

J'ai déposé sa tête au sol et je me suis mis à courir. Je n'ai pas cessé jusqu'à ce que j'arrive au camp. Je ne sais pas au juste pourquoi je suis allé là d'abord. C'est là que mes jambes m'ont porté. Rick et John dormaient près du feu. Je les ai arrosés d'eau, j'ai expliqué ce qui était arrivé et j'ai commencé à courir vers Cook City.

John et Rick étaient immobiles, à moitié ivres, apeurés et pleins de remords.

Il m'a fallu environ trente minutes pour me rendre à Cook City. Je suis allé directement au dépanneur où Rick et John avaient acheté la bière. J'ai demandé au commis de signaler le 9-1-1.

J'ai mené la police sur les lieux de l'accident. Le corps de Donny gisait là, mou et froid. La police m'a interrogé toute la nuit, puis le lendemain il y a eu d'autres questions. « Comment est-ce arrivé ? Qu'as-tu fait alors ? Pourquoi as-tu fait ceci au lieu de cela ? » J'en avais ras le bol de toutes ces questions.

J'ai détesté cette nuit-là. Je voudrais bien oublier ce qui est arrivé. Je ne crois pas avoir parlé à Rick ou à John depuis ce temps. Je les ai aperçus dans les corridors de l'école, mais nous ne nous sommes pas regardés.

Lorsque Donny est mort, une partie de moi est morte aussi. J'étais en première au collège et j'ai failli ne pas terminer l'année. Je pouvais sentir le regard insistant des autres. Je pouvais les entendre dans le corridor. Je m'endormais tous les soirs en pleurant d'épuisement, en demandant à Donny de me pardonner. La culpabilité était trop grande. J'ai abandonné l'école à ma dernière année de collège. Je ne pouvais pas me concentrer et je ne pouvais pas supporter tous ces gens qui me demandaient toujours si j'allais bien.

Il m'a fallu beaucoup de temps, mais j'ai fait des progrès. Je ne m'endors plus en pleurant, même si je me réveille parfois au milieu de la nuit en sueurs froides et appelant Donny. Jennifer, ma fiancée, s'y est habituée. Au début, cela lui faisait encore plus peur qu'à moi, mais maintenant, elle me calme et chante pour me rendormir. Demain est notre grand jour. Je vais l'épouser et commencer un nouveau chapitre de ma vie. Je voudrais seulement que Donny soit mon témoin.

Garrett Drew

Fais-lui faire la culbute

J'ai travaillé un peu plus d'un an avec Kris à la Crèmerie, un comptoir de crème glacée de notre ville. Il avait seize ans, un an de moins que moi. Nous n'allions pas à la même école et nous n'avions pas beaucoup de choses en commun — nous avons simplement travaillé ensemble pendant tout un été et une année scolaire. En dehors du travail, je connaissais peu Kris. Il était près de sa famille, il parlait beaucoup de ses copains et de sa petite amie, et il était actif dans son église. Au travail, cependant, je le connaissais bien.

Kris était probablement l'une des personnes les plus inspirantes que j'ai connues. Il aimait faire rire et, souvent, il nous barrait la route vers l'énorme congélateur où était la réserve de crème glacée. Il était grand, il avait des yeux bruns rieurs et des favoris vraiment longs. Plein d'énergie, il s'offrait toujours pour faire les travaux que nous détestions, comme nettoyer les toilettes ou sortir les gros sacs de déchets collants. J'aimais les soirs où je travaillais avec lui. Le temps passait très vite et nous nous amusions. En plus, c'était le seul garçon qui travaillait à la Crèmerie; je me sentais donc en sécurité lorsque je quittais le travail, vers minuit, pour rentrer à la maison.

Je me souviens d'un certain soir où je suis entrée à 17 heures pour faire l'équipe du soir avec Kris et Melanie. C'était une soirée d'été chaude et j'étais d'humeur massacrante, très peu motivée pour le travail qui m'attendait. Kris a vu tout de suite que j'étais de mauvaise humeur et il a essayé de me remonter le moral, mais sans beaucoup de succès. J'avais décidé que ce serait un jour misérable et rien ni personne ne pourrait y changer quelque chose. Nous avons terminé tôt, ramassé les déchets, et nous nous dirigions vers nos voitures après nous être souhaité bonne nuit. Soudain, j'ai entendu quelqu'un courir derrière moi. Avant d'avoir pu me retourner pour voir qui c'était, Kris m'avait prise dans ses bras et avait réussi à me renverser, de sorte qu'il me tenait la tête en bas. J'ai crié jusqu'à ce qu'il me remette sur mes pieds et je lui ai demandé furieusement ce qu'il était en train de faire. Il a répondu qu'il voulait absolument me faire sourire au moins une fois dans la soirée.

« Eh bien, tu n'as pas réussi, je n'ai pas souri. »

« Oui, tu as souri, a-t-il dit. Il fallait simplement que tu sois à l'envers pour qu'on le voie. » Il m'a fait un sourire et m'a souhaité bonne nuit, et j'ai souri tout le temps sur le chemin du retour.

Après un an et demi à la Crèmerie, j'ai décidé que je voulais faire autre chose; donc, je n'étais pas là le soir où c'est arrivé. Le 15 juillet 1999, ils venaient de fermer et Kris était seul à l'arrière du magasin lorsqu'il est entré dans sa voiture vers 23 heures. Il n'a jamais quitté le stationnement.

Le matin suivant, je déjeunais en regardant les nouvelles. J'ai écouté absolument terrifiée pendant que la journaliste racontait l'histoire. « Un garçon de dix-sept ans a été victime d'un acte de violence gratuit la nuit dernière. Deux garçons de quinze ans et un autre de dix-sept ans sont en détention provisoire pour ce qui semble avoir été une tentative de piraterie routière dans le vieux Colorado. » Abasourdie, mon cœur s'est arrêté, et j'ai su qui c'était avant même de voir sa photo à l'écran et qu'elle dise son nom. « Kristopher Lohrmeyer est mort instantanément d'un coup de fusil à la tête. »

Quelque chose a changé dans ma vie le soir où Kris est mort. J'ai compris que rien dans la vie n'est certain. La seule chose sur laquelle je peux avoir le contrôle, c'est mon attitude. La chose la plus importante que je peux faire est d'ouvrir mon cœur à chacun, comme Kris l'a fait pour nous tous. C'est grâce à lui que je sais maintenant comment sourire.

Jessie Williams

Une leçon douloureuse

Le centre commercial était bondé,
les clients couraient d'un magasin à l'autre;
Personne ne prêtait attention,
elle était accroupie sur le sol.
Elle ne semblait pas avoir d'ennuis,
et ne semblait pas avoir peur;
Sans doute qu'elle s'était arrêtée pour se reposer,
elle n'avait pas besoin de mon aide.

Une petite fille de huit ou neuf ans,
belle comme le jour.
Je me suis demandé si je devais m'arrêter
et voir si elle avait besoin de mon aide.
Sa mère l'avait-elle laissée là toute seule?
C'étaient là mes pensées en passant près d'elle,
dans ma hâte de retourner à la maison.

En quittant le centre commercial,
je ne pensais qu'à elle.
Cette petite fille avait-elle besoin d'aide?
Avais-je été aveugle?
J'y pensais tellement que je suis retourné
au centre commercial;
Il fallait que j'en aie le cœur net,
une fois pour toutes.

Le centre s'apprêtait à fermer
et j'entendais des portes de métal se fermer.
Mais, en regardant à l'intérieur,
la petite fille demeurait introuvable.

Était-ce mon imagination qui faisait des siennes
à nouveau?
En croyant que j'avais raté l'occasion d'aider
cette pauvre petite fille perdue.

J'imagine qu'elle doit être en sécurité,
sinon elle serait encore là.
Chaque année à la période de Noël,
je deviens trop émotif.
Je suis retourné à la maison,
vers la sécurité et la chaleur.
On annonçait pour la nuit une tempête hivernale
glaciale.

Comme il avait été annoncé au canal météo,
la tempête est venue,
Un froid sibérien et une neige abondante
alors que j'étais bien au chaud dans mon lit.
Au matin, je me suis réveillé
avec ce temps épouvantable.
Ma seule sortie ce jour-là,
c'était pour aller chercher le journal.

Bien au chaud dans ma cuisine,
avec les nouvelles et une tasse de thé,
J'ai lu sur la première page un titre
qui m'a dévasté.
Au bas, on pouvait y lire:
« Une petite fille trouvée morte
au centre commercial local. »

La police avait reçu un appel à 4 heures le matin.
La personne qui avait téléphoné avait dit
   qu'une petite fille avait été trouvée morte
   derrière le centre commercial.
C'est le froid qui avait causé sa mort,
Elle s'était allongée, s'était endormie
   et avait cessé de respirer.

Je n'ai pas pu continuer la lecture
   tellement je sanglotais.
Pendant que je dormais bien au chaud, une petite
   fille était morte de froid dans son sommeil.
Il y a de cela plusieurs années,
   mais cette histoire hante toujours mon sommeil;
Est-ce que la petite fille qu'ils ont découverte
   était celle que j'avais vue?
Je ne peux pas oublier cette petite fille,
   malgré tous mes efforts.
Mais maintenant, lorsque quelqu'un
   semble avoir besoin d'aide,
   je ne passe jamais mon chemin.
J'en ai tiré une leçon difficile, mais vraie.
Vous pourriez très bien être la dernière chance
   dans la vie d'une personne.

James Kisner

Quelqu'un
pour veiller sur moi

Ressentir l'amour des gens que l'on aime,
c'est une chaleur qui nourrit notre vie.

Pablo Neruda

« Je sors ! » a chanté Charissa Harris, dix-huit ans. « Je vais trouver un vêtement superbe pour mon bal de fin d'année ! »

Sandy Beard a souri à sa fille. *Elle a tout l'avenir devant elle,* a pensé Sandy. Mais cet avenir serait bientôt compromis — et le destin mettrait bientôt la fille de Garland, Texas, dans les mains d'un ange…

Le coucher de soleil était rouge dans le ciel au moment où Charissa retournait en voiture à la maison. Soudain, elle a senti une secousse à l'arrière. « Non ! » a-t-elle crié pendant que sa voiture emboutissait un arbre — et que son monde s'écroulait.

Sur sa moto, Jack Hadlock, cinquante-quatre ans, a vu la scène. Plusieurs conducteurs se sont arrêtés lorsqu'ils ont vu l'accident — mais seul Jack avait pris des cours de premiers soins, requis pour son travail à Southwestern Bell. Il a pensé : *C'est peut-être la raison pour laquelle je les ai pris.* Il a rangé sa moto au bord de la route et a accouru vers le lieu de l'accident.

Lorsqu'il fut près de la voiture, il est devenu blême. Une fille qui avait environ l'âge de ses jumeaux était clouée au siège de la voiture, le cou complètement replié sur sa poitrine.

Rapidement, Jack a cherché son pouls. Puis, il a mis son oreille sur sa bouche. Elle ne respirait pas. *Il faut que je libère ses voies respiratoires!* a-t-il pensé. Le cœur battant, il lui a doucement redressé le cou. Soudain, la fille a toussé et s'est mise à respirer.

« Tout ira bien », a-t-il murmuré.

Perdant et reprenant conscience, Charissa n'a vu qu'un reflet de lumière provenant des lunettes de son sauveteur. Elle a essayé de dire: *Qui êtes-vous? Un ange?*

Les ambulanciers sont arrivés quelques instants plus tard, et Jack les a aidés à installer la fille dans l'ambulance.

À l'hôpital, les médecins ont dit à Sandy que le cœur de sa fille s'était arrêté deux fois, qu'elle avait le crâne et le bassin fracturés. Elle gisait dans le coma. « Sans cet homme sur les lieux de l'accident qui a dégagé ses voies respiratoires, elle serait morte avant d'arriver ici », ont-ils ajouté.

Sandy pleurait: *Pourquoi est-ce arrivé? Pourquoi mon bébé?*

Le lendemain de l'hospitalisation de Charissa, un homme a été amené dans le lit voisin du sien. Sandy a entendu les infirmières dire qu'il roulait en moto lorsqu'une voiture a fait une embardée devant lui, le forçant à percuter le garde-fou. Ils ont pratiqué une opération sur un œil et un genou.

Il a dit à une infirmière: « Le plus étrange, c'est qu'hier, je me suis arrêtée pour aider une fille victime d'un accident de voiture. Je me demande où elle est maintenant… »

L'infirmière, surprise, porta la main à sa bouche. « M. Hadlock, dit-elle, voici cette fille! »

En tremblant, Sandy s'est levée. Ainsi, *c'était* l'homme qui avait sauvé la vie de sa fille.

L'infirmière a dit: « Voici Jack Hadlock. Il… »

« Mon héros! » a prononcé Sandy, la voix étranglée par les sanglots.

Jack a rougi: « J'aurais fait la même chose pour n'importe qui. »

Elle s'est écriée: « Mais vous ne l'avez pas fait pour n'importe qui. Vous l'avez fait pour ma petite fille! »

Huit jours après son accident, Jack a obtenu son congé. Pourtant, il ne cessait de penser à Charissa et il téléphonait régulièrement pour prendre de ses nouvelles.

Un matin, Charissa s'est réveillée — elle a senti la main de sa mère et a entendu la voix de son père, mais en levant les yeux, elle ne pouvait apercevoir que des ombres… et des reflets de lumière. Elle a murmuré: « L'ange… »

Sandy a dit: « Repose-toi. » Alors que Charissa prenait des forces, un médecin lui a expliqué qu'elle aurait besoin de thérapie pour marcher.

« Et mes yeux…? »

Un long silence. « Je regrette, a finalement dit le médecin. Vous pourriez voir de la lumière et des couleurs, mais… »

Charissa a éclaté en sanglots et sa mère l'a prise dans ses bras. « Tout ce qui compte, c'est que tu es en vie! » a dit Sandy en pleurant. Puis, elle a parlé de Jack à Charissa. « Il veille sur toi. Tu n'es pas seule. »

Maman a raison, s'est dit Charissa. *Il y a tant de choses pour lesquelles je dois être reconnaissante.*

Anxieusement, elle a attendu la visite de Jack. Elle se tracassait: *Que vais-je lui dire?* Mais quand Jack s'est assis près de son lit, une lumière familière s'est mise à danser de ses lunettes à montures dorées. La voix douce de Jack a mis à l'aise Charissa — comme si elle le connaissait depuis toujours.

« Merci de m'avoir sauvé la vie », lui a-t-elle dit d'une voix étranglée.

Il lui a pressé la main et ses yeux se sont remplis d'eau par l'émotion. Il a dit d'une grosse voix: « Guéris bien, d'accord? »

Charissa a lutté pour ne faire que ça. *Maman avait raison. Je ne suis pas seule!* Les mois ont passé, et Jack l'a réconfortée et l'a félicitée de ses progrès. Il a fait un grand sourire lorsqu'elle a réussi à se brosser les cheveux ou à couper son bifteck elle-même. Il a applaudi lorsque Charissa a fait ses premiers pas depuis trois mois.

Elle exultait: « Tu as dit que je réussirais! »

Peu après, Charissa est revenue à la maison. Jack et sa femme lui ont souvent rendu visite et, un jour,

Charissa lui a demandé une faveur. Son école organisait une cérémonie spéciale de fin d'année pour remplacer celle qu'elle avait manquée. « Jack, voudrais-tu venir avec moi? »

En souriant, il a dit: « Je ne manquerai pas ça. »

Lorsque le directeur a prononcé son nom, Jack a guidé Charissa sur l'estrade. Tout le monde s'est levé.

Jack lui a rappelé: « Tout le monde t'aime! »

Charissa va maintenant dans un collège et suit un programme combiné d'études et de réhabilitation. Une fois par semaine, son téléphone sonne et une voix qu'elle n'oubliera jamais lui demande: « Comment ça va, petite fille? »

Elle répond: « Très bien, Jack ». *Il veille toujours sur moi,* pense-t-elle en souriant. *Mon ange.*

Eva Unga
Extrait de Woman's World

Une maison
n'est pas un foyer

J'ai trouvé difficile ma première année au secondaire. Après avoir été première de ma classe au primaire, avec tous les avantages que me procuraient mes notes élevées, il était étrange de recommencer comme nouvelle. L'école était deux fois plus grande que ma vieille école et, pour empirer les choses, mes meilleures amies allaient à une école différente. Je me sentais très seule.

Mes anciennes professeures me manquaient tellement que je retournais leur rendre visite. Elles m'encourageaient à participer aux activités de l'école pour rencontrer de nouvelles personnes. Elles m'ont dit qu'en temps et lieu je m'ajusterais et que je finirais probablement par aimer ma nouvelle école plus que l'ancienne. Elles m'ont fait promettre que, lorsque cela arriverait, je viendrais encore leur rendre visite de temps en temps. Je comprends la psychologie de leurs propos, mais cela m'a néanmoins réconfortée.

Un dimanche après-midi, peu après avoir commencé le secondaire, j'étais dans la salle à manger et je faisais mes devoirs. C'était un jour d'automne froid et venteux, et il y avait un feu dans la cheminée. Comme d'habitude, ma chatte tigrée était couchée sur tous mes papiers, elle ronronnait fort et, par moments, elle essayait d'attraper mon crayon pour s'amuser. Elle n'était jamais très loin de moi. Je l'avais sauvée lorsqu'elle n'était qu'un chaton et, d'une certaine façon, elle savait que j'étais responsable de lui avoir donné une « bonne vie ».

Ma mère attisait constamment le feu pour maintenir une bonne chaleur dans la maison. Soudain, j'ai senti une odeur étrange, puis j'ai vu… de la fumée qui se répandait à travers les joints du plafond. La fumée s'est infiltrée dans la pièce si rapidement que nous pouvions à peine voir. À l'aveuglette vers la porte avant, nous avons couru dans la cour. Au moment où nous sommes sorties, les flammes avaient envahi tout le toit et elles se répandaient rapidement. J'ai couru chez les voisins pour appeler les pompiers, pendant que maman retournait dans la maison.

Elle est ensuite sortie transportant une petite boîte de métal remplie de documents importants. Elle a laissé tomber la boîte sur le gazon et, affolée, elle est retournée dans la maison. Je savais ce qu'elle cherchait. Mon père était décédé quand j'étais jeune, et j'étais certaine qu'elle ne laisserait pas ses photos et ses lettres partir en fumée. C'étaient les seules choses qu'elle avait pour se rappeler de lui. Je lui ai crié: « Non! Maman! »

J'étais sur le point de courir après elle lorsque j'ai senti une grande main me retenir. C'était un pompier. Je n'avais même pas remarqué que la rue était déjà pleine de camions de pompiers. J'essayais de me libérer de son emprise en criant: « Vous ne comprenez pas, ma mère est à l'intérieur! »

Il m'a retenue pendant que d'autres pompiers rentraient dans la maison. Il savait que, s'il me lâchait, je courrais à l'intérieur. Il avait raison.

« Ça va, ils la trouveront », a-t-il dit.

Il m'a enveloppé d'une couverture et m'a fait asseoir dans notre voiture. Peu après, un pompier est sorti de notre maison avec maman. Il l'a amenée rapidement vers le camion et il lui a mis un masque à oxygène. J'ai couru vers elle et je l'ai serrée dans mes bras. Toutes les fois où je m'étais disputée avec elle et où je l'ai haïe ont été oubliées à la seule pensée de la perdre.

« Elle ira bien, a dit le pompier. Elle a juste inhalé un peu de fumée. » Puis, il est parti en courant pour combattre le feu pendant que maman et moi étions assises, hébétées. Je me souviens d'avoir regardé ma maison brûler en pensant que je ne pouvais rien y faire.

Cinq heures plus tard, le feu était finalement éteint. Notre maison était presque entièrement brûlée. Puis, ça m'a frappée… Je n'avais pas vu ma chatte. Où était-elle? À mon grand désespoir, j'ai constaté qu'elle n'était nulle part en vue. Puis, j'ai compris — la nouvelle école, le feu, ma chatte — j'ai éclaté en sanglots et j'ai pleuré tant et tant. Je vivais un deuil, un grand deuil.

Les pompiers ont refusé de nous laisser entrer dans la maison ce soir-là. C'était encore trop dangereux. Que ma chatte soit morte ou vivante, je ne pouvais pas songer à partir sans savoir ce qui était advenu d'elle. Peu importe, il fallait que nous partions. Nous nous sommes entassées dans la voiture avec pour seuls vêtements ceux que nous portions et quelques couvertures de pompiers, et nous nous sommes rendues chez mes grands-parents pour y passer la nuit.

Le lendemain, le lundi, je suis allée à l'école. Lorsque le feu s'était déclaré, je portais encore la robe que j'avais enfilée le matin pour aller à l'église, mais je n'avais pas de souliers! Je les avais enlevés pendant que je faisais mes devoirs. Ce fut une autre perte causée par le feu. J'ai donc dû emprunter des souliers de course de ma tante. Pourquoi ne pouvais-je pas manquer l'école? Pour ma mère, il n'en était pas question, mais pour moi, j'étais très embarrassée. Les vêtements que je portais étaient bizarres, je n'avais plus de livres ni de devoirs, ni de sac à dos. Toute ma vie était dans ce sac! Plus j'essayais de faire partie des autres, pire c'était. Étais-je destinée à être exclue toute ma vie? C'est ce qu'il me semblait. Je ne voulais pas grandir, changer ou devoir affronter la vie si c'était pour être ainsi. Je voulais juste me recroqueviller et mourir.

J'ai marché près de l'école comme un zombie. Tout semblait surréaliste, et je n'étais pas certaine de ce qui allait arriver. Toute la sécurité que j'avais connue, mon ancienne école, mes amis, ma maison et mon chat, tout m'avait été enlevé.

Après l'école ce jour-là, lorsque je suis retournée à l'endroit où était ma maison, j'ai été estomaquée de voir les dommages — ce qui n'avait pas brûlé était détruit par l'eau et par les produits chimiques que les pompiers avaient utilisés pour éteindre le feu. Les seules choses qui n'avaient pas été détruites étaient les albums de photos, les documents et quelques articles personnels que maman avait réussi héroïquement à sauver. Ma chatte était partie et elle me manquait terriblement.

Ce n'était pas le moment de pleurer. Ma mère m'a fait sortir en vitesse de la maison. Nous devions trouver un endroit pour habiter, et m'acheter de nouveaux vêtements pour l'école. Nous avons dû emprunter de l'argent de mes grands-parents, car nous n'avions plus de carte de crédit, plus d'argent comptant ni même d'identification pour retirer de l'argent de la banque. Tout était parti en fumée.

Pendant la semaine, les débris qui étaient autrefois notre maison ont été nettoyés. Même si nous avions loué un appartement dans le voisinage, j'allais sur les lieux pour regarder les travailleurs enlever les débris, en espérant que ma chatte était quelque part. Elle était partie. Je pensais sans cesse à elle, le petit chaton vulnérable qu'elle était. Le matin, lorsque je la dérangeais pour sortir du lit, elle me suivait, montait sur ma robe de chambre et se glissait dans la poche pour dormir. Elle me manquait terriblement.

Il semble que les mauvaises nouvelles se répandent toujours rapidement et, dans mon cas, ce ne fut pas différent. Tout le monde à l'école, y compris les professeurs, était au courant de ma triste situation. J'en étais gênée, comme si j'étais responsable. Quelle façon de commencer dans une nouvelle école! Ce n'était pas le genre d'attention que j'aurais souhaité.

Le lendemain à l'école, les gens agissaient de façon encore plus étrange qu'à l'habitude. Je me préparais pour la classe de gymnastique, près de mon casier. Les gens se pressaient autour de moi et me demandaient de me hâter. J'ai trouvé cela étrange, mais à la lumière des quelques dernières semaines, rien ne me surprenait plus. Il semblait presque qu'ils essayaient de me pousser vers le gym, puis j'ai su pourquoi. Il y avait une grande table installée avec toutes sortes de « trucs » dessus, juste pour moi. Ils avaient fait une collecte et m'avaient acheté des fournitures scolaires, des cahiers de notes, un tas de vêtements différents — des jeans, des hauts, des survêtements. C'était comme Noël. J'étais remplie d'émotion. Des gens qui ne m'avaient jamais adressé la parole venaient vers moi pour se présenter. J'ai reçu toutes sortes d'invitations pour aller chez eux. Leur sympathie sincère m'a vraiment émue. Dès cet instant, j'ai soupiré d'aise et j'ai pensé pour la première fois que tout irait bien. Je me suis fait des amies ce jour-là.

Un mois plus tard, je regardais la construction de ma maison. Cette fois-là, c'était différent — je n'étais pas seule. Deux de mes nouvelles amies d'école étaient avec moi. Il avait fallu un feu pour que je cesse de ne penser qu'à mes sentiments d'insécurité et que je m'ouvre à toutes les merveilleuses personnes autour de moi. J'étais assise là, regardant la reconstruction de ma maison, lorsque j'ai compris que je faisais la même chose de ma vie.

Alors que, là, sur le bord du trottoir, nous faisions des plans pour ma nouvelle chambre, quelqu'un s'est approché derrière moi et a dit: «Est-ce que cela t'appartient?» Je me suis retournée pour voir qui c'était. Je ne pouvais pas en croire mes yeux. Une femme se tenait là avec ma chatte dans les bras! J'ai pris ma chatte, l'ai tenue sur mon cœur et j'ai pleuré. Elle a ronronné de bonheur. Mes amies me serraient, serraient la chatte et dansaient tout autour.

Il semble que ma chatte avait eu si peur du feu qu'elle s'était sauvée un kilomètre plus loin. Sur son collier, il y avait notre numéro de téléphone, mais l'appareil avait été détruit et déconnecté. Cette merveilleuse femme en a pris soin et elle a travaillé fort pour trouver le propriétaire. Elle savait que cette chatte était aimée et qu'elle nous manquait beaucoup.

Pendant que j'étais assise avec mes amies, ma chatte bien lovée sur mes genoux, tous les sentiments pénibles de perte et de tragédie ont semblé s'atténuer. J'ai ressenti de la gratitude pour ma vie, pour mes nouvelles amies, pour la bonté d'une étrangère et pour le ronronnement de ma chatte adorée. Ma chatte était de retour, et moi aussi.

Zan Gaudioso

En chinois, le mot « crise » se compose de deux caractères. L'un représente le danger et l'autre représente l'opportunité.

John F. Kennedy

Jeter des ponts

Ce mardi avait commencé comme tous les autres. Je fais partie d'une chorale à l'école supérieure de Columbine; nous répétons le matin avant l'école. J'y suis arrivé à 6h50, j'ai vu mes amis en entrant et je les ai salués.

La journée s'est déroulée normalement jusqu'à la cinquième période, qui était, pour moi, celle de la chorale de concert. Nous faisions nos réchauffements lorsqu'un étudiant de la chorale est entré dans la classe et a dit qu'il y avait un gars en bas avec un fusil.

Cet étudiant était reconnu pour être un plaisantin. Par contre, son visage était très sérieux et j'ai vu des enfants se sauver lorsque j'ai regardé par la fenêtre. Le directeur de la chorale nous a conseillé de rester calmes. Il ne voulait pas que nous paniquions — nous étions 114 membres dans la chorale. Il se dirigeait vers la porte près de l'escalier lorsque deux filles ont ouvert la porte, et nous avons entendu deux coups de feu. La moitié de la chorale s'est étendue au sol.

Mon premier réflexe a été de courir. Je suis allé du côté opposé de la porte où les deux filles étaient entrées, dans un corridor qui menait à l'auditorium.

J'ai vu une ruée de gens qui couraient dans les corridors. J'ai entendu des cris. J'ai décidé que je n'essaierais pas de rejoindre la foule et j'ai couru vers l'auditorium. J'étais debout à l'arrière, me demandant quels refuges les enfants pouvaient trouver derrière des chaises en plastique. Puis, j'ai entendu un tir d'un semi-automatique. Quelqu'un a activé l'alarme d'incendie et beaucoup d'enfants du côté est de l'école sont sortis sans savoir ce qui se passait.

Je me suis dirigé vers la porte au nord. J'ai vu que les portes coupe-feu au couloir nord étaient fermées, alors j'ai rebroussé chemin vers l'entrée principale. En m'approchant, j'ai remarqué qu'il y avait déjà des trous de balles dans la vitre.

Cela m'a fait courir encore plus vite. Je suis arrivé à la porte d'entrée et je l'ai ouverte. Trois balles avaient affaibli la vitre et des éclats de verre sont tombés partout sur moi. Je courais toujours. Je n'ai remarqué que beaucoup plus tard que j'étais couvert de sang. Je suis alors allé à l'hôpital pour des points de suture.

Une quinzaine d'enfants m'ont suivi et sont sortis par la porte avant. J'ai appris par la suite qu'ils avaient eu peine à s'en sortir. Quelques secondes plus tard, l'un des tireurs, Dylan, est sorti du bureau principal et a commencé à tirer partout.

J'ai vu une amie et nous avons couru jusque chez elle. De sa maison, nous pouvions apercevoir le devant de l'école. Nous avons vu arriver les policiers, les pompiers, les paramédicaux, les équipes SWAT de Denver et d'autres régions, et la Garde nationale. Les policiers d'État et les capitaines de gendarmerie sont arrivés et sont sortis armés de leurs voitures. Ils se sont placés derrière des arbres et ont dit aux enfants de courir.

Les heures suivantes ont semblé s'éterniser. Au début, je pensais qu'un enfant était dans l'école avec un fusil et qu'il pouvait avoir tiré sur quelques enfants, en blessant peut-être quelqu'un, mais j'espérais qu'il n'ait pas causé trop de dommage. En voyant arriver les différentes équipes de policiers et en entendant à la radio qu'il y avait deux tireurs, peut-être trois, j'ai commencé à comprendre l'ampleur du drame.

Un groupe de policiers a conduit un camion de pompiers près de l'édifice. Ils ont grimpé l'échelle et sont entrés à l'intérieur. J'ai appris plus tard que plusieurs d'entre eux n'étaient pas formés pour ce type de mission. Ils ont agi au risque de leur vie — ils n'y ont même pas pensé, ils l'ont fait pour sauver des vies.

J'ai ressenti une peur terrible lorsque les reportages à la radio ont mentionné que vingt-cinq enfants avaient été tués. Je n'avais pas vu sortir mon meilleur ami, Dustin. J'ai prié le ciel qu'il soit sain et sauf. Plus tard, j'ai su qu'il était en sécurité. Il s'était caché dans une salle de toilettes attenante à la cuisine et il a été évacué avec d'autres enfants qui s'étaient cachés tout près.

C'était un vrai cauchemar. Une mauvaise journée comme on n'en avait jamais vue. La journée a semblé durer des années — les heures devenaient des jours; tout allait de travers.

Le soir de la tuerie, un grand nombre d'entre nous ont assisté à un service à l'église catholique St. Francis Cabrini. Ce fut vraiment une cérémonie très émotive pour nous, car plusieurs de nos amis étaient partis pour toujours. Je ne pouvais même pas imaginer que Cory, Rachel, Isaiah et Cassie ne reviendraient plus à l'école. Comment leur vie pouvait-elle se terminer si violemment? Comment l'esprit de Eric et de Dylan pouvait-il être si dérangé?

Pendant longtemps, je n'ai pas su quel jour on était, quel jour de la semaine, la date — tout se mêlait.

Je n'ai pas mangé pendant trois jours — j'étais malade dans l'âme. Je pleurais constamment. Toutes les émotions se bousculaient dans ma tête. J'étais triste, en colère, confus, désespéré et perdu.

J'ai passé quelque temps avec mes parents. Je les ai serrés souvent dans mes bras et je leur ai dit que je les aimais. Je voulais aussi être avec mes amis, ceux qui avaient vécu cette expérience avec moi. Les gens pouvaient me dire: « Je sais ce que tu ressens », mais il faut l'avoir vécu pour bien comprendre.

Il y avait beaucoup de conseillers autour de nous. Les médias étaient partout. Des gens se présentaient et essayaient d'amener des enfants à leur église. Ce qui m'a le plus touché, c'étaient les gens qui venaient simplement pour nous soutenir. Ils étaient là si nous avions besoin de parler. Ils ne s'imposaient aucunement.

Nous avons eu beaucoup de rencontres dans des propriétés privées, interdites aux médias. Nous y allions simplement pour être ensemble — la première semaine, c'est tout ce que nous avons fait. Nous n'avions pas besoin de nous parler — il suffisait de partager le silence les uns avec les autres.

Le premier endroit où le corps enseignant et les étudiants se sont réunis fut dans une église communautaire. Les étudiants étaient assis ensemble et attendaient les professeurs. La chorale a décidé que nous voulions chanter car, avant la tragédie, nous pratiquions des chants très spirituels et très émouvants avec un haut degré de difficulté. Nous nous sommes levés et nous sommes montés sur l'estrade. Les professeurs n'étaient pas encore arrivés, on m'a donc demandé pour diriger.

Nous avons commencé par le « Ave Maria ». J'avais des frissons. Nous ne nous étions pas réchauffés et l'hymne comportait des notes très hautes pour les femmes. Elles les ont chantées de façon sensationnelle — c'était incroyable.

Pendant que nous chantions le « Notre Père », le corps enseignant est entré dans le sanctuaire et a commencé à chanter avec nous. Puis, tous les étudiants se sont joints à nous. Nous étions là, ensemble pour la première fois après un véritable cauchemar et nous chantions le « Notre Père ». Pendant que je dirigeais et que j'écoutais les plus beaux sons jamais entendus, j'ai senti l'amour dans la salle. À ce moment-là, j'ai su que nous nous en sortirions.

Charlie Simmons

6

L'ABUS

Les vérités non dites
De sagesse ne se trouvent
Que dans les battements
Du cœur d'un enfant maltraité
Dont les blessures et le cœur
Guériront, mais le souvenir, lui,
Ne mourra jamais.

Savannah Marion

Me perdre

J'étais comme tout autre jeune du secondaire. Je faisais du sport, j'avais mon cercle d'amies et de bonnes notes. Jusqu'au jour où l'on m'a présentée à *lui*. Quelque chose dans ses yeux m'attirait. D'une certaine façon, je pensais qu'il avait besoin de moi, tout comme j'avais besoin d'être aimée. Après un flirt de quelques mois, nous sommes finalement devenus amants. Nous étions constamment ensemble dès ce jour-là. Lentement, jour après jour, ma famille et mes amis m'ont vue changer. J'étais amoureuse.

Environ deux mois plus tard, toutefois, il a essayé de me contrôler et il a même élevé la voix. Je me suis dit que c'était normal, puisqu'il m'aimait vraiment. Du moins, je le pensais. La première fois qu'il m'a blessée, nous faisions du ski avec des amis et nous nous étions perdus sur les pentes. Lorsqu'il m'a retrouvée, il a dit que c'était ma faute. Il m'a bousculée et m'a traitée de tous les noms pendant que des gens nous observaient. J'ai couru dans les toilettes avec ma meilleure amie et j'ai versé toutes les larmes de mon corps. Peu après, il était dans les toilettes et me serrait dans ses bras, me couvrant de baisers et me disant combien il regrettait. Je lui ai donc pardonné et j'ai oublié cette journée.

Cependant, les choses ne sont pas revenues à la normale. Il est devenu possessif et jaloux. Il imposait des règlements comme ne plus laisser mes cheveux tomber sur mes épaules, ne plus porter de shorts l'été ou avoir quelque indice d'un autre garçon dans ma chambre. Si un autre garçon jetait un regard sur moi à l'école, il criait après moi. Mes notes ont baissé, je n'avais plus d'ambition pour le sport, je commençais à perdre mes amies, et ma famille était devenue mon pire ennemi. Je ne voulais pas entendre ce qu'ils pensaient de ma relation, ni qu'ils me disent à quel point j'avais changé. Je pleurais tous les soirs à cause de la façon dont je commençais à me sentir. Il criait après moi ou me blâmait pour tout. À quelques reprises, j'ai essayé de me mutiler, car je croyais que je n'étais pas assez bien pour lui et que je n'avais pas d'autre raison d'être en vie. J'ai essayé de justifier son comportement en croyant que cela démontrait combien il tenait à moi. Au secondaire, je me sentais importante d'être amoureuse et d'avoir un petit ami attitré.

Mes parents ont tenté de m'amener voir un conseiller et ils ont parlé à tous mes professeurs de ma relation. J'ai commencé à manquer l'école. La violence augmentait. Il a essayé de m'étouffer à plusieurs reprises. Une fois, il a essayé de me casser le bras parce que son frère m'avait regardée en maillot de bain. Je me sentais désespérée et déprimée. Il avait tant de contrôle sur moi que je ne pouvais accepter l'opinion de personne d'autre que lui. Je me suis dit que les autres ne comprenaient tout simplement pas à quel point il m'aimait. Il agissait ainsi parce qu'il m'aimait.

Les abus physiques ont empiré. Il me forçait à faire des choses sexuelles avec lui. De plus, il me frappait, m'étouffait et me bousculait. Un jour, il a essayé de me noyer. Heureusement, je suis tombée sur des roches avant qu'il puisse me plonger sous l'eau. Il a aussi coupé *mes* poignets parce que *sa* vie allait mal. Cela a duré neuf mois.

Enfin, mes parents m'ont emmenée en voyage pendant une semaine. Pendant ces vacances, il m'a trompée, et j'ai trouvé assez de courage pour rompre avec lui. Un soir, j'étais couchée et j'ai pensé à tout ce qu'il m'avait fait. Je n'avais aucun doute sur comment je devais agir.

J'ai passé mes deux dernières semaines du congé d'été à essayer de retrouver mes anciennes amies avant de retourner à l'école. Lorsque j'y suis retournée, il était dans ma classe de gym. Je me suis montrée gentille avec lui, car il me faisait encore peur. Lorsque j'ai trouvé le courage de lui dire que c'était fini pour toujours, il est devenu fou, m'a poussée par terre et m'a frappée à plusieurs reprises. Personne n'est venu à mon secours. Le lendemain, j'avais une énorme ecchymose sur la jambe.

J'ai attendu trois jours avant de montrer l'ecchymose à mes parents. À ma grande surprise, après tout ce que je leur avais fait subir, ils m'ont aidée. Ils m'ont amenée directement au poste de police pour déposer une plainte. Je voulais seulement oublier l'événement, mais j'étais aussi déterminée à ce que cela ne se reproduise plus à l'avenir pour qui que ce soit. Il a continué de me téléphoner à la maison pour me menacer en disant qu'il me tuerait. Il a dit à mes parents qu'il me blesserait s'il en avait l'occasion.

Mon expérience au tribunal a duré plus d'un an et fut extrêmement douloureuse. J'ai découvert qu'il avait un passé violent et que ce n'était pas la première fois qu'on l'accusait d'abus. On ne m'a jamais informée de la dernière audience au tribunal, alors cela s'est passé sans moi; à ma connaissance, il n'a pas eu de sentence sévère. Le système judiciaire m'a laissé tomber, mais j'ai choisi de poursuivre ma vie.

Je suis très chanceuse d'être là où je suis aujourd'hui. J'ai dix-neuf ans, j'ai pris de la maturité et ma guérison va très bien. Il m'a fallu plus de trois ans avant de dire à mes parents tout ce qu'il m'avait fait. Mes parents et moi nous sommes rapprochés depuis. Le processus de guérison pourrait bien continuer pendant des années encore, mais je fais face à ma douleur en partageant mon histoire avec d'autres jeunes adolescents, en espérant contribuer à ce que cela n'arrive à personne d'autre. Je ne me réveille pas chaque jour en le haïssant. J'ai de la compassion pour lui et je sais qu'il a besoin d'aide, où qu'il soit. J'ai plutôt appris à me concentrer sur ma vie et à chérir les gens que j'aime vraiment.

Jenny Deyo

Aide-moi

J'entends ton grand cri
Alors que je me faufile sous mon duvet.
Tes obscénités pleines de haine et de colère
    deviennent plus fortes.
J'essaie de me boucher les oreilles.

Tes pas s'arrêtent à l'extérieur de ma porte.
Soudain, elle s'ouvre.
Je tremble de terreur dans le noir
Et tu me jettes violemment sur le sol.

Tu te mets à crier,
Tu m'abuses verbalement.
Ayant appris depuis longtemps à ne pas répliquer,
Je ne fais qu'écouter, intimidée et terrifiée.

Un coup soudain sur ma joue interrompt
    ma prière silencieuse.
Un autre coup sur mon dos,
Mes jambes fragiles, ma tête, mon cou.
Cesse de me tabasser!

Je pleure, blessée et traumatisée.
Je hurle de douleur.
En retour, la seule chose que je reçois,
C'est un autre coup pour avoir été trop bruyante.

Aide-moi, maman.
Ne mens pas à propos de mes blessures.
Aide-moi, maman.
Sors-moi de ce cauchemar.

Maman n'est nulle part en vue
Pendant que sa petite fille se fait écraser
Contre le mur.
Où es-tu? Pourquoi ne m'aides-tu pas?

Tout ce que je peux entendre,
    c'est le bruit de mes propres os qui se cassent.
Je goûte le sang dans ma bouche.
Papa m'a tirée par les cheveux,
et m'a poussée au bas de l'escalier.

Aide-moi, maman.
Aide-moi.

Sous la lumière, je peux voir mes cicatrices,
Mes jambes tordues,
Mes bleus au bras,
Mes oreilles qui bourdonnent.

Je regarde autour en gémissant
Et papa crie: « Tais-toi,
Mauvaise fille! Les voisins vont entendre! »
Je me tais aussitôt, terrifiée.

Pendant que je suis couchée là sur le sol froid,
Qui viendra me sauver?
Maman n'est plus là pour me réconforter.
Dis, maman, est-ce qu'il t'a déjà tuée?

Je suis terrifiée à la pensée de vivre sans toi.
Je commence à pleurer fort.
Sachant que je dois arrêter,
Je me mords les lèvres.

Trop tard,
Papa revient.
Il me frappe encore.
Il tord mes bras fragiles derrière mon dos.

Maman.
Aide-moi!

Je perds conscience lentement.
Tout semble si flou et distant.
Je meurs peut-être,
C'est peut-être mieux ainsi.

Je me réveille le lendemain,
Le soleil me réchauffe.
Le visage du médecin est sombre d'inquiétude.
Je dis oui lorsqu'il demande si je me sens bien.

Mais je ne me sens pas bien.
Papa est là!
Au lieu du visage coléreux de la nuit dernière,
Il met un masque de bonheur.

« Je suis content que tu sois réveillée!
Il faut célébrer! »
Le médecin me tapote la tête
Et s'en va.

J'essaie de l'appeler, de lui dire de revenir.
J'essaie désespérément de dire
« Ne me laisse pas seule avec lui. »
Mais mes lèvres sont si douloureuses
    que je ne peux pas parler.

Un peu plus tard, je suis rétablie…
Assez pour retourner à la maison.
Des yeux, je supplie l'infirmière.
J'ai trop peur de lui dire ce qui se passe.

Je n'ai pas d'autre choix que de suivre papa,
Alors qu'il me tient la main fermement
    pour m'amener loin.
Non, je veux rester!
Laisse-moi tranquille!

Je me retourne, mais personne ne me remarque,
Moi et mon petit corps blessé et battu.
Je retourne là où j'ai été maltraitée.
J'y retourne.

Aide-moi, maman.

Hawon Lee

*Souvenez-vous que le chemin vers la guérison
vogue à travers la douleur, l'angoisse,
la maladie et bien des larmes.*

Amanda Ford

Cauchemars

Un nouveau jour se lève
avec ses nombreux voiles
roses et jaunes.

Alors que le soleil s'empare
de ma chambre avec ses rayons satinés,
Je me réveille…
En sueur et en criant,
en folie et seule.
Je continue donc…
à vivre chaque jour
en sentant sa sueur...
et en entendant son souffle bruyant
au tréfonds de mon esprit
chaque fois que le silence s'installe en moi.

Plus tard, si naïve, je regarde le soleil
se glisser sous l'horizon…
et je deviens agitée à la tombée de la nuit
car je sais que, lorsque ma tête s'appuie
sur cet oreiller…
la bataille commence…
et à la fin,
il finit toujours par gagner.

Portant mon innocence
bien haute sous les reflets de la lune,
me débattant et criant jusqu'à ce que
… finalement…

il s'en détache et s'en aille
alors qu'elle est à vif et à nu,
tremblante sur le sol froid.

… jusqu'au prochain jour qui se lève
avec ses nombreux voiles
roses et jaunes…
Bonne journée.

Kara MacDonald

7

LE COURAGE

*L'une des choses les plus courageuses
que tu peux faire, c'est de t'identifier, de savoir
qui tu es, quelles sont tes croyances
et où tu veux aller.*

Shiela Murray Bethel

La naissance
d'un adulte

Les médecins ont commencé à s'affairer dans la salle. L'accouchement se déroulait bien mais, moi, je me sentais au bord de la crise de nerfs. Les murs étaient gris cendré, comme ceux d'une cellule de prison. Ce n'était pas le cadre idéal pour l'accouchement de Jamie, mais nous allions devoir nous en contenter. Jamie n'avait que dix-sept ans, étudiante au secondaire, et aujourd'hui elle accouchait. Elle était étendue, souffrante de douleur. Seule sa tête bougeait d'un côté et de l'autre comme pour fuir la douleur.

J'ai pris la main de Jamie pour la réconforter et essayer d'apaiser son martyre. Elle a ouvert les yeux et m'a regardé. Nos regards se sont croisés et j'ai soudain ressenti l'émotion la plus forte de ma vie. J'avais toujours su que Jamie allait me mettre au défi de me dépasser; cependant, je n'ai jamais pensé que cela allait impliquer de l'accompagner durant sa grossesse.

Tout a commencé l'après-midi de la veille du jour de l'An 1997. J'étais assis dans le sous-sol chez Jamie et j'attendais qu'elle me fasse part de la nouvelle urgente qu'elle devait m'annoncer. Elle s'est affaissée sur le canapé et m'a appris qu'elle avait rompu avec son petit ami, Éric, qui était allé étudier à l'étranger. J'ai ressenti cela comme un soulagement, mais je me suis efforcé de ne pas le laisser paraître. Je n'avais pas l'impression qu'Éric, en fait qu'aucun des autres garçons avec lesquels elle était sortie, était assez bien pour elle. Ça va, je l'admets, j'étais — comment dire — un peu jaloux. Pourtant, je m'étais convaincu que nous serions mieux de rester amis. Aujourd'hui, elle avait besoin d'un ami.

C'est alors qu'elle m'a partagé la vraie nouvelle. Elle était enceinte de six semaines. Des larmes coulaient sur ses joues en me l'annonçant. J'étais stupéfait, incrédule. Les mots n'arrivaient pas à s'enregistrer dans ma tête. Elle s'est tournée vers moi et m'a serré dans ses bras. Ce qui a dû être seulement un instant m'a semblé une éternité. Mes bras sont restés ballants. Nous avons parlé encore un peu, puis je suis parti faire une balade dans ma voiture. J'étais en état de choc, contrarié que, faute de contraception, elle doive traverser cette épreuve. J'étais trop jeune pour faire face à sa grossesse. Avoir dix-sept ans et débuter le collège était déjà suffisamment déroutant sans avoir à affronter cet événement de la vraie vie.

Ce soir-là, je suis arrivé à une fête avec l'intention de boire pour oublier mes soucis. L'air était rempli de fumée et les fêtards empestaient l'alcool. Je n'ai pas pu supporter l'atmosphère très longtemps, alors je suis parti. Je me suis rendu chez Jamie et je suis resté debout sur le porche, fixant la porte d'entrée. *Que devrais-je faire?* me suis-je demandé. Mon pied a voulu tourner pour partir, mais ma main s'est tendue et a poussé le bouton de la sonnette. Je voulais m'enfuir, retourner à la fête. Je voulais m'amuser en cette soirée de veille du Nouvel An. La porte s'est ouverte et Jamie était là, la tête basse. « Tu ne peux pas passer la veille du jour de l'An toute seule », ai-je balbutié. Elle a souri, nous nous sommes enlacés dans l'entrée. C'était le début d'une nouvelle aventure pour nous deux. Pendant la soirée, nous avons ri comme nous en avions l'habitude en regardant Dick Clark accueillir la nouvelle année. Après cette soirée, ma vie allait changer. Je ne serais plus jamais un adolescent insouciant. J'allais devenir un jeune adulte.

Les semaines ont passé, Jamie a annoncé la nouvelle à ses parents. Ses parents et elle ont décidé de mener la grossesse à terme mais de donner le bébé en adoption. Mes parents ont parlé aux siens et ont offert leur aide comme s'ils discutaient de notre mariage; Jamie et moi prenions de la maturité ensemble.

Au cours des trois premiers mois de sa grossesse, je me retrouvais chez Jamie chaque jour après l'école pour lui masser les pieds pendant qu'elle se détendait en regardant ses feuilletons à la télé. Elle ne pouvait plus marcher longtemps. Je lui préparais des collations et j'ai fait assez d'allers-retours chez Taco Bell pour une vie entière. Mes amis ne respectaient pas ce que je faisais. Pendant que j'étais occupé à aider une amie, ils passaient leur temps à se moquer de moi. Ils appelaient chez Jamie et demandaient ce que je faisais. Ils le savaient, mais ils voulaient simplement rire de nous. À l'école, les blagues ont commencé: « Tu seras un bon papa? » et « Que fais-tu ce week-end, des cours prénataux? » Je les ai ignorés. Je vaquais à mes occupations et je m'occupais de Jamie. Je voulais lui rendre la vie aussi facile que possible.

Plus tard, un samedi après-midi, je tentais de reprendre mon sommeil perdu et Jamie a téléphoné.

« Voudrais-tu faire quelque chose aujourd'hui? »

« À quoi tu penses? » ai-je répondu.

« Je voudrais que tu m'aides à choisir la famille du bébé. »

Je me suis senti mal à l'aise. Par contre, je lui ai dit que je passerais la prendre. En me rendant chez elle, j'ai pensé à quel point j'avais changé. J'étais plus responsable, même si je me considérais toujours un enfant. Je me disais que ce n'était pas à moi de choisir l'avenir d'un bébé à naître. Je doutais de moi. Arrivé chez elle, je l'ai aidée à monter dans la voiture. En route vers l'agence d'adoption, Jamie m'a fait remarquer: « Tu ne roules pas vite. »

J'ai réalisé que je ne conduisais plus à tombeau ouvert, que je ne cherchais plus à me rendre d'un endroit à l'autre le plus rapidement possible. Je me sentais responsable de nous rendre à destination en toute sécurité.

« Je conduis trois personnes maintenant », lui ai-je répondu.

Arrivés à l'agence d'adoption, nous avons été installés dans une salle de conférence. Il y avait cinquante dossiers sur la table, un dossier par couple. Un de ces dossiers serait celui du couple chanceux. Et un de ces couples deviendrait les parents du bébé de Jamie. La conseillère, Jamie et moi avons regardé chaque dossier en discutant des dimensions spirituelles, psychologiques, financières, généalogiques et affectives de chacun. J'ai ouvert un dossier portant le nom de « Jennifer et Ben ». Leur dossier ressemblait plus à une plaquette racontant leur vie avec des photos des endroits qu'ils avaient visités, montrant qui ils étaient et ce qu'ils souhaitaient pour l'avenir. Leur raison pour adopter un enfant a attiré mon attention. Ce couple m'intriguait. Nous avons éliminé les couples jusqu'aux deux derniers: Jennifer et Ben et le choix de Jamie. Nous avons discuté des deux couples pour enfin nous entendre sur Jennifer et Ben.

Au moment de quitter, j'ai pris une photo de Jennifer et Ben du dossier et je l'ai mise dans la poche de ma veste sans que Jamie me voie. Je voulais une image d'eux avant que leur vie ne soit changée pour toujours. J'ai enfilé ma veste et nous avons quitté l'agence.

C'était une journée de printemps froide et désagréable. Après avoir aidé Jamie à prendre place dans la voiture, j'en ai fait le tour et j'ai été frappé par une douce brise. Debout à côté du coffre de ma voiture, je sentais un vent d'été. Je ne comprenais pas. Il faisait froid, pourtant le vent était plus chaud qu'une brise du mois d'août. J'ai pris ça pour un signe, un merci anonyme. Nous sommes partis et je pensais à la décision que nous avions prise. Je songeais aux couples que nous n'avions pas retenus. Combien de temps encore devront-ils attendre pour recevoir le cadeau d'un enfant?

Quelques semaines plus tard, nous avons fait la connaissance de Jennifer et de Ben. J'ai été impressionné. Ils formaient un couple uni et je sentais qu'ils allaient aimer leur enfant autant qu'ils s'aimaient l'un l'autre. Jamie leur a confié que c'est moi qui l'avais encouragée à les choisir, ce qui a rendu cette rencontre encore plus remarquable pour moi. J'ai pourtant tenté de cacher mes émotions et nous avons créé des liens immédiatement. Ils ont encouragé Jamie à prendre des cours prénataux pour se préparer aux événements à venir. Elle avait besoin d'un partenaire pour ces cours, et j'ai accepté. Elle s'est inscrite, et chaque mardi soir, Jamie et moi allions aux cours ensemble.

Le premier cours m'a fait un drôle d'effet. Jamais de ma vie, je ne m'étais senti si peu à ma place. Jamie et moi étions assis ensemble et tentions d'ignorer les regards des sept autres couples mariés. Nous étions bien trop jeunes et bien trop naïfs pour vivre une grossesse et des cours prénataux. Peu importe, Jamie devait le faire et je n'allais pas l'abandonner. Bientôt, nous avons commencé à établir des liens et à manifester beaucoup de respect les uns pour les autres. Tous se rendaient compte à quel point il nous avait été difficile de nous rendre jusque-là.

Pendant les périodes « mamans seulement », les pères et moi restions à l'extérieur à bavarder de l'avenir des bébés. Les papas parlaient de football atome, de fonds mutuels et d'assurances. Je parlais de Shakespeare et de géométrie. Je n'étais certainement pas à ma place, mais j'ai compris qu'il y a plus à une naissance que neuf mois et un médecin. Il fallait sacrifier tellement de liberté pour faire place à d'énormes responsabilités. Les pères me respectaient et me louangeaient pour ma compassion pour une amie, sans parler de ma maturité. Je ne pouvais simplement pas croire que je passais mon temps à parler de bébés. J'aurais voulu retrouver mon innocence. Je voulais rouler vite en voiture et faire la fête, mais plus important, j'avais de grandes responsabilités. Je devenais plus mature.

Un matin que je me préparais pour l'école, Jamie m'a appelé de l'hôpital. « Hum... veux-tu venir ici? » demanda-t-elle.

« Ce n'est qu'une autre échographie. De plus, je ne peux manquer l'école », ai-je répondu.

« Je crois que tu devrais t'amener ici, car je vais accoucher », a-t-elle crié.

Je suis sorti de la maison à toute vitesse et j'ai foncé vers l'hôpital. Une fois arrivé, j'ai enfilé la tenue que l'infirmière m'a passée et je suis entré dans la salle. Jamie était allongée, je me suis assis près d'elle.

« Eh bien, ça y est, dit-elle. Neuf mois et c'est finalement le temps. » Elle a grimacé de douleur en bougeant la tête. Les médecins entraient et sortaient de la salle aux deux secondes avec des médicaments. Elle allait bientôt accoucher. Après quelques heures de préparation, Jamie était complètement dilatée.

« D'accord, allons-y. Quand je te dirai *pousse*, tu pousseras », dit le médecin.

Elle lui a répondu en prenant ma main et en hochant la tête à plusieurs reprises. Jamie a poussé trois fois et, dans un dernier effort, elle a donné la vie à un nouveau bébé. Les médecins ont coupé le cordon ombilical et lavé le bébé. J'étais assis là, rempli du plus grand respect. Toutes les émotions humaines possibles m'ont envahi comme un tsunami.

« C'est un garçon », ont-ils dit.

J'ai souri, et des larmes de joie ont coulé sur mes joues. Plus de peur, plus de tracas, seulement du pur bonheur. On a remis le bébé à Jamie et il a passé les premiers moments de sa vie dans ses bras. Elle m'a regardé, j'ai fait de même.

« Tu l'as fait, ma petite », ai-je murmuré à son oreille.

Les médecins ont amené le bébé pour lui faire des tests et le peser. Jennifer et Ben sont entrés avec le certificat de naissance. « Quel est son nom ? », a demandé Ben. Jamie lui a fait signe de s'approcher et elle a murmuré quelque chose à son oreille. Ben a souri et il est parti dans une autre pièce. Je suis sorti pour aller me chercher quelque chose à boire. Quand je suis revenu quelques minutes plus tard, j'ai vu le certificat de naissance dûment complété. Il était écrit Blake Jonathan.

J'ai souri et pleuré. Les médecins ont ramené Blake, ils me l'ont présenté et j'ai tenu cette nouvelle vie dans mes mains. J'ai pensé aux papas dans les classes prénatales. Puis, j'ai pensé à l'avenir de Blake. Ses premiers pas, son premier match de football atome, son premier jour à l'école et son premier chagrin d'amour. J'ai enfin compris tout ce dont les pères avaient parlé. Jennifer et Ben me regardaient en souriant. Des larmes coulaient sur leur visage. J'ai remis Blake à Ben, et Jennifer m'a longuement serré dans ses bras. Désormais, ils étaient ses parents, ses protecteurs. Jamie était toujours allongée, elle pleurait mais était ravie. Je me suis penché vers elle et je l'ai serrée fort dans mes bras.

« Ça va ? » a-t-elle demandé.

« Très bien. Très, très bien, » ai-je murmuré en l'embrassant doucement sur le front. Jamais plus je ne serai le même.

Jonathan Krasnoff

Le long retour
à la maison

Les conflits forgent le caractère.
Les crises le définissent.

Steven V. Thulon

Je ressemblais à tous les garçons de douze ans. Les filles avaient des « poux », qu'on disait. Ma vie était centrée sur le Nintendo et la bicyclette. J'avais des devoirs que je ne faisais pas toujours. J'ai remporté quelques rubans en piste et pelouse. Presque chaque soir, j'essayais de me coucher plus tard que l'heure assignée. Je jouais au baseball. J'avais toujours envie de pizza. Une chose était pourtant bien différente: j'étais toujours fatigué. Je rentrais à la maison et je me couchais à 16h30, puis je me levais et mangeais, et après j'allais me recoucher jusqu'au lendemain matin. Ma mère a commencé à s'inquiéter et a pris rendez-vous avec notre médecin de famille. Il a prescrit des analyses de sang. Nous avons attendu les résultats environ une semaine. Le bureau du médecin a rappelé pour que je passe d'autres tests. À ce jour, j'ignore ce qu'on a dit à ma mère, mais je me suis rendu tout simplement à l'hôpital et j'ai repassé des tests. Après d'autres analyses sanguines, on m'a demandé de faire d'autres tests. Parmi ceux-ci, il y avait une analyse de la moelle osseuse. Ils ont pris une grosse aiguille et me l'ont enfoncée dans le bas du dos. J'ai été inconscient pendant toute la procédure.

Je ne me souviens vraiment pas du comportement des gens autour de moi pendant cette période. Je ne me souviens pas que maman ou papa aient été contrariés ou peinés. Je croyais simplement que c'étaient les tests normaux qu'on fait passer aux enfants fatigués. Le soir même de mes tests de moelle osseuse, j'ai été hôpitalisé. Le lendemain matin, l'oncologue a parlé à maman et à papa et il leur a annoncé que je souffrais de leucémie aiguë lymphoblastique.

Peu de choses de ce matin-là me sont restées en mémoire — c'est peut-être mieux ainsi. Le médecin, maman et papa sont entrés dans ma chambre et le médecin m'a expliqué que j'avais le cancer. Je suis resté assis là à écouter. J'ai écouté attentivement. Je n'ai pas compris grand-chose jusqu'à ce que le médecin m'informe que j'allais perdre tous mes cheveux. Elle m'a dit qu'elle allait envoyer une équipe de gens à mon école pour faire part aux élèves de ma classe et à mes professeurs qu'un des étudiants avait le cancer. Ces personnes les préviendraient que je n'irais pas bien et les informeraient sur ce qu'ils pouvaient faire pour aider. Elles recommanderaient de me traiter normalement, comme si je n'étais pas malade. J'étais content d'entendre cela, car je craignais beaucoup d'aller à l'école sans cheveux. J'ignorais ce que les gens allaient dire ou penser. Quand j'y pense, je suis heureux que le personnel médical ait fait cette intervention.

Je ne savais pas vraiment ce qui m'arrivait. Le lendemain, j'ai subi une ponction lombaire et j'ai reçu des doses massives de radiation. On m'a fait une transfusion sanguine complète. Tous ces médicaments et tous ces traitements visaient à produire chez moi une rémission afin que la chimiothérapie puisse commencer. Les trois premières semaines ont été épuisantes. Les jours de traitement, je rentrais à la maison et j'étais tellement malade que je ne pouvais pas dormir. Je vomissais et ne pouvais garder aucune nourriture. Lorsque je finissais par m'endormir d'épuisement, je me réveillais le matin et il y avait plein de cheveux sur mon oreiller. C'est alors que j'ai compris que j'étais vraiment malade. Quand je prenais un bain, je voyais de grosses mèches de cheveux passer par le tuyau d'écoulement.

Maman m'a emmené chez le coiffeur pour me faire raser la tête. Ainsi, j'aurais l'air moins malade. Matthew, mon frère aîné, m'a accompagné pour m'encourager. Quand le coiffeur eut terminé, je me suis regardé dans la glace et je me suis senti soudain très triste. C'est alors que mon frère a sauté sur le fauteuil à côté du mien et a demandé au coiffeur de lui raser la tête tout comme moi. Il ne voulait pas que je me sente seul. Ça peut sembler idiot, mais en se faisant raser la tête, il m'a prouvé qu'il m'aimait et qu'il était prêt à faire n'importe quoi pour que je me sente mieux. J'ai été très touché.

Pendant les trois premières semaines, maman m'emmenait à l'hôpital aux deux jours. Elle s'occupait de moi parce que papa devait aller au travail. Elle était toujours là pour moi. Quand papa rentrait du travail, il prenait la relève et apportait son aide. Pendant toute ma chimio, je me suis fait un ami, Brad Rowe. Nous avons tout vécu ensemble. Nous avons ri. Nous avons pleuré. Nous avons joué au Nintendo. Cela a rendu les choses un peu plus faciles pour moi.

La Sunshine Foundation est entrée en contact avec nous et a offert à ma famille et à moi de réaliser un rêve. On nous donnerait ce que je désirais, quoi que ce fût. Peu leur importait le souhait, du moment que cela me rendrait heureux. Ce que je voulais le plus était de rencontrer Patrick Roy des Canadiens de Montréal. Les organisateurs ont donc préparé un voyage de deux jours, avec un grand dîner et un match. J'allais même prendre place dans la loge de l'équipe pour le match de hockey. Je n'ai pas eu de chance là non plus. La grève des joueurs de la LNH a fait partir mon rêve en fumée! Les gens de la Sunshine Foundation étaient vraiment dévastés. En lieu et place, nous sommes allés à Disneyland. C'était super!

Au cours de l'été qui a suivi mes premiers traitements de chimio, j'ai pu participer à un camp de baseball, car je me sentais mieux. J'ai rapidement constaté que je n'avais pas grandi autant que les autres garçons. Je ne pouvais pas courir aussi longtemps qu'eux. Je ne pouvais pas jouer pendant toute la journée, comme eux. Finalement, épuisé, je suis allé trouver l'entraîneur et j'ai éclaté en sanglots en lui confiant que j'étais malade. J'ai cru qu'il ne voudrait pas ou ne pourrait pas comprendre. Ce fut très difficile. J'étais embarrassé et frustré parce que je n'avais pas autant de résistance que les autres. À travers mes larmes, je lui ai annoncé que j'avais le cancer et que je ne pouvais m'exciter toute la journée comme les autres. Il m'a dit la chose la plus étonnante. Je ne l'ai jamais oubliée. Il s'est penché vers moi et a dit: « Phil, Dieu prend soin de toi et te garde parce qu'Il a prévu quelque chose de spécial pour ta vie. » Soudain, j'avais quelque chose qui m'avait manqué auparavant : l'espoir.

Mon espoir semblait pourtant bien fragile. Mon ami Brad a fait une rechute. Il s'est retrouvé aux soins intensifs pendant une semaine, mais il en est sorti. Je me souviens avoir pensé que tout irait bien. Puis, quelques semaines plus tard, un matin en classe, mon professeur m'a pris à part pour m'annoncer que Brad était décédé. Mon espoir s'était envolé. Il avait exactement la même forme de cancer que moi, mais il ne s'en était *pas* sorti. J'ai pleuré toute la journée. Je suis allé aux funérailles sans y croire un seul instant. À treize ans, je ne savais pas ce qu'il adviendrait de ma vie.

J'ai cessé mes traitements au mois de janvier de mon deuxième secondaire. Nous avons même organisé quelques fêtes. Quel étrange prétexte pour une fête… Mais, nous avons bien célébré « Plus de chimio! ». Une des fêtes était énorme : mes amis, ma famille des deux côtés, les amis de mon frère et de mes sœurs, tout le monde y était. J'ai continué mes visites médicales de suivi et on m'a remis une épinglette qui disait : « J'ai vaincu le cancer! »

J'ai maintenant dix-huit ans et ma vie ressemble à celle de tous les autres ados. J'ai horreur des examens. Je joue au golf. Je m'implique dans mon école. Je fais du théâtre et j'aide à fabriquer des trucs techniques. Je donne un coup de main à la pastorale et à toutes les messes. J'ai des amis merveilleux. Cependant, je n'oublierai jamais comme ma maladie a changé ma vie. Aujourd'hui, je vois les choses différemment. J'apprécie mes parents et leur amour plutôt que de chercher à les confronter. Il m'arrive parfois d'avoir peur quand je pense qu'ils ne seront pas toujours avec moi, alors je dois être avec eux maintenant. Je participe aux voyages et aux repas de famille, et je suis heureux d'être là. J'aime mon frère et mes sœurs. Bien sûr, il arrive qu'ils me tombent sur les nerfs, mais je ne les changerais pas pour tout l'or du monde. Je suis reconnaissant de fréquenter une école qui m'enseigne des choses et d'avoir des amis qui m'aiment.

Je pense à ce que l'entraîneur de baseball m'a dit. Chaque jour, je cherche à savoir ce que Dieu attend de moi et j'essaie de vivre du mieux possible la vie qui m'a été redonnée. Je crois que les gens sont foncièrement bons. Chacun de nous est sur terre pour une raison. Tout est possible du moment que vous gardez la foi et que vous ne cessez jamais, au grand jamais, d'avoir de l'espoir.

Phillip Thuss

La vraie mesure d'un homme ne se situe pas dans son comportement quand tout est beau et calme, mais dans son comportement dans les moments de défis et de controverse.

Martin Luther King, Jr

Né pour gagner

N'écoutez pas vos peurs, mais vos espoirs et vos rêves. Ne pensez pas à vos frustrations, mais à votre potentiel à réaliser. Ne vous souciez pas de vos tentatives qui ont échoué, mais de ce qu'il vous est encore possible d'accomplir.

Pape Jean XXIII

Le médecin nous a fait entrer, maman, papa et moi, dans son bureau. Il a annoncé: « Jake, tu souffres d'un angiosarcome, une forme très rare de cancer. Tu as trente tumeurs dans ton pied. Au cours des quinze dernières années, il n'y a eu que de rares cas aux États-Unis de ce cancer localisé seulement dans une extrémité. Habituellement, on le retrouve dans les organes internes mais, pour une raison inconnue, le tien s'est logé dans ton pied et s'est étendu à ta cheville. »

Comment cela était-il possible? Au cours d'un match de basket-ball — une ligue d'été — j'étais mal retombé sur ma cheville. Après avoir boité pendant un mois, j'ai décidé d'aller consulter. La rentrée scolaire approchait, et je devais me mettre en forme pour la saison de basket-ball. J'ai cru que, dans le pire des cas, je m'étais fracturé la cheville.

Le médecin a ajouté: « Tu n'as pas vraiment le choix. Le plus gros problème avec ce cancer, c'est qu'il ne se guérit pas. La chimio et la radio ne fonctionnent pas. Nous devons t'amputer au-dessous du genou. »

Nous sommes rentrés à la maison et je me suis dirigé dans ma chambre où j'ai pleuré tout mon soûl en me disant: *Pourquoi moi? Je n'ai que seize ans. Je suis un bon enfant. Je n'ai jamais rien fait de mal dans ma vie.*

Cet après-midi-là a été le seul moment où je me suis apitoyé sur mon sort. J'ai pensé à ma grand-mère, Baba — qui était décédée quelques années auparavant — et à son courage. Elle était diabétique. Des complications avaient mené à l'amputation de sa jambe. Peu importait à quel point elle était malade, elle souriait tout le temps et ne se plaignait jamais.

J'ai parlé un peu à Dieu ce jour-là. « Je vais essayer d'être aussi courageux que Baba, lui ai-je confié. Si cela signifie que je doive sacrifier une partie de ma jambe pour rester en vie, alors je suis tout à fait d'accord, car je ne veux pas mourir. »

Le matin de l'opération, j'ai écouté une chanson de mon groupe préféré, les Beastie Boys, et je me suis rappelé d'être courageux.

Les premiers jours qui ont suivi l'opération ont été les plus difficiles. Je ressentais des douleurs fantômes. C'était vraiment très douloureux. Le cerveau n'a pas encore compris qu'un membre n'est plus là. Je me réveillais en pleine nuit et je voulais me gratter l'orteil, sans le pouvoir. Cela durait trois heures, une vraie torture.

On m'a immédiatement donné des béquilles. L'étape suivante était ma prothèse — une jambe artificielle. Je n'oublierai jamais ce jour. Le physiothérapeute m'a dit qu'il serait difficile de marcher avec ma prothèse. Je devais m'attendre à ce que cela prenne six à huit semaines de rééducation avant de pouvoir marcher sans mes béquilles. Je l'ai regardé et je lui ai dit: « Tu sais quoi? Je vais apprendre à marcher sans mes béquilles en deux semaines. »

Finalement, je m'étais trompé d'une demi-semaine. Quand je suis entré dans la clinique en marchant, mon physiothérapeute tenait un ballon de basket. « Tiens, Jake, m'a-t-il dit, comme tu m'as prouvé que tu pouvais marcher en un temps record, viens jouer un peu avec moi. »

Je suis sorti en marchant lentement pour me rendre au terrain. Je me suis placé sur la ligne des lancers-francs et il m'a envoyé le ballon. J'ai fait mon lancer et je l'ai réussi. Vous ne pouvez pas imaginer ce que j'ai ressenti quand j'ai entendu le *swoosh. Je suis encore capable. Je suis toujours le même*, ai-je pensé.

Dès ce moment, mes progrès ont été astronomiques. Un mois plus tard, j'apprenais à jogger. J'avais déjà repris le basket-ball et, pendant la récréation du midi, je lançais au panier avec mes amis.

Papa m'a emmené à San Antonio pour rencontrer Thomas Bourgeois, le meilleur pentathlonien des États-Unis. Un pentathlonien est un athlète qui participe à cinq épreuves aux Jeux paralympiques, des compétitions sportives d'élite pour les athlètes regroupés en cinq catégories de handicap. Ils insistent sur les résultats athlétiques des participants plutôt que sur leur handicap. Les Jeux paralympiques ont toujours lieu la même année que les Jeux olympiques. En 1996, 3 195 athlètes ont participé à ceux d'Atlanta.

Thomas a remporté une médaille de bronze aux Jeux de Barcelone en 1992 et une médaille d'argent à Atlanta en 1996. Quand nous nous sommes rencontrés, je n'ai pu m'empêcher de le regarder fixement. J'étais en présence d'un athlète professionnel qui portait des shorts, laissant ainsi paraître sa prothèse — un machin noir qui ressemblait à un robot — et qui respirait une totale confiance en soi. Il portait même une sandale à son pied. De mon côté, je portais des pantalons longs, cherchant à cacher ma jambe.

Après le déjeuner, nous sommes allés aux terrains de basket. Lui et moi avons joué contre trois étudiants universitaires et nous les avons battus. Il avait des feintes incroyables. Devant lui, ces jeunes avaient l'air des enfants.

Thomas m'a dit: « Jake, j'ai peine à croire que tu joues si bien au ballon après à peine six mois. Tu as un avenir en athlétisme. » J'ai accompagné Thomas aux Championnats nationaux d'été et je l'ai regardé compétitionner. La vue de tous ces athlètes avec des prothèses était ahurissante.

Je me suis retrouvé inscrit à une clinique de Dennis Oehler, médaillé d'or des Jeux paralympiques de 1988. Il organise des cliniques pour les nouveaux amputés et leur enseigne à courir de nouveau. Nous avons débuté par de la marche rapide puis du jogging. Il m'a conseillé de sprinter comme je le ferais normalement. J'ai commencé à courir. Neuf mois après l'amputation de ma jambe, je sprintais. Les larmes me sont montées aux yeux — j'avais l'impression de voler.

Dennis m'a dit qu'il n'avait jamais vu une personne courir aussi tôt après une amputation. Il m'a inscrit à un cent mètres amateur. J'ai fait le cent mètres en quinze secondes, ce qui est plutôt mauvais. Mais j'ai terminé la course et je me sentais incroyablement bien.

En rentrant à la maison, j'ai annoncé à mes parents que je voulais commencer à courir — par contre, une prothèse de sprinter coûte vingt mille dollars. Heureusement, Nova Care, le fabricant, était tellement impressionné de mes progrès qu'il m'a offert gratuitement une jambe artificielle.

J'ai commencé à m'entraîner en vue des Championnats nationaux. Je n'étais pas encore capable de compétitionner avec mon ancienne équipe d'école, mais j'ai pu m'entraîner avec eux. Les Championnats nationaux ont été incroyables. Cette fois, j'ai couru le cent mètres en 13,5 secondes, ce qui me qualifiait en vue des Championnats mondiaux.

Je me suis rendu au Centre d'entraînement olympique en Californie. Seuls les athlètes olympiques et paralympiques peuvent s'y entraîner. J'ai travaillé très fort, sachant que je n'avais que deux semaines pour me préparer.

Les Championnats mondiaux ont eu lieu à Birmingham, en Angleterre. Nous étions mille six cents athlètes représentant plus de soixante pays. Mes parents et ma sœur sont venus me voir en compétition pour la première fois. Je me suis rendu en demi-finale où j'ai été battu à plates coutures. J'étais heureux d'être simplement là, en compagnie de gens qui partageaient ma philosophie. L'esprit, l'impression qui se dégage de ces jeux, est celui d'athlètes du monde entier qui surmontent l'adversité et qui donnent tout ce qu'ils ont.

En rentrant à la maison, j'ai tenté de me qualifier pour l'équipe d'athlétisme de mon école et j'ai fait la première équipe. Je crois que je suis un des premiers amputés à avoir fait la première équipe d'athlétisme contre des non-amputés.

À ma première course, au moment de prendre place aux côtés d'étrangers à deux jambes, j'ai senti que je devais briser la glace. Dès le début, mon père m'a dit que les gens allaient agir de la façon dont j'agirais. Il m'a conseillé d'affronter toutes situations avec une attitude positive.

J'ai regardé les autres compétiteurs de ma vague et j'ai dit: « Suis-je bien à la bonne compétition? Je croyais que ce serait une compétition pour handicapés. Vous allez me battre à plates coutures. »

Un des concurrents a répondu: « J'ai lu ce qu'on écrivait sur toi dans les journaux. On rapporte que tu es rapide. Nous avons entendu parler de toi. N'essaie pas de nous endormir. »

Je me disais que je serais heureux de battre un seul d'entre eux. J'ai terminé quatrième, devant trois ou quatre gars. Ils m'ont dit que j'étais l'unijambiste le plus rapide qu'ils avaient jamais rencontré.

Mon but est de participer aux Paralympiques cette année. D'ici là, je m'entraîne vraiment fort. Je vais aussi dans les hôpitaux et je visite les jeunes. Ce que j'aime le plus, c'est de rencontrer un petit de cinq ans avec sa prothèse et de lever ma jambe de pantalon en disant: « Regarde, j'en ai une, moi aussi! »

Je suis parmi les privilégiés. Mes parents, mes entraîneurs et mes amis m'ont appuyé dès le diagnostic. J'ai fait la connaissance de Thomas qui a cru en moi, et de Dennis qui m'a appris à courir. Je ne sais pas où la course va me mener, mais quand ce sera terminé, j'aimerais faire comme Dennis — aider les jeunes amputés à réapprendre à courir. Je veux aussi continuer à raconter mon histoire aux jeunes et aux adultes qui souffrent — à tous ceux qui ont perdu la foi et qui croient que leur vie est finie — pour leur rappeler que, si on cherche le bon côté des choses dans le malheur, on le trouve chaque fois. Avec la bonne attitude, on gagne à tout coup.

Jake Repp

*N'ayez jamais peur de confier
un avenir inconnu à un Dieu connu.*

Corrie ten Boom

Bosses

C'est étrange, mais c'est en réalisant que votre vie ne sera plus jamais la même que vous voyez à quel point chaque journée est merveilleuse. J'ai quatorze ans et on m'a diagnostiqué la maladie de Hodgkin, un cancer des ganglions lymphatiques.

L'hiver dernier, j'ai fait de fréquentes visites chez différents médecins pour divers problèmes. Je souffrais d'asthme sévère et d'allergies, et j'avais des rougeurs sur les jambes. J'ai eu des douleurs à la hanche au point de m'empêcher de dormir. J'étais aussi anémique. Un après-midi, je suis allée voir mon médecin pour mes douleurs à la hanche et pour ma gorge enflée. Nous avons pensé que c'était une amygdalite. Mon médecin a fait quelques radiographies et a dit que tout avait l'air normal. Il a regardé dans ma bouche et a vu un peu de muguet, une infection qui allait probablement disparaître dans deux ou trois semaines. Quand il a tâté ma gorge, il a eu l'air inquiet. J'avais plusieurs bosses dures comme le roc au niveau du cou, de la poitrine et des épaules, là où se situent les ganglions lymphatiques. Ils n'étaient pas sensibles (ce qui aurait été attribuable à une grippe), et quand j'inclinais la tête, on pouvait voir les bosses qui sortaient de mon cou. Dans la soirée, il a téléphoné à ma mère pour lui dire qu'il souhaitait que je sois examinée à l'Hôpital pour Enfants.

Ce soir-là, je suis allée au cinéma avec mon petit ami, Matt. Je me suis bien amusée. Je ne savais même pas que je devais aller à l'hôpital le lendemain. À mon réveil le lendemain matin, maman m'a demandé de me préparer. En route vers l'hôpital, j'avais un étrange pressentiment, comme lorsqu'on monte vers le sommet de grosses montagnes russes.

Nous avons eu de la difficulté à nous garer. Lorsque nous sommes entrées, les lieux ne ressemblaient pas à ces hôpitaux qu'on voit dans les films, très propres et tout blancs. C'était chaleureux et confortable, tout comme devrait l'être un hôpital pour enfants.

En arrivant dans la salle d'attente, une petite fille chauve avec de beaux yeux d'un bleu vif est sortie en souriant. Je me suis dit: *Oh, comme elle est mignonne. Je me demande pourquoi elle est ici.* Ensuite, j'ai vu entrer un garçon de mon école que je ne connaissais pas très bien. Je savais qu'il avait eu le cancer l'année précédente. Je savais aussi qu'il s'appelait Matt, comme mon petit ami, et je savais que toutes les écoles de notre ville avaient entendu parler de lui et de sa maladie. Après qu'il a été assis, un petit garçon s'est présenté avec une casquette noire d'étudiant. J'ai écouté indiscrètement sa conversation avec sa mère.

« Éric, c'était drôle ce que papa t'a demandé de faire ce matin, non? »

« Que m'a-t-il demandé de faire? » a-t-il répondu.

« Il t'a dit: *Monte t'habiller, brosse tes dents et donne-toi un coup de peigne!* Tu te souviens de ce que tu lui as répondu? »

« Je n'ai pas de cheveux! » a dit Éric en souriant.

C'est alors que j'ai compris où j'étais et pourquoi. J'étais dans une clinique pour le cancer à cause des bosses dans mon cou.

En entendant mon médecin faire des « Mmm » et des « Oh, Ho! », j'ai su que quelque chose n'était pas normal. Après que maman eut complété certains formulaires, on a appelé mon nom. Une femme médecin blonde, très jolie, du nom de Jennifer, a tâté mon cou, mes aisselles, mes épaules, mon estomac et mon bas-ventre. Elle a mesuré les bosses sur mon cou et a noté quelque chose sur un papier.

Elle avait l'air inquiète. « Tu as de si beaux cheveux, une belle peau et tu as un poids santé. Par contre, je m'inquiète des bosses dans ton cou, ma chérie. Nous allons devoir faire une biopsie de certaines d'entre elles. Nous pratiquerons une petite incision dans ton cou pour prendre un prélèvement et l'analyser. Par la même occasion, j'aimerais aussi faire un test de moelle osseuse. »

Je me suis mise à pleurer et je l'ai regardée: « Est-ce que je vais mourir? » ai-je demandé.

« J'en doute, a-t-elle dit. Ce cancer connaît un taux de guérison de 90 %. »

Elle m'a serrée dans ses bras et nous a aidées à prendre le rendez-vous pour la biopsie. En route vers la maison, maman et moi avons pleuré. Arrivée chez moi, j'ai appelé tous mes amis pour leur annoncer la nouvelle.

Je suis retournée à l'hôpital pour la biopsie, on m'a posé un bracelet et installée dans un lit où j'ai regardé des films en attendant. Puis, on est venu m'annoncer ce qui allait se passer. On m'a donné une Valium pour me relaxer, ce qui m'a rendue plutôt endormie. J'ai tenté d'aller à la salle de bains et, en sortant du lit, j'ai trébuché parce que j'étais trop étourdie. J'avais aussi de la difficulté à articuler.

Le personnel médical m'a mis sous intraveineuse et a transporté mon lit dans un long corridor vers une petite salle blanche. Il y avait là plusieurs médecins, tous portant de drôles de chapeaux. Ils m'ont présenté un masque en me demandant d'inspirer profondément. Un instant plus tard, à ce qu'il m'a semblé, je me suis retrouvée dans la salle de réveil. Cela ne ressemblait pas du tout à ces films où les gens clignent des yeux et s'éveillent en voyant une foule de gens autour de leur lit qui les regardent avec des cadeaux, des oursons et des ballons. Au contraire, j'avais l'impression d'avoir des paupières de plomb. Et je n'étais pas aussi séduisante, non plus. Je me souviens d'avoir fait : « Ow… Oww… OWW ! » Puis, j'ai entendu des gens parler de morphine pour atténuer la douleur et je me suis sentie un peu mieux. Maman m'a aidée à enfiler mes vêtements et j'ai été conduite en fauteuil roulant jusqu'à sa voiture. Je me suis effondrée sur le canapé dès mon arrivée à la maison.

Le lendemain, je suis allée au Bal d'hiver de notre école et mon petit ami, Matt, m'a dédié la chanson *Let's Get It On* de Marvin Gaye, juste pour me faire rire. Je n'ai pas vraiment dansé ce soir-là, car j'étais encore fatiguée et j'avais très mal, mais je me suis amusée.

Quelques jours plus tard, je suis retournée à l'hôpital pour les résultats de la biopsie. J'avais une drôle d'impression. Je savais que j'avais le cancer. Et j'avais raison. J'avais effectivement un cancer. J'ai éclaté en sanglots parce que je savais que ma vie ne serait plus jamais la même. Je savais que j'allais perdre mes cheveux, que j'allais devoir supporter la chimiothérapie; je savais tout cela. Par contre, je voulais que ce ne soit qu'un rêve.

J'en suis maintenant au milieu de mes cycles de chimiothérapie et je ne suis pas encore chauve, mais mes cheveux sont incroyablement minces et ils continuent de tomber. Matt et moi avons rompu il y a quelques mois. J'ai fréquenté un autre garçon, Lucas, pendant un certain temps, mais il a rompu. Mais ça va pour moi, cependant, car je sais qu'il y aura d'autres amours. J'aurai de nouvelles relations. Il y a beaucoup à vivre. J'ai fait savoir à toutes les personnes qui me sont chères que je les aimais. J'ai écrit des lettres à d'autres avec qui je ne correspondais plus. J'ai essayé des choses qui auparavant me faisaient peur. Je mène la vie à peu près normale d'une adolescente de quatorze ans. Je peux aller à l'école assez régulièrement, sauf que je dois m'absenter quelques lundis par mois. Je ne cesse de me répéter: « Je suis une combattante, et non une victime du cancer. » Les gens me félicitent en me disant que je suis forte. En y pensant bien, ils ont peut-être raison.

Christina Angeles

Viser le sommet

Soyez généreux avec votre joie. Donnez ce que vous désirez le plus. Soyez généreux avec vos découvertes et vos plaisirs. Au lieu de craindre de les perdre et de vous y accrocher, partagez-les.

Pema Chödrön

J'ai déjà subi sept opérations chirurgicales et je n'ai que douze ans. Je suis né sans menton et je n'avais pas vraiment beaucoup de joues, alors on a dû les refaire. Mes oreilles n'étaient que de la peau, et les médecins y travaillent présentement. Ils utilisent des côtes, car elles repoussent jusqu'à l'âge de dix-huit ans.

Maman m'a appris que j'ai souffert du syndrome de Treacher Collins quand j'étais petit. Elle n'a jamais essayé de me le cacher. Elle a le même défaut de naissance que moi. Elle a dû fréquenter une école spéciale pour malentendants et elle ne voulait pas que je subisse le même sort. Je porte une prothèse auditive spéciale — un bandeau — qu'on appelle une « prothèse auditive à conduction osseuse » qui me permet d'entendre. Ainsi, je peux fréquenter l'école publique.

Maman et moi avons fréquenté des écoles différentes, mais nous savons tous deux ce que veut dire se faire taquiner. On ne me taquine pas beaucoup, mais quand cela se produit, je sais me défendre. Je leur réplique : « Ce n'est pas grave, tu peux bien rire de moi. Demain, cela pourrait t'arriver. » Habituellement, les gens cessent de rire, et il y en a même qui s'excusent ou qui disent que ce n'est pas ce qu'ils voulaient faire. Je leur réponds simplement de ne pas recommencer. Si quelqu'un a un problème avec moi, c'est son problème, pas le mien.

Je ne suis peut-être pas toujours bien intégré, mais j'essaie de défendre ce qui est bien. J'essaie toujours de venir en aide à une autre personne. J'ai même reporté une chirurgie en 1995 à cause de la bombe à Oklahoma City. J'ai vu l'explosion à la télé et j'ai décidé de faire quelque chose.

Je voulais recueillir 20 000 $ pour aider les victimes. Maman a voulu réduire le montant à 10 000 $, j'ai accepté. Elle a demandé à grand-papa de nous aider et, ensemble, ils ont voulu réduire la somme à 5 000 $. J'ai refusé cette fois, mon objectif était 10 000 $.

Je voulais faire un marathon de bowling. Pour l'annoncer, j'ai confectionné des bannières et j'ai commencé à solliciter des commanditaires. Je me suis lassé de faire du porte-à-porte, je n'avais pas recueilli beaucoup d'argent de cette façon. J'ai donc dit à maman que je voulais aller solliciter les concessionnaires d'automobiles.

Maman et moi avons fait la tournée des concessionnaires et, à chaque endroit où nous entrions, un vendeur demandait à maman: « Puis-je vous aider? »

Elle répondait: « Non, mais voyez avec mon garçon. »

J'expliquais mon idée au vendeur et je lui demandais de m'aider. Je crois que personne n'a refusé. Les marchands de voiture ont contribué à une grosse somme.

Beaucoup de gens ont participé au marathon de bowling et nous avions une grande bannière qu'ils pouvaient autographier. Le gouverneur Romer du Colorado l'a autographiée lui-même. Je me suis ensuite rendu par avion en Oklahoma et j'ai remis au gouverneur Keating de l'Oklahoma un chèque de 37 000 $ et la bannière autographiée. Nous avions amassé 27 000 $ de plus que notre objectif!

J'ai recueilli plus de 87 000 $ pour diverses causes depuis, et mon but est d'avoir recueilli 100 000 $ lorsque j'aurai treize ans. Pourquoi je consacre mon temps à recueillir des fonds? Je crois que chacun d'entre nous peut faire une différence, et ce, peu importe son âge ou qui il est, ou s'il se sent différent, car chaque personne est différente d'une manière ou d'une autre. Certaines différences sont à l'extérieur et les gens peuvent les voir, mais d'autres sont à l'intérieur.

Michael Munds

La marche qui a changé notre vie

Il peut être difficile de violer le secret dans l'amitié et de mettre votre ami en colère contre vous, mais vous devez faire ce que vous ressentez être la bonne chose à faire.

Amanda Ford

Plus nous approchions du bureau du conseiller scolaire, plus il devenait évident que cette marche deviendrait la plus importante de notre vie. Nous approchions du congé scolaire d'été et terminions notre deuxième secondaire. Mes amies et moi étions toutes excitées. Toutes, sauf notre amie Hannah.

Tout avait débuté l'été précédent quand Hannah avait commencé à s'isoler. Chaque fois que nous sortions, elle insistait pour rester seule à la maison à ne rien faire. En réalité, Hannah avait beaucoup changé depuis son entrée au secondaire. Elle était obsédée par son poids, son teint et son manque de popularité. Elle ne semblait jamais se concentrer sur ses qualités; elle parlait toujours de ce qu'elle n'avait pas et de ses défauts. Nous étions tous inquiets que quelque chose n'aille vraiment pas, mais à treize ans nous ne comprenions pas bien la situation et nous ne savions pas quoi faire pour l'aider. Hannah semblait empirer chaque jour. Elle se détestait et cela détruisait notre amitié.

Puis, un matin, il y a peu de temps, Hannah est arrivée à l'école et nous a raconté qu'elle avait presque tenté de se suicider. Elle dit avoir pensé à ses amies et elle n'a pu poser le geste. Nous étions sous le choc et ne savions pas quoi faire. Comme elle n'en avait parlé à personne — ni à ses parents ni à ses sœurs, seulement à nous — nous avons essayé de décider quoi faire de notre côté, tout en pensant que personne ne comprendrait. Nous ne voulions pas l'abandonner, mais nous ne pouvions pas non plus garder ce fardeau pour nous seules. Nous savions que, si nous faisions une erreur, cela pourrait coûter la vie à notre amie.

Nous sommes entrées dans le bureau du conseiller et avons attendu qu'on nous appelle pendant ce qui a semblé une éternité. Nous nous tenions par la main en entrant, chacune retenant ses larmes. Le conseiller nous a invitées à nous asseoir et nous avons commencé à lui parler d'Hannah et de tout ce qui s'était passé. À la fin de notre compte rendu, il nous a dit que nous avions bien agi. Nous avons attendu pendant qu'il téléphonait à la mère d'Hannah. Nous étions accablées de millions de questions. *Que dirait Hannah quand elle apprendrait que nous avions parlé d'elle? Ses parents seraient-ils en colère contre elle pour ne pas en avoir parlé plus tôt? Que se passerait-il?*

Quand la mère d'Hannah est arrivée à l'école, elle avait visiblement pleuré et on voyait sur son visage qu'elle se posait de nombreuses questions. Elle a commencé à nous interroger sur le comportement d'Hannah et sur ce qu'elle nous avait confié. Il a été terrible de lui raconter qu'un jour Hannah, seule à la maison, avait testé les couteaux afin de s'assurer qu'ils étaient assez tranchants pour s'enlever la vie. Nous avons toutes frissonné en pensant qu'elle pourrait ne plus être dans notre vie aujourd'hui.

Plus tard, nous avons appris qu'après notre retour en classe, on avait convoqué Hannah pour parler à sa mère et au conseiller. Il s'est avéré qu'Hannah était soulagée et reconnaissante de ne plus avoir à garder son secret. Elle a commencé à recevoir de l'aide psychologique et elle va mieux depuis. À ce jour, nous sommes si reconnaissantes de voir le visage souriant d'Hannah ou de pouvoir simplement lui passer un billet dans le corridor entre deux cours.

Si nous n'avions pas fait cette longue et horrible marche vers le bureau du conseiller, nous n'aurions peut-être pas pu partager des souvenirs du cours secondaire avec Hannah. Je sais aujourd'hui que cette marche nous a permis de lui offrir le plus beau cadeau qui soit… sa vie.

Maggie McCarthy

Pour du bon temps, appelez...

Parfois, le même rêve me revient. Revenant de la ville, je rentre à la maison en courant sur le chemin autour du lac Schultz. Il fait noir et j'ai peur. Quelqu'un — j'ignore qui — me pourchasse. Je sens qu'il me tire dans le dos avec un pistolet et je m'éveille.

Je venais de commencer le deuxième cycle du secondaire et j'étais très excitée. Je rêvais de rendez-vous amoureux, de bal de fin d'études et des matchs de début d'année. Deux mois plus tard, j'ai remarqué que les garçons dans mes cours me traitaient différemment. Au début de l'année, ils me parlaient comme à tout le monde; aujourd'hui, ils m'ignoraient. *Je dois être une « nerd »,* ai-je pensé. *Ce doit être un défaut de caractère.*

Un jour, un étudiant de dernière année, Chuck, m'a arrêtée dans le corridor. Il faisait partie du conseil étudiant et était très actif à l'école. « Tu es une si chic fille, dit-il. Sais-tu ce qu'on a écrit sur toi dans les toilettes des garçons? »

C'est une blague? Je ne l'ai pas vraiment cru et je n'y ai plus pensé. J'en ai même ri. J'avais assez confiance en moi; j'étais calme, mais fougueuse. J'avais des hauts et des bas comme toutes les adolescentes, ma famille habitait sur le bord d'un beau lac, à l'extérieur de Duluth au Minnesota, et j'étais heureuse. Mes amis venaient se baigner, faire du ski nautique ou patiner. J'avais de bonnes notes, je jouais du piano, ainsi que du saxophone dans la fanfare et l'orchestre de jazz de l'école.

Ce n'est pas vrai. Je ne suis pas le genre de fille dont les garçons disent ça, ai-je pensé. Cependant, deux semaines plus tard, un autre garçon m'a parlé des graffitis dans les toilettes du milieu. Le mot le plus gentil disait que j'étais une « salope ». Le pire était « obscène ». Je suis allée voir une conseillère en orientation et je lui ai raconté ce qu'on m'avait dit. « À ton avis, qui aurait fait ça? » m'a-t-elle demandé. Je lui ai répondu que je n'en avais aucune idée — et je ne l'ai jamais su. La conseillère m'a dit que les graffitis seraient enlevés sur-le-champ. Mais ce ne fut pas fait, ils sont restés là pendant deux ans.

Dans l'autobus après l'école, les garçons ont commencé à me taquiner. « Hé! Katy, peux-tu venir chez moi? » Habituellement, je ne faisais qu'en rire, mais dès que je descendais de l'autobus, je me sentais dégradée et gênée.

Les graffitis ont empiré, griffonnés sur la porte et sur les deux murs de côté, gravés au couteau ou dans la peinture, ou en encre indélébile. On l'appelait « La cabine de Katy ». La plupart des garçons de l'école l'avaient vue et la plupart des filles en connaissaient l'existence.

Je suis retournée voir deux autres conseillers en orientation, puis le directeur. Il m'a regardé d'un air étrange, avec une attitude évidente de il-n'y-a-pas-de-fumée-sans-feu. Il m'a dit: « Les garçons seront toujours les mêmes. Les graffitis font partie de la vie. » Il m'a promis de les faire enlever, ce qui ne fut jamais fait.

À l'école, j'essayais de faire comme si tout était normal, mais en rentrant à la maison je pleurais. « Ça ne va pas? » demandait ma mère. Je lui répondais: « Mauvaise journée. » Je ne voulais pas en parler à mes parents, car j'avais l'habitude de régler mes problèmes moi-même. Cependant, ma confiance en moi et mon estime de soi s'effondraient — et disparurent bientôt. J'avais peur et je me sentais impuissante. Surtout, je me sentais sans voix.

Ce n'est pas exagéré de dire que je redoutais d'aller à l'école. J'avais horreur de me réveiller. Je ne voulais voir personne. Tous les samedis soir, je gardais des enfants et je pratiquais ma musique chaque fois que c'était possible. Je jouais les « Préludes » de Chopin car ils étaient très tristes. Je voulais désespérément un petit ami, mais je ne croyais pas en mériter un.

Ma seule bonne amie, Gini, me disait: « Essaie d'ignorer la situation. N'y pense pas. »

Je répondais: « Ce n'est pas ton nom qui est gravé là. » J'étais terrorisée.

J'en ai finalement parlé à mes parents qui sont devenus furieux. Ils ont téléphoné au directeur d'école pour se plaindre, mais rien n'a été fait. Un jour, après l'école, je suis allée moi-même dans les toilettes et j'ai pris des photos. J'en étais malade. Après deux années, les graffitis étaient toujours là.

Éventuellement, après avoir donné un ultimatum de vingt-quatre heures au directeur, mon père a appelé un avocat. J'ai communiqué avec un programme d'aide aux victimes d'agressions sexuelles. J'ai raconté mon histoire et la dame au bout du fil m'a dit: « Katy, ce qui t'arrive s'appelle du harcèlement sexuel, et c'est aussi dommageable psychologiquement qu'une agression physique. »

Harcèlement sexuel. Je n'avais jamais utilisé cette expression auparavant et elle me donnait des frissons. Je pouvais désormais mettre un nom sur mon cauchemar. Pour la première fois depuis deux ans, je pouvais faire quelque chose pour me défendre. Soudain, je me suis sentie en colère et bagarreuse de nouveau. J'ai appelé le conseil scolaire et j'ai demandé des excuses du directeur ainsi qu'une lettre expliquant aux élèves le harcèlement sexuel, et une nouvelle politique pour enseigner ce problème dans les écoles locales. J'ai aussi déposé une plainte auprès du Service des Droits de la personne du Minnesota.

Il a fallu du temps et bien de la paperasse, mais le jour est venu où mes parents et moi avons fait face au directeur devant un juge, à huis clos. Un procureur a présenté notre cas et, après huit heures de négociations, on m'a accordé toutes mes demandes et l'école a aussi été condamnée à verser une compensation de 15 000 $.

Je croyais que tout était terminé, mais le lendemain matin j'ai vu mon histoire en première page du journal local. Conséquemment, on m'a interviewée pour plusieurs articles et j'ai fait une apparition aux émissions de télévision *Donahue* et *Today*.

Puis, une autre chose s'est produite. J'ai commencé à sortir avec Eric. Il faisait partie des équipes de football et de hockey, mais il n'était pas comme les autres garçons. Il n'avait pas cru les graffitis. Grâce à lui, mes derniers mois d'école secondaire se sont déroulés tels que je l'avais toujours souhaité.

J'aimerais que tout cela ne soit jamais arrivé, car je ne serai plus jamais la même. J'ai encore de la difficulté à faire confiance aux gens. Mais si mon histoire peut empêcher un seul garçon de harceler sexuellement une fille, ou empêcher une fille harcelée de se blâmer ou encore l'encourager à réagir, alors peut-être que cela en aura valu la peine.

Katy Lyle
Telle que racontée à
Mark Bregman

8

APPRENDRE DES LEÇONS DIFFICILES

L'expérience est une dure école,
car elle fait passer l'examen d'abord,
la leçon vient ensuite.

Vernon Saunders Law

Les vêtements
de mon père

Jeune, j'étais gêné par la façon qu'avait mon père de se vêtir. J'aurais voulu qu'il soit vêtu comme un médecin ou un avocat, mais lorsqu'il se levait avant l'aube par ces matins chauds et humides pour préparer des œufs pour ma mère et moi, il était toujours habillé comme mon père.

Nous habitions dans le sud du Texas, mon père portait des jeans élimés et on pouvait voir la marque de son canif sur la poche arrière. Il préférait les chemises à boutons-pression à celles qu'on boutonnait, et il bourrait sa poche de chemise de crayons, de cigares, de lunettes et d'autres outils. Les bottes que portait mon père, fournies par le gouvernement, avaient des bouts d'acier, ce qui les rendait difficiles à retirer de ses pieds. Il m'arrivait parfois de l'aider à les enlever quand il rentrait de réparer les climatiseurs, son métier dont j'avais également honte.

Pourtant, enfant, je me faufilais dans son placard et j'enfilais ses vêtements pour me regarder dans la glace. Mon imagination transformait ses chemises en manteaux de rois et ses ceintures en étuis de revolver de soldats. Je dormais dans ses maillots de corps et l'odeur de ses cols calmait ma peur de l'obscurité. Quelques années plus tard cependant, j'ai commencé à souhaiter que mon père remplace ses jeans de denim par des kakis et ses bottes par des chaussures de sport. J'ai cessé de dormir dans ses vêtements et je me suis mis à rêver d'un autre père.

J'attribuais mes échecs sociaux à sa façon de se vêtir. Quand les autres garçons m'intimidaient, je croyais qu'ils avaient vu mon père promener le chien avec son chapeau de cowboy et le torse nu. Je croyais que les filles riaient de moi parce qu'elles l'avaient vu tondre la pelouse en jeans coupés et en bottes noires. Les familles des filles payaient des hommes (à mon avis, mieux vêtus) pour entretenir leur pelouse pendant que leur père faisait du bateau dans la baie avec des pull-overs jaune citron et des sandales haut de gamme.

Mon père n'a acheté que deux costumes dans sa vie. Il préférait les vêtements qui lui donnaient la liberté de se glisser sous les voitures ou derrière des Maytag en panne, là où il se sentait bien. Pourtant, le jour avant le vingtième anniversaire de mariage de mes parents, mon père et moi sommes allés chez Sears et il a essayé des costumes tout l'après-midi. À chacun, il se regardait dans la glace, souriait et hochait la tête, avant de demander le prix au vendeur et d'en essayer un autre. Il a dû en essayer au moins dix avant que nous nous retrouvions dans un magasin de vente au rabais où il en a acheté un sans même s'approcher d'une salle d'essayage. Ce soir-là, ma mère a dit qu'elle n'avait jamais vu un homme si élégant.

Plus tard, cependant, quand il a porté le même costume pour la soirée de remise des récompenses de mon 2e secondaire, j'aurais souhaité qu'il reste à la maison. Après la cérémonie (incroyablement, on m'avait élu Monsieur Citoyen), il m'a félicité pour mon prix et mon caractère tout en revêtant un vieux survêtement d'un rouge délavé. Il se dirigeait vers le garage quand je lui ai demandé (ce que, à l'âge de quatorze ans, je savais cruel et injuste): « Pourquoi, tu ne t'habilles pas de façon élégante comme les pères de mes amis? »

Il m'a regardé avec ses yeux tristes et surpris tout en cherchant la réponse. Puis, avant de disparaître dans le garage et de refermer la porte entre nous, mon père a dit: « J'aime mes vêtements. » Une heure plus tard, ma mère a surgi dans ma chambre et m'a giflé violemment en me traitant de « petit idiot ingrat ». Cette phrase m'est restée dans la tête jusqu'au moment où ils ont recommencé à m'adresser la parole.

Avec le temps, ils m'ont pardonné et, en vieillissant, j'ai compris que les filles ne m'évitaient pas à cause de mon père, mais de son fils. J'ai compris que ma mère m'avait giflé parce que mon père n'avait pu le faire et j'ai bientôt compris que ce qu'il avait vraiment dit ce soir-là était qu'il y a des choses plus importantes que les vêtements. Il avait dit qu'il ne pouvait pas dépenser un sou pour lui-même parce que je voulais certaines choses. Ce soir-là, sans ajouter un mot, mon père avait dit: « Tu es mon fils et je fais des sacrifices pour que ta vie soit meilleure que la mienne. »

À ma cérémonie de fin d'études, mon père s'est présenté dans un costume qu'il avait acheté ce jour-là avec ma mère. D'une certaine façon, il semblait plus grand, plus beau et plus imposant, et quand il passait près des autres pères, ils lui cédaient le passage. Ce n'était pas à cause du costume, évidemment, mais à cause de l'homme. Les médecins et les avocats reconnaissaient la confiance dans sa démarche assurée, la fierté dans son regard, et ils s'adressaient à lui avec respect et courtoisie. En rentrant à la maison, mon père a rangé le costume dans la mince enveloppe protectrice de Sears et je n'ai pas revu ce costume avant ses funérailles.

Je ne sais pas comment il était habillé lorsqu'il est mort, mais il était au travail et portait les vêtements qu'il aimait, cela m'a réconforté. Ma mère voulait l'enterrer avec son costume de chez Sears mais je l'ai convaincue autrement, et nous avons apporté au salon funéraire une vieille paire de jeans, une chemise de flanelle et ses bottes.

Le matin des funérailles, j'ai pris son canif pour percer un autre trou dans sa ceinture pour qu'elle s'ajuste à ma taille. Puis, j'ai pris le costume de chez Sears dans sa penderie et je l'ai enfilé. J'ai rassemblé tout mon courage pour me regarder dans la glace et, exception faite du costume, j'avais l'air petit et insignifiant. Aujourd'hui encore, comme lorsque j'étais enfant, le vêtement écrasait ma petite ossature. L'odeur de mon père m'enveloppait et caressait mon visage, mais sans me consoler. J'avais des doutes: pas sur la valeur de mon père — j'avais cessé d'être un petit idiot ingrat bien des années auparavant. Non, je doutais de moi, de ma valeur. Je suis resté là pendant un long moment, me regardant dans la glace de mon père, pleurant et essayant d'imaginer — comme je le ferai pour le reste de ma vie — le jour où je deviendrai assez grand pour porter les vêtements de mon père.

Bret Anthony Johnston

Le discours de cérémonie
de remise des diplômes

Tout le monde aimait Jesse et on imaginait déjà
    ce qu'il dirait en s'avançant vers le micro,
    le jour de la cérémonie de remise des diplômes.
Il est resté silencieux pendant un moment en regar-
    dant les visages de sa classe de finissants,
Après quoi il s'est penché vers le micro
    pour enfin parler:

« En ma qualité de président de votre classe,
    il me revient de vous adresser la parole
    aujourd'hui.
Je n'ai pas dormi de la nuit en pensant
    à ce que j'allais vous dire.
Je me suis souvenu de nos années d'école
    et de tout ce que j'avais fait,
Bien des choses me sont revenues en mémoire,
    mais une en particulier attirait mon attention. »

Puis, Jesse a pris une photo et il l'a montrée
    à la salle,
Tous cherchaient à la voir et le silence dominait.
On aurait entendu une mouche voler
    quand Jesse a mis la photo en évidence,
Avant de commencer à parler d'un confrère de
    classe, que personne ne connaissait vraiment.

« La vie de Charlie semblait insignifiante,
    comparée à la vôtre et à la mienne,

Parce qu'aucun de nous ne le comprenait,
   nous n'avons jamais pris le temps de le faire.
Nous n'avons vu que ce que nous voulions voir,
   que Charlie n'était pas *cool*,
Il était loin d'être populaire, il était l'objet
   de toutes nos plaisanteries à l'école.

« C'est ce que nous connaissions de Charlie,
   c'est l'idée que nous nous en étions faite
   entre nous,
Il ne valait pas la peine que nous nous attardions
   à lui, il n'était pas des nôtres et il méritait de
   rester seul.
Mais, saviez-vous qu'au fond de lui,
   Charlie avait une passion, un rêve ancré
   au plus profond de son cœur,
Il ne voulait rien de plus au monde
   que de faire partie de notre équipe de soccer.

« Évidemment, c'était ridicule, totalement
   absurde,
Charlie n'était pas un athlète, il était le chef
   des *nerds*.
Au cours de gym, il n'a jamais été capitaine,
   il était toujours choisi en dernier lieu,
Il était l'image même de l'impopularité,
   il préférait l'histoire, les sciences et les maths.

« Ainsi, certains d'entre nous ont tout fait
   pour empêcher Charlie de vouloir jouer,
Pendant des semaines, nous l'avons abreuvé
   d'insultes, jour après jour, chaque journée.

Nous avons fait en sorte que personne de l'équipe
    ne s'intéresse à lui,
Pour une raison idiote, nous nous sommes
    employés à détruire son rêve.
Aujourd'hui, en tant que président de votre classe,
    j'avoue que j'ai eu tort.
Je suis ici pour parler au nom de Charlie,
    qui ne peut être ici, parce qu'il est parti. »

Jesse a fait une pause, pour laisser pénétrer
    ses paroles,
En regardant les visages des parents,
    des professeurs et des amis.

« J'ignore si vous le savez, j'ignore même
    si c'est important pour quelqu'un,
Mais si Charlie n'est pas avec nous,
    je crains devoir vous en donner la raison,
Les paroles cruelles sont des armes, n'en doutez
    pas, elles ont détruit l'âme et le corps de Charlie,
Toutes ces taquineries et ces agaceries
    ont fait perdre le contrôle à Charlie.

« Et Charlie, seul dans sa lutte,
    a rassemblé ses armes pour se battre,
Il a acheté de la drogue d'un *dealer*,
    sa mère a trouvé son corps la nuit dernière.
C'était peut-être un accident,
    peut-être aussi Charlie a-t-il voulu mourir,
Peu importe la raison, nous, ses confrères
    de classe, savons ce qui l'a fait mourir.

Qui dans sa vie n'a jamais été harcelé
    ou humilié profondément,
Je suis certain que chacun d'entre nous, ici
    aujourd'hui, a connu la souffrance et la douleur.
Peut-être aussi qu'ainsi va la vie, et que nous avons
    chacun nos épreuves à surmonter,
Mais, peu importe notre justification,
    faire souffrir Charlie n'a jamais été bien. »

Alors, Jesse a pris la photo de Charlie
    et l'a tenue longtemps dans sa main,
Il a parlé à la photo devant lui,
    des paroles non préparées, non répétées.

« Si seulement j'avais pu t'aider, te donner
    des conseils pour réaliser ton rêve,
Si seulement un professeur, un autre élève,
    une personne avait décidé d'intervenir.
Je ne peux refaire le passé, défaire ce qui a été fait,
Car jamais tu ne recevras ton diplôme,
    tu ne joueras plus jamais au soccer.
Pourtant, dans mon cœur, je ne peux m'empêcher
    de me demander *et si…*
Et si je t'avais tendu la main, Charlie,
Ton année scolaire se serait-elle terminée ainsi? »

Perdu dans ses pensées, Jesse songeait à une vie
    qui s'est terminée trop tôt,
Les toussotements étouffés l'ont tiré de sa rêverie,
    de même que les murmures qui montaient
    de la salle.

Jesse a levé la tête en souriant
    avant de retourner à son siège,
Ses dernières paroles ont été une leçon
    pour l'assemblée tout entière:

« J'aimerais vous présenter notre élève
    qui prononce le discours d'adieu aujourd'hui,
Je vous demande de lui prêter toute votre attention,
    je vous prie d'écouter tout ce qu'il a à dire. »
C'est alors que Jesse a déposé la photo de Charlie
    sur le podium, face à l'assemblée,
Et pendant que le silence racontait l'histoire
    de Charlie, un message fort et très convaincant
    a été lancé.

Cheryl Costello-Forshey

Le Sac

Le Sac ne quitte jamais ma mère. Le Sac contient des reçus pour tous les achats de plus de 25 cents qu'elle a faits depuis 1980. Le Sac contient également au moins une dose de tous les médicaments en vente libre imaginables, tous expirés.

Vous avez besoin de quelque chose, il est probable que vous le trouverez dans Le Sac. Des papiers mouchoir? Dans Le Sac. Des menthes? Bien sûr. Des pinces à sourcil, du dissolvant à vernis à ongles, un coupe-ongles, du fil et des aiguilles, une plume, un crayon, un calendrier, une calculatrice, des trombones, une brocheuse — tout est dans Le Sac.

Le Sac était de taille normale au début, mais, avec les années, il s'est gonflé pour atteindre ce qui semblait être plus de 60 centimètres de largeur. Il est toujours désespérément ouvert et débordant. Si vous cherchez quelque chose, il faut virtuellement tout retirer du Sac, de préférence sur le banc public ou le pupitre le plus près, pour trouver ce que vous cherchez. Ces expéditions dans Le Sac nous permettent de faire de grandes découvertes, comme la combinaison secrète depuis longtemps égarée d'un cadenas, ou des messages téléphoniques qu'il aurait fallu retourner il y a trois ou quatre semaines.

Maman a besoin de savoir tout ce que j'ai fait à chaque instant. Par exemple, quand je rentre de l'école, je dois lui télécharger tout ce qui est arrivé dans la journée. Les années lui ont fait mettre au point une redoutable technique d'interrogation qui lui permet d'accéder dans mon cerveau au moindre détail de ma journée. Aucun détail n'est trop petit ou trop insignifiant ou trop ennuyeux pour elle. Il en va de même quand elle vous raconte un événement qui lui est arrivé.

Je crois que le cerveau de ma mère ressemble à l'intérieur du Sac, tout plein de petits artéfacts et d'informations inutiles. Il faut sortir la plupart d'entre eux et les étendre avant de trouver quelque chose d'intéressant ou ce que vous cherchiez, mais quand elle trouve cette information importante, c'est comme gagner à la loterie.

J'ai commencé à fréquenter Heather, surtout à l'école ou pendant les week-ends. J'ignore pourquoi je n'en ai pas parlé à ma mère. J'imagine que je voulais garder ça pour moi, ou que je ne voulais pas qu'elle en fasse grand éclat, ou que je craignais peut-être que ma mère, et son Sac, ne veuille faire la connaissance d'Heather. Je crois que c'était surtout pour cette dernière raison.

C'est ainsi que, chaque jour en rentrant de l'école, je racontais à ma mère ce qui s'était produit à chacun de mes cours, entre chaque cours, au dîner et après l'école. Elle m'incitait à raconter ce qui s'était passé en route vers l'école, en rentrant de l'école, jusqu'à ce que je mette les pieds dans la maison. Mais chaque jour, je m'arrangeais pour omettre tout ce qui se rapportait à Heather.

Les mois ont passé et je savais que maman commençait à se douter de quelque chose, mais je ne pouvais tout simplement pas lui parler d'Heather. Je ne voulais pas me l'admettre, mais j'avais honte de ma mère. C'était encore plus difficile quand elle se vantait de l'honnêteté que nous avions en commun, disant à ses amies que je pouvais lui dire tout, sans problème.

Comme je fréquentais Heather en groupe la plupart du temps, je disais à ma mère que j'allais au cinéma avec Katrina et Steve, Trevor et Julian, mais je m'arrangeais pour ne pas mentionner Heather. Mais un samedi soir, j'ai décidé que je voulais voir Heather seul. Je voulais un vrai rendez-vous avec elle. J'avais le choix : ou je disais la vérité et je parlais d'Heather à ma mère, ou je mentais. J'ai donc dit à maman que j'allais au cinéma avec « des amis ». Je ne sais pas pourquoi j'ai pensé que cela passerait. Elle a voulu savoir quels amis, quel film, quel cinéma, qui conduirait, à quelle heure, si c'était un film pour adultes, où j'irais après, à quelle heure j'allais rentrer, et si je prévoyais acheter ou non du maïs éclaté. Elle ne m'a pas donné le choix. Je lui ai menti et, une fois sur ma lancée, je n'ai pu m'arrêter. J'ai menti sur des détails insignifiants. Je lui ai dit que j'achèterais des *Smarties* alors que je voulais des *Glosettes*, je lui ai donné le mauvais titre du film, le mauvais cinéma, que j'allais au cinéma avec Katrina et Trevor, et que la mère de Katrina nous conduirait.

J'ai donc quitté la maison avec un nœud dans l'estomac. Je mentais plutôt mal et je me sentais coupable. Je me suis rendu à pied chez Heather et nous avons pris l'autobus pour aller au cinéma. Je ne me souviens même pas du film que nous avons vu, car pendant le film, je ne pensais qu'au fait que j'avais menti à maman. Nous sommes sortis du cinéma en nous tenant par la main et, à ma grande horreur, nous sommes arrivés face à face avec ma mère et Le Sac. Elle avait décidé d'emmener ma sœur au cinéma et pour ne pas nous gêner, mes amis et moi, elle avait choisi un autre cinéma, ce qui avait causé cette situation, car j'avais menti.

Elle n'a rien dit, mais si j'avais été attentif, j'aurais remarqué son air désapprobateur. Je redoutais tellement qu'elle ne me gêne devant Heather. Je ne voyais que Le Sac. Je ne pouvais plus mentir, j'ai donc présenté Heather à ma mère. Ma mère ne bougeait pas. Elle était en état de choc. J'étais en état de choc. C'est alors que j'ai vu son expression.

J'aurais dû être soulagé quand elle m'a souri, puis à Heather, et qu'elle nous a invités à dîner. Elle avait quelque part un bon de réduction de Sizzler, qui offrait un rabais pour un dîner familial pour quatre, et maman pensait que c'était une bonne chose que nous nous soyons rencontrés. Un bon de réduction? Nous n'étions pas des sans-abri! Je n'en croyais pas mes oreilles quand elle a parlé du bon de réduction devant Heather. Pire encore, elle a commencé à chercher le bon. Oh non! Pas Le Sac!

J'ai essayé de l'arrêter quand elle a voulu ouvrir Le Sac. J'ai compris que cela ne servirait à rien, j'ai donc voulu l'aider. Il fallait vider totalement Le Sac sur le banc devant le cinéma. Je fouillais dans les papiers, cherchant le précieux bon de réduction, mais j'ai fait un faux mouvement. Le Sac a volé en l'air et ma vie a défilé devant mes yeux au ralenti, chacun des millions de reçus représentant un événement important. Ils se sont retrouvés par terre, un peu partout, juste au moment où les gens sortaient de la salle de cinéma voisine. La foule foulait tous ces papiers.

J'ai alors perdu le contrôle. Les mots sont sortis en trombe et je n'ai pu les retenir. « Je ne peux pas le croire! ai-je crié. Tu me gênes tellement! Pourquoi te promènes-tu toujours avec toutes ces saloperies? On s'en fout de tes stupides reçus! » J'ai saisi un reçu de chez Target qui remontait au début des années 1990. « Regarde! Tu as acheté des T-shirts pour papa et ils étaient en solde. C'est vraiment spécial! »

Heather était en état de choc. Elle m'a pris par le bras et m'a dit: « C'est pas grave. »

« Oui, c'est grave. Je ne peux pas croire qu'elle me fait honte comme ça. Elle est totalement vieux jeu! »

« Calme-toi, a répliqué Heather. Il n'y a pas de problème. Elle ne voulait que nous inviter à dîner. J'aime bien Sizzler. »

J'étais incapable de me calmer. Heather et moi nous sommes dévisagés.

Ma mère et ma sœur, à genoux, ramassaient tous les petits papiers, les bouts de ficelle et les pilules couvertes de peluche. Je les ai aidées. Nous avons quitté le cinéma et nous avons ramené Heather chez elle en silence. Pendant tout le week-end, ma mère ne m'a rien dit d'autre que « bonjour » et « à plus tard ». Je suis retourné à l'école le lundi et Heather avait une drôle d'attitude. Je suis rentré de l'école comme d'habitude. Ma mère était à la maison, mais elle ne m'a rien dit. Même pas: « Comment a été ta journée? » Elle arborait un air déçu. Je ne l'oublierai jamais de ma vie.

Je suis monté dans ma chambre pour faire mes devoirs et jouer sur l'ordinateur. Il y avait un lourd silence. *Pas si mal,* ai-je pensé. *J'ai tout ce temps pour moi*. Mais après quelques heures, je me suis mis à repenser à ma journée. J'avais eu un A en algèbre. Cela ne semblait avoir aucune valeur si je ne pouvais le dire à ma mère. Je voulais descendre et lui parler d'Heather. Je voulais qu'elle sache à quel point je me sentais mal à l'aise. Le pire, c'est que je l'avais déçue. Nous avions une bonne relation honnête jusqu'à ce que je la ruine. J'avais menti. J'étais tellement déçu de moi-même.

J'ai finalement ramassé mon courage pour descendre. Elle était assise à la table de cuisine avec Le Sac et mettait de l'ordre dans tous ces papiers. À côté d'elle, il y avait un sac *neuf*. Un joli sac plat avec fermoir. Elle transférait ses choses dans le nouveau sac. Seulement quelques-unes. Pendant quelques minutes, je l'ai observée faire le tri, en silence. J'ai vu un ticket de caisse de Pizza Hut. Je l'ai pris de la pile des papiers à jeter et j'ai remarqué la date: 26 août. Mon anniversaire.

« Hé, tu te souviens de ma fête d'anniversaire l'an dernier? » Maman m'a simplement regardé. « Tu sais, quand j'ai reçu un nouveau *skate-board* en cadeau. » Silence. Le tri continue. « J'ai eu un A en algèbre. » Silence. C'était insupportable. Je n'en pouvais plus.

« Je suis désolé, vraiment désolé. Je ne pensais pas ce que j'ai dit. Je… je… m'ennuie de toi. » Elle a laissé son tri pour lever la tête. Il y a eu une longue pause. Je m'attendais à ce qu'elle éclate. Je m'attendais à ce qu'elle me dise à quel point elle était en colère. Je m'attendais au pire, mais tout ce qu'elle a dit fut: « Comment a été ta journée? »

Quelques mois ont passé depuis, et le nouveau sac à main, celui que maman remplissait, est devenu *Le Sac*. La prochaine fois qu'Heather et moi rencontrerons par hasard ma mère et Le Sac, j'espère seulement qu'elle y aura rangé une invitation à dîner.

Tal Vigderson

*Il arrive parfois qu'une personne
dise un tout petit mot qui comble
parfaitement le vide dans votre cœur.*

Angela, *My So-Called Life*

Amies jusqu'à la fin

« Amies jusqu'à la fin! » Breana avait signé la photo de nous deux accrochée au mur de ma chambre. Nous étions si heureuses ce soir-là, pleines de confiance et souriantes.

La promesse manuscrite de Breana était enjolivée par la joie que nous avions partagée. « Amies jusqu'à la fin » — et je suis celle qui y a mis un terme.

Nous étions amies depuis 10 ans, depuis que j'avais emménagé à côté de chez elle l'été avant ma deuxième année au primaire. J'étais sur le trottoir à regarder le déchargement de nos meubles quand Breana est arrivée à côté de moi sur sa bicyclette.

« C'est ton vélo? » a-t-elle demandé en montrant la bicyclette rose que mon père rangeait dans le garage.

« Oui. »

« Tu viens au parc? »

« Bien sûr. »

Nous sommes devenues amies sans plus de formalités. Nous étions des sœurs voisines.

Si je pouvais revenir en arrière et dire: « C'est à ce moment-là que notre amitié s'est terminée », je pourrais réparer la situation. Mais ce ne fut pas une brisure dramatique. J'ai fait un choix, un pas, une déchirure à la fois, jusqu'à ce que je me sois éloignée de Breana pour ma nouvelle vie avec mes nouveaux amis.

J'imagine que je pourrais dire que c'est Breana qui a commencé. C'est elle qui a eu l'idée que je passe les auditions pour faire partie des meneuses de claque. « Tu es la meilleure danseuse de notre classe et la meilleure gymnaste de notre club. C'est pour toi. »

« Tu n'es pas sérieuse », ai-je protesté, même si je la croyais et que je voulais passer les auditions. Je savais que Breana savait cela. Cependant, je voulais qu'elle m'en convainque. Ainsi, si je n'étais pas acceptée, je pourrais dire: « Tu vois, je te l'avais bien dit. »

J'ai accepté d'aller aux auditions quand Breana a promis qu'elle irait, elle aussi. Elle a assisté à toutes les pratiques, a appris tous les numéros et m'a aidée à répéter dans la cour arrière pendant deux semaines.

Breana était aussi excitée que moi quand j'ai été acceptée, et plus surprise que moi lorsqu'elle l'a été, elle aussi.

Le soir de notre premier match de football, Breana m'a donné un collier avec une croix comme celui qu'elle avait. C'était un merveilleux rappel que nous étions engagées ensemble dans cette aventure et que, toutes deux, nous en remercions Dieu.

Notre prestation de la mi-temps a été parfaite, même le grand levé de la finale. J'ai sauté dans ma position, Breana assurait mon équilibre sous moi. J'ai posé sur ses épaules et j'ai souri quand papa a pris la photo.

Celle-là même que Breana avait autographiée.

Un après-midi, après la pratique de football, Drew Peterson est venu nous voir et m'a invitée à la danse de la rentrée. Mon cerveau ne savait pas quoi dire à un

Drew Peterson. Je n'ai pu que hocher la tête. Ses beaux yeux bleus seuls suffisaient à me laisser sans voix.

C'est Breana qui a finalement parlé: « Elle adorerait cela! »

Le soir de la danse, Breana m'a aidée à me coiffer et à me maquiller et elle m'a serrée dans ses bras en partant. « Surveille le cœur. Je vais t'attendre. »

Le cœur. Nous avions fabriqué ces cœurs l'une pour l'autre, tant de Saint-Valentin passées que je ne me souviens plus quand nous avons commencé à les accrocher à notre fenêtre de chambre comme signal de nous retrouver sur la balançoire derrière la maison.

J'ai tout raconté à Breana après le premier, le deuxième et même le troisième rendez-vous. Ensuite, j'ai commencé à inventer des prétextes. Il était trop tard, ou j'étais trop fatiguée. Ce n'était pas comme si je faisais quelque chose de vraiment mal. Je savais simplement que Breana ne comprendrait pas le genre de fêtes auxquelles j'assistais et les gens que je fréquentais. Pourquoi aurais-je dû lui rendre des comptes?

Ce cœur stupide commençait à m'irriter. « Vieillis un peu, Breana », que je marmottais en passant près de sa fenêtre, de retour d'une soirée avec Drew.

Hier soir, je n'ai pas seulement passé près de sa fenêtre, j'ai failli perdre conscience en dessous. Je titubais et quand j'ai repris conscience, Breana tenait ma tête sur ses genoux.

Elle a repoussé mes cheveux de mes yeux.

« Tu es la vraie sainte-nitouche », ai-je dit en fondant en larmes.

Drew m'avait appelée ainsi à la fête. « Un toast pour sainte-nitouche. Elle est trop bien pour boire avec nous, pauvres pécheurs », a-t-il dit d'une voix assez forte pour que tous l'entendent.

Mes nouveaux amis ont levé leur verre dans un salut ironique : « À la santé de sainte Jenny. »

J'ai ri jaune comme je le faisais trop souvent depuis les quatre dernières semaines. Puis, j'ai pris le verre de Drew et je l'ai calé. Ils ont tous hurlé leur approbation.

L'âpreté de l'alcool m'a saisie. Je ne pouvais plus respirer et quand j'ai pu enfin le faire, je me suis mise à tousser. Le cœur m'a levé. J'avais besoin d'aide. J'ai voulu me raccrocher à Drew, mais il s'est éloigné.

« Il y a des gens qui ne supportent pas l'alcool », a-t-il dit en me pointant du doigt. Et ils ont tous ri. Pour eux, j'étais un objet de ridicule et je ne voulais rien d'autre qu'être la personne qu'ils m'accusaient d'être.

C''était ça mes nouveaux amis ? Ils rient *avec* moi quand je fais ce qu'ils font, mais ils rient *de* moi quand je ne le fais pas ?

« Drew, s'il te plaît, je veux rentrer à la maison. »

« Certainement », a-t-il répondu à mon grand soulagement. Ce n'était pas un mauvais type après tout. Demain, je lui parlerais. Je savais qu'il me comprendrait quand je lui parlerais de ses amis et de ces fêtes. Il m'avait tout de même avoué qu'il m'aimait.

Drew a pris ma main et m'a accompagnée jusqu'au trottoir. Il m'a tournée en direction de la maison. « Va jouer avec tes poupées. Tu me rappelleras quand tu seras grande. »

J'ai titubé sur les cinq pâtés de maison jusqu'à chez moi. Ce n'est qu'en voyant le cœur dans la fenêtre de Breana que j'ai su que j'étais arrivée, mais sans avoir fait une chute sur le porche et avoir insulté Breana.

Le matin est venu tout frais, tout beau, mais un peu trop tôt pour moi. Je me suis levée avec difficulté et j'ai fait ma toilette. J'ai mis la croix que Breana m'avait donnée. Pleine de confiance, j'ai attaché la chaîne avec un sentiment de joie. Je repartais de zéro.

J'ai ouvert mes rideaux et j'ai accroché mon vieux cœur de la Saint-Valentin à la fenêtre. Je voulais que ce soit la première chose que Breana voie. J'avais hâte à notre rencontre sur la balançoire du porche arrière, à nos retrouvailles.

En regardant par la fenêtre vers sa chambre, je m'attendais presque à voir le sourire de Breana. Je ne m'attendais vraiment pas à ce que j'ai vu. Le cœur n'était plus là. Sa fenêtre était vide.

En état de choc, j'ai traversé la maison et je suis sortie pour me rendre à notre balançoire. En arrivant, le choc s'est transformé en peine. Sur le coussin de la balançoire, il y avait la moitié du cœur de sa fenêtre. Breana y avait écrit seulement deux mots: *la fin*.

Je me suis écroulée dans la balançoire, aussi déchirée que le cœur que je tenais dans ma main. Le cœur décoloré est devenu écarlate quand mes larmes sont tombées dessus. Je n'avais pas vu la vérité assez tôt. Il était désormais trop tard.

Je pleurais et haletais, alors je ne l'ai pas entendue approcher. Mais j'ai levé la tête et j'ai aperçu Breana debout devant moi. J'ai essuyé mes larmes et hoché la tête.

Breana s'est assise. Elle a placé l'autre moitié du cœur à côté de celui qui était sur mes genoux. Elle y avait écrit: *Amies jusqu'à.*

J'ai regardé le cœur reconstitué pendant un instant avant de comprendre ce que cela signifiait. L'espoir m'est revenu et j'ai commencé à pleurer.

« Amies jusqu'à la fin? » suis-je finalement parvenue à demander.

« Oui. » Breana a souri et donné un petit élan à la balançoire avec son pied. « Amies jusqu'à la fin. »

Jenny Michaels
Telle que racontée à
Cynthia Hamond

Je m'excuse...

Je m'excuse pour toutes les fois
    où je me suis mise en colère
Pour les fois où j'ai été impolie
Pour tous les cadeaux reçus
Pour lesquels je n'ai pas dit merci.

Pour tout l'amour que vous m'avez donné
Et que je n'ai pas rendu
Pour toutes les fois où vous avez été patients
Une qualité qui me fait défaut.

Je m'excuse auprès de tous ceux
Envers qui j'ai été cruelle
Auprès de tous ceux dont je me suis moquée
J'ai agi comme une idiote.

Je n'ai pu voir au-delà de vos défauts
Aveuglée que j'étais par mon orgueil
J'ai piétiné vos sentiments
Car sur mes grands chevaux j'étais montée.

Je m'excuse pour toutes les fois où j'ai menti
Auprès de toutes les personnes que j'ai blessées
Pas un jour ne passe sans que je le regrette
Et que je veuille tout effacer.

La seule personne qui m'importait
Était moi, ma petite personne,
Aujourd'hui je suis sincèrement désolée
Je voudrais pouvoir vous le montrer.

Je m'excuse pour tout ce que j'ai fait
Auprès de tous ceux que j'ai laissé tomber
Je ne demande qu'une deuxième chance
Pour réparer ce que j'ai fait.

Je sais qu'il est un peu tard
Je ne peux défaire ce que j'ai fait,
Je comprends aujourd'hui que j'ai eu tort
Et je m'excuse auprès de vous tous.

Teal Henderson

Un autre point de vue

À quatorze, quinze et seize ans, au moment où notre corps changeait et devenait adulte, notre apparence était ce qu'il y avait de plus important au monde pour nous. Les imperfections apparentes étaient tragiques. Un bouton pouvait s'avérer fatal. Mes amies et moi s'évertuaient à atteindre la perfection. Les garçons commençaient à s'intéresser à nous, et les filles se faisaient concurrence.

Au secondaire, mes amies et moi faisions partie de l'équipe de gymnastique et nos corps ont pris encore plus d'importance à nos yeux. Aucune graisse, aucun bourrelet, que des muscles. Nous nous astreignions à de pénibles séances d'une forme de redressements assis qu'on appelle le « jackknife ». Les mains derrière la tête, les jambes étendues, il fallait plier le corps au niveau de la taille en remontant les genoux vers la tête — c'était brutal, mais efficace.

Les week-ends, nous allions à la plage dans nos bikinis et nous étions fières de nos ventres plats. Nous étions fortes, mais il le fallait pour réussir tous les mouvements requis aux barres parallèles. Nous étions belles et nous avions les corps que nous souhaitions. Dieu n'aurait pas permis que quelque chose survienne pour ruiner cela.

Nous n'avions aucune tolérance pour les personnes qui ne nous ressemblaient pas. Nous étions sévères au point d'être cruelles pour les autres, et même avec nous-mêmes si nous nous écartions du droit chemin.

Un jour d'été, mes amies étaient chez moi autour de la piscine. Il faisait chaud et nous profitions du temps, loin du gymnase étouffant. Nous adorions faire des culbutes en courant sur le tremplin.

À un certain moment, je courais du patio vers la piscine, sur la pelouse. C'était l'été et il y avait des abeilles et des papillons partout. J'ai senti que je mettais le pied sur quelque chose et j'ai immédiatement ressenti une brûlure le long de ma jambe. J'avais écrasé une abeille et, avant de mourir sous mon pied, elle m'avait piquée.

Ma tête s'est mise à tourner et je me suis immédiatement senti faiblir. Ce soir-là, j'ai commencé à faire de la fièvre, et ma jambe et mon pied étaient rouges, chauds et enflés. Mon oncle, qui est médecin, est venu à la maison et m'a donné une injection d'adrénaline, du Benadryl, et m'a mise au lit. Il m'a dit que je serais mieux au matin. Je crois bien que tous les médecins sont tenus d'affirmer cela.

Le lendemain, je me sentais un peu mieux, mais ma jambe et mon pied étaient très enflés. Je ne pouvais pas marcher, je pouvais à peine me tenir debout. Quand mon pied s'est engourdi peu à peu, tous sont devenus plus inquiets. Le sang n'irriguait pas bien mon pied et j'avais des marques rouges le long de ma jambe.

J'ai dû aller à l'hôpital et on a mis ma jambe en traction comme si elle était gravement fracturée. Je ne pouvais ni bouger ni faire d'exercice, et je ne pensais qu'à mon ventre qui devenait mou. Cela m'inquiétait plus que ma jambe.

Tout cela a changé quand j'ai entendu prononcer le mot « amputation ». C'était une blague, non? Pour une simple piqûre d'abeille! Il semble que mon pied ne recevait pas assez de sang et il était devenu tout bleu. Pour éviter l'opération, il fallait intensifier le traitement.

Je n'avais jamais autant apprécié mon pied auparavant. Le simple fait de marcher me semblait un cadeau des dieux. Je voulais de moins en moins entendre mes amies qui me rendaient visite parler de gymnastique ou de qui portait quoi. J'attendais avec de plus en plus d'impatience la visite des autres enfants de l'hôpital qui devenaient rapidement mes amis.

Une fille me rendait visite régulièrement. Chaque fois qu'elle venait me voir, elle m'apportait des fleurs qu'elle avait cueillies juste sous ma fenêtre. Elle savait que je ne pouvais pas sortir pour en profiter, ni même aller à ma fenêtre pour les regarder. Elle était en rémission de la leucémie et elle se sentait poussée à venir à l'hôpital pour encourager ceux qui y étaient. Ses cheveux n'avaient pas encore repoussé, elle était encore bouffie et enflée à cause des médicaments qu'elle avait pris. Auparavant, je n'aurais même pas regardé cette fille; aujourd'hui, je l'aimais profondément et j'avais hâte à ses visites.

J'ai enfin pris du mieux et je suis rentrée à la maison. Je marchais avec des béquilles, ma jambe était encore enflée et mon pied me semblait inutile au bout de ma jambe, mais je pouvais marcher et j'avais encore mon pied! Cette petite chose ridicule liée au bout de ma jambe était ma fierté. J'appréciais d'une façon différente mes jambes, et même mes cuisses, que je regardais avec dédain auparavant.

Quand je retournais à l'hôpital pour la physiothérapie, je voyais souvent mon amie. Elle visitait toujours les gens et semait la bonne humeur. Je me disais que, s'il y avait un ange sur cette terre, c'était sûrement elle.

Cet été-là, ma vision des choses a changé. J'ai commencé à mieux apprécier mon corps, ma santé et les efforts que font les gens pour la garder. Je voulais encore bien paraître, mais ce n'était plus pour des raisons de snobisme obsessionnel.

Des années plus tard, j'ai appris que mon amie de l'hôpital était décédée, et cela m'a bien attristée. Par contre, je savais que, chaque fois qu'une personne qui l'avait connue penserait à elle, elle serait réconfortée. C'est mon cas. J'aimerais seulement savoir où elle a été enterrée… Je lui apporterais des fleurs fraîches que j'aurais cueillies sous ma propre fenêtre.

Zan Gaudioso

Ainsi sommes-nous

Nous nous accrochons désespérément aux choses
Quand nous sommes forcés de les laisser aller —
Nous voulons toujours qu'elles soient
    d'une certaine façon
Bien que nous sachions qu'elles ne peuvent l'être.

Les rêves qui durent le plus longtemps
Sont ceux qui semblent les plus difficiles
    à atteindre —
Et les leçons qui nous seraient les plus utiles
Sont souvent celles que nous enseignons
    aux autres.

L'herbe est toujours plus verte
Dans la cour du voisin —
Et les vérités que nous prêchons aux autres
Sont souvent celles que nous ne pouvons accepter.

En cas de tempête, nous nous agrippons
    aux choses
Qui sont les plus susceptibles d'être emportées —
Et pourtant, nous ne mettons pas de crème
    de protection
Par les belles journées ensoleillées.

Nous ne cessons de vouloir comprendre les choses
Alors que nous manquons de perspective —
Et nous n'apprécions jamais ce que nous avons
Avant de l'avoir perdu pour de bon.

Nous attendons de tous qu'ils nous donnent
   une chance
Cependant, ironiquement —
Lorsque les autres nous demandent de les traiter
   de même
Nous leur répondons qu'ils ont perdu la raison.

Nous disons à tous ce qui va mal en ce monde
Et nous ne faisons rien pour qu'il aille mieux —
Nous nous plaignons que les familles sont éclatées
Et nous ne faisons rien pour les garder liées.

Nous prêchons qu'il faut aimer son prochain
Nous apprenons aux enfants à distinguer
   le bien du mal —
Et pourtant nous ne leur donnons pas
   le bon exemple
Quand l'occasion se présente.

Nous nous plaignons de manquer de temps
   pour vivre
Pour faire ce que nous devons faire —
Pourtant, si nous avions plus de temps
Nous le gaspillerions également.

Nous désirons être près de tous ceux
   que nous aimons
Pourtant, nous les tenons souvent à l'écart —
Et quand nous sommes confrontés à la vérité
Il faut voir si nous acceptons ou refusons
   de changer.

Kristy Glassen

Ma meilleure leçon

Ne pensez pas à vos défauts, encore moins à ceux des autres. Cherchez ce qui est beau et fort et tentez de l'imiter. Vos défauts tomberont comme des feuilles mortes quand leur temps sera venu.

John Ruskin

Il semble qu'une éternité ait passé depuis que j'ai retourné la casquette, mais c'était il y a sept ans à peine. Je l'ai rendue à Dave qui l'avait prise dans une boîte d'objets perdus et trouvés à l'école.

C'était une banale casquette anglaise en tissu écossais, mais à mes yeux elle était spéciale. Je me suis caché derrière elle pendant trois ans. Elle masquait ma souffrance. Pendant les trois années où j'ai porté cette casquette, je ne l'ai jamais retirée en présence d'une autre personne. Encore aujourd'hui, je me souviens de l'angoisse, de la souffrance et de la haine que j'éprouvais à mon égard — l'isolement.

Je portais cette casquette parce que j'avais subi une greffe capillaire à l'âge de vingt ans. Une greffe capillaire est un long processus. Pendant une année entière, je me suis rendu chez un chirurgien esthétique une fois par mois. À chaque visite, il greffait des cheveux d'une partie de ma tête à une autre, une façon élégante de dire qu'il faisait des trous dans ma tête pour y planter des greffons de cheveux provenant d'autres endroits sur ma tête.

« Tu verras, bientôt tes cheveux vont descendre sur tes yeux », disait-il. Je m'accrochais désespérément à cet espoir jusqu'à ce qu'il disparaisse, me laissant seul avec moi-même que je détestais.

Encore aujourd'hui, j'ai de la difficulté à voir jusqu'où j'étais descendu. J'étais « fini », comme je le dis parfois. Je n'avais plus aucune issue.

Jour et nuit, je me promenais avec ma casquette, craignant d'être vu sans elle. Je me souviens de mon absolue solitude dans le cabinet du chirurgien esthétique après m'avoir fait des trous dans la tête. Je pouvais sentir le foret sur ma tête, entendre et sentir les tendons et la peau qu'on perçait. Je sentais l'odeur de la peau brûlée par la perceuse. Je sentais même le foret sur mon crâne — quand il ne bougeait plus.

J'ai peu à peu compris que la greffe capillaire n'allait pas donner les résultats espérés.

J'ai commencé à rêver de mourir, croyant que je ne pourrais jamais plus être heureux. Je ne voulais pas me suicider, mais chaque nuit avant de m'endormir, je priais pour que ma vie se termine. Parfois, allongé dans mon lit, je souhaitais être mort. Je me suis même imaginé comme un cadavre quittant le monde et ses problèmes derrière lui.

Un jour, j'ai touché le fond. J'avais perdu tout sentiment d'exister. C'était la grande noirceur autour de moi et je sentais que j'existais à peine. Graduellement, j'en suis venu à comprendre que je n'étais pas seul : il y avait une présence dans le noir avec moi. J'ai compris que cette présence était en lien avec Dieu et qu'elle était aimante.

J'ai exprimé ma souffrance et mon incompréhension à cette présence parce que je voulais savoir pourquoi je devais souffrir autant. Elle m'a assuré que *si j'étais honnête et que j'essayais sincèrement*, elle me le montrerait.

Après cette expérience, j'ai commencé à sortir de ma dépression. Cependant, trois années plus tard, je portais toujours ma casquette.

Quand il faisait chaud l'été, je portais la casquette pour cacher ma tête, et comme je croyais qu'une casquette se portait mal avec un T-shirt, je portais un blouson. Je croyais qu'on remarquerait moins ma tête avec une casquette, et qu'on remarquerait moins la casquette si je portais un blouson. Je fumais beaucoup de marijuana pour oublier pourquoi je portais le blouson. Une déception après l'autre, pour me cacher de moi-même.

Trois années plus tard, j'ai su que le temps était venu de ne plus porter ma casquette. J'ai commencé à marcher la nuit sans ma casquette. Dans le noir, personne ne pouvait me voir et je commençais lentement à me sentir bien sans elle. Je découvrais la nouvelle sensation de la brise nocturne sur ma tête. J'étais à la fois rempli de joie et craintif. Je me sentais revivre.

L'an dernier, à la fête de fin d'études de mon neveu, je me suis rappelé mon propre bal de fin d'études. Il y avait une photo de moi avec mes deux meilleurs amis. Plus tard, nous avions dit à tout le monde que nous aurions un jour un cabinet d'avocats qui porterait le nom de Elliott, Zachary et Harrington.

Nous étions de très bons amis, ce qui ne nous empêchait pas d'être très compétitifs entre nous. C'est la raison pour laquelle j'évitais d'abaisser ma garde et de leur montrer mon côté vulnérable. Je ne pouvais leur faire face après m'être fait virer de l'université et avoir commencé à perdre mes cheveux. Je croyais que les gens m'aimaient à cause de l'image que je leur offrais. J'étais devenu déprimé et je manquais d'assurance. Mon image était détruite. Je n'étais plus en contrôle de tout et je croyais qu'ils se moqueraient de moi.

Je me suis donc éloigné et j'ai cessé de répondre à leurs appels téléphoniques. Lorsqu'ils venaient chez moi, je ne répondais pas à la porte, non plus. Quand mon meilleur ami, Ted, est finalement venu chez moi, je lui ai dit que je ne voulais plus le voir.

« Bill, a-t-il supplié, qu'est-ce qui ne va pas? Es-tu dépressif? »

« Je ne veux plus te voir », ai-je répondu en évitant son regard. Je ne l'ai plus jamais revu.

Ce soir-là, à la fête de fin d'études de mon neveu, j'ai senti que le temps était venu de reprendre contact avec Ted. Après tout ce temps, je pourrais lui expliquer ce qui s'était produit.

J'hésitais. Et s'il était devenu un riche avocat réputé, avec une femme superbe, une grande maison et une Mercedes? Comment pourrais-je accepter cela? Il faut dire que j'habitais dans une maison mobile. Et s'il découvrait que je ne suis plus aussi génial qu'avant? Et si c'était *lui* le génie maintenant? La casquette avait disparu, mais j'ai compris que je me cachais encore.

J'ai appelé le seul Zachary qui était inscrit dans l'annuaire téléphonique. C'était sa sœur. « Bonjour, dis-je. Je suis un vieil ami de Ted. »

« J'ignore où il habite. Tu as entendu parler du problème? »

« Problème, quel problème? » ai-je répondu.

« Il a commencé à avoir des problèmes à sa deuxième année d'université… »

J'ai raccroché et j'ai senti la terreur monter en moi. Même s'il était passé vingt-trois heures, j'ai sauté dans ma voiture et je me suis rendu à la maison où il avait grandi.

Sa mère m'a raconté l'histoire de Ted. Au cours de sa deuxième année d'université, on a diagnostiqué que Ted était schizophrène — six mois après que je lui avais dit que je ne voulais plus jamais le voir. Il faisait des séjours à l'hôpital pendant que je portais ma casquette.

Ce soir-là en rentrant chez moi, j'ai appelé Ted à l'institut.

« Ted, c'est Bill Elliott. »

« Oui », dit-il d'une voix détachée. Après toutes ces années, je me serais attendu à ce qu'il me reconnaisse et exprime sa surprise.

« Bill Elliott, ai-je ajouté, ton meilleur ami au secondaire. »

« Oui », a-t-il repris simplement.

« Tu te souviens de moi? J'avais démoli la voiture de ton père? Tu t'en rappelles? »

« Oui, tu étais connu comme un gars "tenace", a-t-il dit. Il faut que j'y aille maintenant. » Il parlait comme un robot. La même voix qu'il utilisait pour blaguer au secondaire. Sauf qu'aujourd'hui, il ne plaisantait pas.

Ted était un bon élève et un bon athlète. Pendant que j'essayais toujours de seulement m'en tirer, Ted essayait d'exceller.

« Que s'est-il passé à l'école, Ted? » ai-je demandé.

« Je n'ai pas terminé mes études. » Même si le ton de sa voix n'avait pas changé, je pouvais y déceler de la honte.

« Es-tu marié? » m'a-t-il demandé.

« Non. »

« As-tu des problèmes? » a-t-il demandé, l'air inquiet.

« Non, ai-je répondu en pensant à tout ce que j'avais vécu. Je n'en ai plus. » J'ai senti son soulagement. Lui, qui était interné dans une institution psychiatrique, semblait se faire du souci pour moi.

« Comment va ton cœur? » a-t-il demandé.

« Maintenant, il va bien. » Les larmes coulaient sur mes joues.

« C'est bien », a-t-il dit, d'un ton déterminé et approbateur. Pour une raison mystérieuse, il m'importait qu'il ait une bonne opinion de moi.

« Ted, j'aimerais aller te rendre visite. »

« Non, ne viens pas ici. »

« Est-ce que je peux te rappeler? »

« Je préfère que non. » Je pouvais entendre la honte. Il avait honte de son état. « Je dois raccrocher maintenant », a-t-il ajouté. Il y avait une certaine fermeté dans sa voix. S'il avait raccroché, je ne crois pas que j'aurais pu établir un contact avec lui de nouveau.

« Ted, je dois te dire quelque chose », ai-je continué en commençant à pleurer. « Tu étais mon meilleur ami et tu l'es toujours. Te souviens-tu de la dernière fois où tu es venu me voir chez ma sœur? »

« Oui, je m'en souviens. »

« Je ne voulais pas te voir parce que j'avais honte de moi. Je perdais mes cheveux et j'étais très déprimé. Je ne voulais pas qu'on me voie ainsi. »

« Je dois vraiment raccrocher. »

« Ted, je peux te téléphoner de nouveau? »

« Oui », a-t-il dit, avant de raccrocher.

Ted a été mon rival au secondaire, et même au cours des douze dernières années qui s'étaient écoulées, j'avais toujours été inconsciemment en compétition avec lui, mais dans mon esprit seulement. Aujourd'hui, Ted et moi étions arrivés au même endroit, là où la question la plus importante est : « Comment va ton cœur? »

William Elliott

9

LES TROUBLES ALIMENTAIRES ET LA DÉPRESSION

Quand il fait assez noir,
on peut voir les étoiles.

Lee Salk

Une de ces journées

« C'est la pire journée de ma vie »,
    dit-elle avec désinvolture, comme des millions
    de fois auparavant.
Elle claque la porte de sa chambre
    pour s'isoler du monde extérieur, du chaos
    et de ses parents.

Tout va toujours mal et elle n'y peut rien.
« Laissez-moi tranquille! », crie-t-elle,
    en ne s'adressant à personne en particulier.
Elle prend une grande respiration.
Elle inhale ses problèmes, sa tristesse, ses secrets.

Elle n'expire rien — toutes ses émotions restent
    emprisonnées en elle.
Elle les garde tout près jusqu'à
    ce qu'elles consument lentement son âme —
    petit à petit.
Sa musique noire retentit à plein régime
    et on l'entend dans toute la rue.
Mais elle s'en fout.

Elle ne s'intéresse qu'à ses problèmes,
    et elle n'arrive pas à les chasser de son esprit.
Ils restent là et rongent ses autres pensées.
Elle se jette sur son lit et enfouit sa tête
    sous les couvertures, aussi loin que possible,
    elle repense à sa journée, soupire,
et se prépare à demain.

Jenny Sharaf

Souffrir en silence

J'attends en file à la pharmacie avec ma mère, le temps qu'on prépare mon ordonnance. Ce qui m'a conduite ici est plus que la vieille Mercury Sable de ma mère. Ce qui m'a conduite ici s'étend sur toute ma vie. Une série de jours sombres, chacun identique au précédent, m'a amenée en cet endroit.

Ce matin, en me réveillant pour la quatrième fois, je me suis enfin forcée à sortir du lit. L'idée d'une nouvelle journée me donnait la nausée. J'ai quinze ans, une époque de la vie où tous les jeunes ont hâte à l'aube et, pourtant, je voudrais passer tout mon temps à dormir.

Lentement, je me dirige vers ma commode comme si je me déplaçais dans du Jell-O. Chaque pas demande un effort immense, même si mon corps est jeune et en santé. J'aimerais que la vie vienne avec un tapis roulant sur lequel je pourrais simplement monter pour me rendre là où je dois aller.

En arrivant à la commode, je regarde mon image dans le miroir, une main sur le bord froid et dur du meuble, pendant que je passe l'autre dans mes longs cheveux négligés. Chaque mèche semble aller dans une direction différente, comme pour me défier. La réflexion que je vois de moi me trouble. Je ne vois pas la jeune fille pleine de potentiel que mes parents me disent que je suis; je vois plutôt la laideur et les imperfections. Je me demande ce que j'ai fait pour mériter ce visage qui m'attriste tant. Je ne suis pas déformée. J'ai deux yeux, un nez et une bouche, pourtant, ce doit être à cause de cette face hideuse que je suis rejetée par les autres.

Les autres filles de mon âge sont entourées d'amis et de rires. Je marche seule dans les corridors de mon école en souhaitant être à leur place. J'aimerais être n'importe qui sauf moi-même. Quel secret ces filles partagent-elles que je ne comprendrai jamais? C'est difficile d'être exclue et de regarder vivre les autres de l'extérieur, et je me demande quand mon tour viendra.

La plupart du temps, dormir me semble la meilleure façon d'écouler les heures que de les vivre. Mes rêves sont ma seule évasion. Si c'était possible, j'aimerais tellement marcher dans les souliers d'une des filles de mon âge qui sourient autour de moi. Que ressent-on quand on rit tout haut et qu'on traverse la journée en dansant en toute insouciance?

Je crois en la réincarnation, car j'ai dû faire quelque chose d'extrêmement sérieux pour mériter cette punition. Je n'ai pas droit au bonheur dont les autres profitent sans effort.

Je suis aussi en colère contre un Dieu qui permet que je souffre tant. Je suis en colère contre mes parents et je leur crie des mots que je regrette l'instant d'après. Sottement, je fulmine contre des choses qui échappent à leur contrôle. Je crie: « Pourquoi devons-nous aller souper avec une autre famille ce soir? Je veux simplement être seule. » Je pleure. J'ai horreur de me faire imposer un autre jeune de mon âge que mes parents me forcent à voir dans le but de créer la vie sociale parfaite. Est-ce qu'ils veulent que je sois heureuse, ou se préoccupent-ils seulement de leur propre bonheur? Je hais mes parents et je les aime tellement qu'après chacun de mes emportements, je m'en veux de leur faire de la peine chaque jour.

Je me demande si ma vie ne sera jamais différente. J'ai tellement peur que parfois je me demande si cela en vaut la peine. Y a-t-il une bonne raison pour faire mon lit, ou ranger ma chambre, ou même prendre ma douche? C'est certain que cela fera plaisir à maman, mais cela ne changera rien pour moi. Est-ce que la vie se limite à l'apparence? Si je pouvais simplement garder le contrôle, afficher un sourire sur ma face et avoir une chambre en ordre, mes parents pourraient au moins être heureux. Ils croiraient que je suis bien et normale, mais je saurais que ce n'est pas le cas. Je ressentirais toujours cette terrible souffrance en moi.

Je me sens seule dans ma dépression, car elle m'éloigne de tous ceux qui m'entourent. Je me sens anormalement différente, dans mon petit monde. Quand je sors de mon propre univers, il en résulte toujours de la souffrance. Une simple conversation de deux minutes avec un de mes pairs me hante sans fin pendant toute la journée… pendant des semaines. Pourquoi n'ai-je pas dit ceci ou cela? Pourquoi ai-je dit ceci ou cela? Que voulaient-ils dire par ceci ou cela? Si seulement j'avais agi ou parlé différemment. Mon quotidien est fait de regret, de frustration et de dépression. Ce ne sont pas des amis que je vois se diriger vers moi en entrant dans la cafétéria de l'école; au contraire, je vois une série sans fin de confrontations avec l'ennemi. Ils ne me comprennent pas. Je ne me comprends pas.

Tout cela m'a menée à une consultation avec le Dr Katz. Maintenant, je suis avec ma mère, qui fait remplir mon ordonnance. Elle pianote nerveusement sur le comptoir en attendant et, de nouveau, je me sens coupable de la souffrance que je lui ai causée.

Dr Katz et moi avons parlé pendant précisément cinquante minutes plus tôt aujourd'hui, dans son petit bureau triste. Il était assis en face de moi pendant que maman attendait avec inquiétude dans le corridor. J'ai essayé d'afficher un maigre sourire quand la porte s'est refermée pour qu'elle ne s'inquiète pas de moi. Je crois bien que c'était trop tard.

Dr Katz m'a écoutée parler, en fermant les yeux et en dodelinant lentement de la tête. Je me suis demandé s'il entendait vraiment mes paroles ou s'il faisait une petite sieste à 120 dollars. Quand il en a assez entendu de moi, ou quand notre séance de 50 minutes tirait à sa fin, il a ouvert les yeux et a parlé.

Il m'a dit qu'il croyait que je souffrais de dépression, et j'ai roulé les yeux devant cette brillante déduction. Il a poursuivi en disant que ce n'était pas ma faute et, dans ma tête, je me suis demandé comment il savait que c'est ce que je croyais.

Il m'a demandé si j'avais déjà entendu parler de « déséquilibre chimique du cerveau ». J'ai fait non de la tête. Il m'a expliqué que c'était la cause de ma dépression et qu'il existait des médicaments pour corriger cette situation. Il m'a demandé si je savais ce qu'était le « Trouble obsessionnel-compulsif » ou TOC, et j'ai de nouveau répondu non. Il m'a expliqué que ce trouble accompagnait parfois la dépression, prenant la forme de différentes compulsions obsessives. Dans mon cas, c'est ce qui faisait que je ressassais les situations sociales comme un disque brisé. J'ai pensé que je n'avais jamais écouté de disque, seulement des CD, mais j'ai compris.

C'est pourquoi je suis ici avec ma mère, en attendant que le pharmacien remplisse mon ordonnance. Pour la première fois, j'ai un peu l'espoir que je pourrais revenir à la vie normale. Le pharmacien me regarde distraitement en comptant les petits comprimés jaunes, et je me demande s'il me plaint. Je me demande s'il pense que je suis folle.

Puis, c'est au tour de la femme âgée aux cheveux gris d'enregistrer la vente et je fixe le petit flacon qui contient peut-être de l'espoir pour moi. J'ai hâte à ma prochaine visite chez le Dr Katz, car j'espère que nos séances calmeront peut-être ce qui hurle en moi. Puis, je me demande combien d'autres jeunes dans le monde souffrent en silence comme moi.

Ruth Greenspan
Telle que racontée à
C. S. Dweck

[NOTE DE L'ÉDITEUR: La dépression est une maladie sérieuse qui peut affecter tes résultats scolaires, tes relations avec tes amis et les membres de ta famille, et ton comportement dans tous les domaines de ta vie. Parmi les signes de la dépression, on retrouve:

- *un changement dans l'appétit et les habitudes de sommeil;*
- *la perte d'intérêt ou du plaisir des activités coutumières;*
- *la tristesse prolongée;*
- *un repli sur soi-même;*
- *le sentiment d'inutilité;*
- *le manque d'énergie;*
- *de mauvais résultats scolaires.*

La dépression sérieuse peut affecter jusqu'à 15 à 20 pour cent des adolescents. Si tu crois que toi ou quelqu'un que tu connais souffre de dépression, nous t'encourageons à parler à ton conseiller pédagogique ou à un adulte en qui tu as confiance. Le traitement de la dépression peut comprendre une thérapie et/ou des médicaments. Voici quelques ressources utiles: Tel-jeunes 514 288-2266 ou 1-800-263-2266, www.tel-jeunes.com; Jeunesse J'écoute 514 273-7007 ou 1-800-668-6868, www.jeunesse.sympatico.ca; Revivre, ligne d'écoute du programme Jeunesse 514 529-3081, poste 3 ou 514 738-4873 ou 1-866-738-4873, www.revivre.org; Fondation des maladies mentales http://www.fondationdesmaladiesmentales.org.]

Engourdie

Le fil tranchant du rasoir coupe ma peau aisément.

Je ne ressens pas la douleur,

Je ne vois pas le sang,

Je suis trop engourdie pour comprendre
ce qui se passe,

Pour comprendre ce que je fais.

Une coupure, une autre,

Encore une autre,

Je ne peux pas m'arrêter.

Le rasoir tombe de mes mains,

Le sang coule sur mon bras,

Les larmes coulent sur mes joues.

Qu'ai-je fait?

Jessica Dubose

Les mains découpeuses

Tout a commencé, il y a quelques années — le coupage. Mon petit ami venait tout juste de rompre avec moi et ma mère est partie. Elle a laissé une note — c'est tout — et elle est partie.

Extérieurement, je ressemblais à l'étudiante typique du secondaire. Je faisais partie du groupe des populaires. Les garçons plus âgés m'aimaient bien et j'accumulais les A. On me disait que je devrais être reconnaissante, heureuse de ne pas avoir à travailler après l'école et de savoir que j'irais dans un collège privé après mon secondaire. On me disait que tout s'arrangerait. On me disait de sourire et de ne pas penser à maman ou de me faire du stress avec l'école. On me disait de ne pas m'en faire. Sauf que mon problème était que je m'inquiétais. Je m'inquiétais parce que maman était partie et que mon petit ami m'avait laissée et que je ne pouvais parler à personne. Je m'inquiétais parce que papa travaillait tout le temps et que j'étais toujours seule. Je m'en faisais à propos de tout — et je me sentais si seule.

Intérieurement, j'étais torturée par des angoisses existentielles, par la solitude et par la haine que j'éprouvais à mon égard. Le départ de ma mère m'avait rendue confuse. J'avais honte et j'étais humiliée de la rupture avec mon petit ami. D'une certaine façon, je me sentais morte. J'allais à l'école comme une momie. Personne ne savait que je pourrissais de l'intérieur, lentement.

Je ne parlais jamais de ces sentiments avec mes amis. Pourquoi l'aurais-je fait? Que diraient-ils? Comment réagiraient-ils? J'étais joyeuse et de bonne compagnie à l'école et tout était toujours correct. J'ai grandi dans un quartier où la pelouse était toujours bien entretenue et où seize chandelles sur un gâteau justifiaient une belle voiture neuve.

Pour une raison ou pour une autre, je souffrais, mais je ne pouvais pas le ressentir. Je voulais ressentir la souffrance que je ne comprenais pas. Je voulais transformer les émotions malsaines en une belle petite ligne sur mon bras droit, une ligne qui faisait le tour de ma cheville, une ligne qui libérerait les fantômes emprisonnés qui hurlaient en moi. Le rasoir était comme un outil, une clé anglaise pour resserrer les écrous dans mes tripes et les garder en contrôle pour éviter de pleurer en public, de parler de ma souffrance ou de me sentir seule.

Avec chaque ligne rouge, je soupirais de soulagement. Quand j'avais mal ou que j'étais de mauvaise humeur, je ne pleurais pas. Je me tailladais. Les émotions complexes jaillissaient de ma peau sous la forme de sang plutôt que de mes yeux sous la forme de larmes. Chaque fois que je me sentais vide, angoissée ou confuse, chaque fois que je regardais dans le miroir — en me haïssant et en haïssant l'image maudite que j'y voyais — je me tailladais. Je coupais simplement pour saigner, pour savoir que j'étais encore vivante, pour sentir mon cœur battre et mes nerfs réagir.

Mon secret me rassurait. Je suis devenue accro à une douleur qui ne faisait pas mal, mais qui était plutôt bienfaisante. Je me réfugiais dans la douche avec mon rasoir et je faisais des marques sur ma peau douce: des cercles et des lignes, des cœurs et des étoiles. Le rasoir ne tremblait pas dans ma main. Le monde entier semblait s'embrouiller et ralentir, et les coupures me calmaient quand je regardais les petites gouttes rouges couler sur les tuiles blanches de la douche.

Je cachais mes cicatrices sous des chemisiers griffés à manches longues. Parfois, je les laissais paraître.

« Satané chat, disais-je quand quelqu'un me demandait. Fichu, satané chat. »

J'ai été accro à l'automutilation pendant presque tout mon secondaire. Personne ne savait que la guerre faisait rage en moi. Je le cachais très bien. Il m'arrivait parfois de contempler l'idée de peser plus fort sur le rasoir contre mes poignets pour arrêter la vie. Je ne l'ai jamais fait, Dieu merci. Je me suis plutôt fait prendre.

Après avoir dissimulé pendant quatre ans mes mains coupeuses et mes belles cicatrices sur mes bras, mon père a fini par remarquer les blessures que je m'étais infligées. Je ne pouvais invoquer la même excuse devant lui. Il savait que nous n'avions pas de chat.

Je me suis sentie dénudée en montrant mes cicatrices à mon père. Je ne voulais pas qu'il le sache. Je lui en voulais de n'avoir rien vu, d'avoir laissé ma mère partir et de m'avoir abandonnée à ma souffrance. Il a examiné attentivement les marques rouges sous mes manches et les cicatrices sous mes bas. Puis, il a éclaté en sanglots. Mon père n'avait jamais pleuré avant ce moment. J'ai pleuré moi aussi et, à cet instant, j'ai craqué. J'ai soudain compris à quel point j'étais malheureuse. Je n'étais pas heureuse à l'école et je n'étais pas heureuse quand je me tailladais. La mutilation avait été une fuite, un répit éphémère, un bref espoir que je pourrais me faire assez souffrir pour libérer ma souffrance, pour pouvoir sourire de nouveau et, cette fois, sourire pour vrai. Je voulais me faire saigner et me regarder guérir. Je voulais contrôler les blessures que je m'infligeais pour sentir la souffrance en moi et, pourtant, j'ai compris qu'à cet instant je ne contrôlais rien du tout.

Je suis allée voir le médecin et j'ai appris à exprimer mes émotions et à rendre ma souffrance tangible. J'ai écrit dans mon journal et j'ai joué de la guitare. J'ai parlé à mon père et à mes amis à l'école. J'ai parlé à mon nouveau petit ami. J'ai essayé de sortir plus souvent de la maison, pour explorer la nature et l'autre côté de la fenêtre. J'ai respiré l'air pur et je me suis détendue. Lentement, les choses sont devenues plus faciles, ma dépendance a diminué et j'ai guéri. C'était difficile, mais chaque fois que je faisais face à ma souffrance, je devenais plus forte. J'ai compris que, depuis quatre ans, je marchais dans l'ombre sans prendre le temps de regarder les jacarandas pourpres qui projetaient de belles ombres.

Kelly Peters
Telle que racontée à
Rebecca Woolf

[NOTE DE L'ÉDITEUR: Je sais que tu as peur et que tu crois que, dans ton cas, c'est différent, mais je te promets que si tu demandes de l'aide, tu en recevras. Voici quelques ressources que tu peux consulter pour ne plus être seul dans ce que tu vis: Tel-jeunes 514 288-2266 ou 1-800-263-2266, www.tel-jeunes.com; Jeunesse J'écoute 514 273-7007 ou 1-800-668-6868, www.jeunesse. sympatico.ca; Revivre, ligne d'écoute du programme Jeunesse 514 529-3081, poste 3 ou 514 738-4873 ou 1-866-738-4873, www.revivre.org; Fondation des maladies mentales, http:// www.fondationdesmaladiesmentales.org.]

10

LA MORT
ET LES MOURANTS

*C'est seulement lorsque nous savons vraiment
et que nous comprenons que notre séjour
sur terre est limité, et qu'il n'y a aucune façon
de connaître quand notre moment de partir
viendra, que nous commencerons à vivre
chaque jour au maximum, comme si
c'était le seul que nous ayons.*

Elisabeth Kübler-Ross

Cela aussi passera

En préparant ce livre, nous avons appris avec tristesse le décès de deux jeunes adolescentes qui étaient des lectrices de nos ouvrages *Bouillon de poulet*. Nous aussi avons appris durement que la souffrance et la mort touchent chacun d'entre nous. La vie n'épargne à personne ses dures leçons, y compris la plus dure de toutes — la mort de quelqu'un que nous aimons et que nous apprécions.

Au moment où nous préparions *Teen Love: A Journal on Friendship,* nous avons envoyé une demande d'autorisation à une jeune fille qui nous avait envoyé plusieurs magnifiques poèmes. Une semaine ou deux plus tard, nous avons reçu une lettre de sa mère. Elle nous expliquait que sa fille, Teal Henderson, était décédée le 11 mai 2000. Elle a ajouté que Teal et elle adoraient les livres *Bouillon de poulet pour l'âme des adolescents* et que sa fille aurait été enchantée d'apprendre que nous envisagions de publier ses poèmes. Comme Teal aimait écrire, sa mère s'estimait privilégiée d'avoir d'autres souvenirs d'elle grâce aux nombreux poèmes et histoires de sa fille.

Sa mère a partagé avec nous ces pensées spéciales à propos de sa fille: « Elle vivait pleinement sa vie, presque sans peur, comme si elle avait su que son temps parmi nous était compté. Elle était notre rayon de soleil et même si elle ne nous illumine plus, nous sentirons toujours la chaleur de son amour. »

Nous avons inclus certains poèmes de Teal dans *Teen Love: A Journal on Friendship,* et nous en avons inclus d'autres dans le présent livre. Comme vous pourrez le constater, Teal était une écrivaine étonnante et elle semblait sentir que chaque moment de sa vie était précieux. Nous sommes toujours très touchés par la poésie de Teal et par le courage et la générosité incroyables de sa mère. Nous la remercions d'avoir partagé avec nous la magnifique poésie de sa fille et l'amour éternel et inconditionnel d'une mère.

Peu après, nous recevions une autre lettre triste à propos d'une de nos lectrices, Ailie :

Ma fille, Ailie, est décédée dans un accident d'automobile le 3 mars. Je lui avais acheté Bouillon de Poulet pour l'âme des adolescents *environ trois semaines avant son décès. ELLE ADOOOORAIT VOS LIVRES!!! Elle était aux anges quand je le lui ai remis et elle m'a fait un grrros câlin! («Je t'aime, maman!» J'entends encore sa voix...)*

Je la retrouve partout sur mon ordinateur. Elle adorait votre site Web et elle aimait écrire. Elle vous envoyait des poèmes, elle donnait des conseils aux autres sur votre site Web et elle en demandait aussi. Elle était en voie de devenir une femme solide et fière, et une grande part de cela vous revient!

Je voulais partager cela avec vous pour que vous sachiez à quel point vous comptiez à ses yeux, tout comme elle était le battement de mon propre cœur.

Chaque matin, elle venait dans ma chambre et me demandait si je voulais lire son dernier poème. Je les aimais tous.

Bonnie a eu l'amabilité de partager avec nous un poème qu'elle a écrit à sa fille avant la mort de celle-ci :

J'ai un ange

J'ai un ange qui m'accompagne dans ma tête,
même quand elle n'est pas à mes côtés.

Elle est issue de moi,
elle habite avec moi
et en moi chaque instant de ma vie.

Dès son arrivée, elle a pris possession de moi,
corps et âme.
Elle m'apporte les plus grandes joies,
et mon chagrin le plus inavouable.

Et nous sommes liées
spirituellement et physiquement.

Elle est la plus belle que j'ai jamais vue
Les poètes ont parlé de personnes comme elle…
cheveux d'or et yeux de mer.
Un cœur capable de séduire l'âme,
de toute personne ou de toute chose
    qui s'en approche.

Elle grandit même quand je la regarde,
et quand elle sera grande,
elle sera toute une force :
forte, belle et profonde dans son âme,
gracieuse, délicate, charmante et drôle.

Elle attire vos yeux, mais attendez
qu'elle vous séduise par sa personnalité,
vous succomberez, c'est certain.

Tous ceux qui la connaissent ont succombé
et ce n'est qu'un début…
Mon ange souriant,
ma souriante,
mon Ailie.

Bonnie Gainor

Elle nous a également envoyé un poème qu'Ailie
avait écrit à sa mère en retour:

Maman

J'ai une mère
et elle est adorable.
Quand nous jouons,
elle chatouille toujours mes pieds.

Quand je suis triste,
ou que je croule sous le doute,
je n'ai qu'à l'appeler
et elle vient à mon secours.

Nous avons toujours été là l'une pour l'autre,
dans le meilleur et dans le pire.
Quand j'ignore quelque chose de secret,
elle me le révèle.

Elle sera toujours dans mon cœur,
peu importe ce qu'elle fera.
Elle est ma seule et unique,
mon seul véritable amour.

Ailie Anna Amalia Pearson

En préparant ce livre et en pensant à la tristesse qu'exprimaient certaines histoires, je me suis demandé si certaines d'entre elles ne seraient pas trop déprimantes pour des adolescents. On parle tellement de mort et de maladie dans ces pages, et je me disais qu'il serait peut-être préférable que des adolescents ne pensent pas trop à ces réalités. C'est le passage suivant qui m'a fait changer d'idée: « Il y a un temps pour chaque saison. Un temps pour vivre et un temps pour mourir. Un temps pour rire et un temps pour pleurer. »

Je me suis aussi souvenue d'une histoire que ma tante m'a racontée alors que j'étais adolescente et que je vivais le deuil d'une personne aimée. Peu de temps après m'avoir raconté cette histoire, ma tante est morte subitement.

Une femme avait perdu sa dernière parente, décédée à un âge avancé, et elle était bouleversée. Elle se rendit chez un sage et lui demanda s'il pouvait ramener sa parente à la vie. Il lui a répondu qu'il le pouvait, mais qu'il lui fallait préparer une potion spéciale dont elle devait lui fournir les ingrédients. Elle a accepté avec enthousiasme. Il a dressé la liste des ingrédients étranges, et elle les lui a fidèlement rapportés.

Puis, il a ajouté: « Le dernier ingrédient que tu dois me donner est un grain de riz d'une famille qui n'a jamais éprouvé une perte et qui a toujours vécu dans le bonheur. » La femme s'est mise avec empressement à la recherche d'une telle famille. Cela lui semblait assez simple. Elle a visité toutes les maisons de son village et des villages voisins, mais elle n'a vu personne qui n'avait jamais éprouvé le chagrin de perdre un être cher. Elle a étendu sa recherche au reste du pays, mais là non plus, elle n'a trouvé personne pour lui venir en aide. Je dois remuer ciel et terre, *a-t-elle pensé. Elle a voyagé dans le monde entier et posé la question à chaque demeure, mais elle n'a trouvé aucune famille qui correspondait à la description du sage homme.*

Enfin, épuisée et découragée, elle est rentrée dans son village et a dit au sage: « Il n'existe aucune famille dans le monde entier qui n'ait perdu un être cher. S'il vous plaît, dites-moi qu'il existe une autre façon de terminer la potion. » Le sage a répliqué: « Aucune famille dans le monde n'a échappé à la peine de perdre un être aimé. Il est impossible de fabriquer la potion. Toutes les familles ont souffert comme toi présentement, et leur chagrin a disparu. Tout comme le tien disparaîtra. »

Nos pensées et nos prières accompagnent les familles de Teal et de Ailie et de tous nos lecteurs qui ont connu la peine de la perte d'un être cher. Aucune parole ne peut exprimer l'honneur que nous ressentons quand une mère ou un ami accepte de partager ses émo-

tions les plus profondes et ses expériences avec nous.
C'est un geste de véritable générosité de l'âme, car il
est posé dans l'espoir que toi, le lecteur, deviendra une
meilleure personne. C'est cette compassion qui nous
anime; c'est la raison et le cœur de tout ce que nous faisons.

Kimberly Kirberger

Vis aujourd'hui

Juste un petit moment dans cette vie,
Juste une tragédie à venir.
Sans savoir où nous mènera chaque virage
Nous pourrions être morts dans une seconde.

Vis chaque jour au maximum.
Ne t'arrêtes pas pour te demander pourquoi.
Fais tout ce que ton cœur désire,
Dans tes rêves, vise haut.

Des surprises à chaque arrêt,
Avec son lot de mauvaises directions
    et de culs-de-sac.
Les statistiques ne sont pas utiles pour ton avenir,
Elles te disent seulement d'où tu viens.

Nous sommes tellement nombreux,
Rien n'est certain.
Il ne faut qu'une seule personne,
Pour changer le cours de l'histoire.

Ne perds pas un seul moment,
Car ils sont tellement précieux.
Ce qui peut sembler loin,
Ne l'est pas vraiment.

Teal Henderson

Des gens viennent

Des personnes passent dans notre vie et en repartent rapidement. Certaines restent pour un temps et laissent une empreinte sur notre cœur, et nous ne sommes plus jamais, jamais, les mêmes.

Flavia Weedn

Un bon ami est décédé le 26 décembre à la suite d'une combinaison mortelle d'une forme débilitante de dystrophie musculaire et de méningite. Le jour avant la visite au salon funéraire, je suis allée chez Wal-Mart après le travail pour acheter une carte de condoléances que je posterais à ses parents endeuillés. Je dois admettre que j'ai été choquée et désappointée à ce moment-là — et je le suis toujours — du manque évident de pertinence, d'originalité et de bonté simple et sincère auquel je me suis heurtée dans le coin des cartes. Les cartes d'anniversaire étaient amusantes comme toujours, et celles qui offraient des félicitations étaient de couleurs vives et pleines d'encouragement, mais les quelques cartes, au bas de l'étalage, qui prétendaient offrir « Mes profondes condoléances » laissaient beaucoup à désirer. La véritable peine et les condoléances sincères semblaient enfouies sous des couches de poésie banale, insignifiante et sans talent, le tout camouflé sous des aquarelles pastel représentant des oiseaux, des baies et de banals, plus ou moins beaux, couchers de soleil.

Il m'a semblé que même les fournisseurs de cartes de vœux, les manieurs de mots à tout faire, qui nous ont pondu un poème et un tableau pour toutes occasions, ne peuvent trouver les mots pour exprimer ce qu'on ressent lors du décès d'un être cher.

La carte que j'ai finalement choisie présentait un oursin plat bleuté à moitié enfoui dans une dune de sable ondulée de la même teinte, et un texte en caractère script disait: « Là où est passée une belle âme… on trouve la trace de beaux souvenirs. » J'étais simplement enchantée de l'avoir trouvée, cachée derrière une autre qui disait « Le temps guérit tout » — le poème qu'elle contenait ne m'a pas fait grincer des dents, l'illustration était simple et elle ne contenait aucune assurance bébête et condescendante que la peine finirait par s'estomper et que la vie suivrait son cours comme toujours. J'étais particulièrement heureuse que le texte à l'intérieur soit court et concis, ce qui laissait deux espaces presque vides où je pourrais ajouter une note personnelle.

Pourtant, près d'une semaine après le décès de Kevin, ces espaces sont toujours vides et la carte est toujours sur mon bureau. Je n'ai pas encore trouvé le cœur ou les mots pour écrire cette note personnelle. La visite au salon, les funérailles et l'enterrement sont terminés. J'ai parlé personnellement aux parents de Kevin et je leur ai offert mes condoléances. J'ai aussi versé bien des larmes sur bien des épaules à plusieurs occasions.

Pourtant, je n'arrive tout simplement pas à rédiger la carte. Honnêtement, ce n'est pas parce je ne sais pas quoi écrire, car les mots, ou leur absence, ne me causent généralement pas de difficulté. C'est simplement parce que je ne peux décider quelle histoire partager dans une carte qui parle de beaux souvenirs.

Quoi dire aux personnes qui l'ont le mieux connu et aimé? Je ne crois pas que je pourrais leur dire quelque chose qu'elles ne sachent déjà. Bien que je sois certaine qu'une anecdote sur son courage et sa compassion serait appréciée, je sais aussi qu'elle serait probablement redondante. Ces personnes connaissent, j'en suis sûre, son esprit vif et sa haine profonde de la pitié, et elles ont souvent vu et revu ce sourire animé qu'était le sien.

La carte reste donc là.

Devrais-je leur raconter la fois où j'ai poussé le fauteuil roulant de Kev dans le quartier d'un ami, et il ne cessait de me dire qu'après avoir été passager dans un petit véhicule que je menais sur un trottoir un peu raboteux, qu'il plaignait mes futurs passagers dans une vraie voiture? Devrais-je leur parler du langage codé que Kevin et moi utilisions, au grand dam de ceux avec qui nous prenions notre lunch chaque jour, et comment nous riions de leur expression de frustration? Devrais-je leur parler de la fois où il s'apprêtait à avouer son amour indéfectible à ma meilleure amie et que je ne l'ai pas prévenue parce que j'avais promis à Kevin ma loyauté, et comment je suis accidentellement arrivée au moment même où cela se produisait, beaucoup trop tard pour leur éviter un profond embarras?

Par contre, il y a certains souvenirs qui ternissent les plus beaux et qui ont testé notre relation, quand on y pense bien. J'aimerais bien dire à sa famille le nombre de fois qu'il m'a frustrée parce qu'il ne pouvait presque rien faire par lui-même et qu'il se fiait telle-ment à moi pour l'aider, ou leur parler de la fois où, accablée de deux emplois et d'un tas de devoirs, je lui ai effectivement dit que je n'avais pas de temps pour lui. Je voudrais leur dire que j'avais vraiment l'inten-tion de refuser ce qui devait s'avérer la dernière occa-sion de le voir, mon ami depuis cinq ans, lors de sa fête de Noël quelques jours avant sa mort, pour passer la soirée avec mon nouveau petit ami d'un mois. Je ne veux pas accabler sa famille en deuil, mais je voudrais que quelqu'un sache à quel point Kevin avait une façon bien spéciale, même aux derniers jours de sa vie, de rappeler à tous ce qui était important et ce qui ne l'était pas.

Et la carte est toujours là. Je peux la voir d'où je suis, dépassant de l'enveloppe avec, bien sûr, un timbre et ma nouvelle plume. Et pourtant, malgré ces acces-soires, elle demeure vierge.

Goethe, écrivain et homme de sciences Allemand du dix-neuvième siècle, a déjà dit que les choses les plus importantes ne devraient jamais être à la merci de celles qui le sont moins, et même si je ne sais pas si Kevin savait cela, j'aimerais dire à ses parents les nom-breuses façons dont il mettait ce principe en application dans sa vie de tous les jours. Il y avait bien des choses dans sa vie qui auraient pu avoir beaucoup plus d'importance — le fait qu'il n'ait pu marcher ou même utiliser beaucoup ses bras, qu'il n'ait pu parler aussi clairement qu'il l'aurait voulu, qu'il ne pouvait pas jouer à la balle avec nous pendant le temps du dîner, ou avoir une relation amoureuse normale avec une fille, ou même tendre son propre argent pour faire un achat, ou toutes ces choses que nous faisons et tenons pour acquises — mais pour une raison ou une autre, elles n'étaient pas très importantes aux yeux de Kevin parce qu'il savait, mieux que nous tous, ce qui était important.

Au lieu d'en venir à haïr l'ascenseur de l'école qu'il devait prendre plutôt que les escaliers, il l'a baptisé « Otis » et nous laissait le prendre avec lui. Au lieu de s'attarder à son incapacité à communiquer verbalement, il a développé une passion pour l'Internet et écrivait « Votre rire quotidien », un bulletin e-mail de blagues, d'histoires destinées à encourager et à illuminer la journée de ses lecteurs. Au lieu de devenir amer et malheureux à mesure que son état se détériorait, il a développé de l'amour et de l'adoration pour le Dieu qui l'avait fait ainsi.

Kevin savait que le temps n'était pas important; c'était la façon dont on le passait qui aurait de l'importance à la fin. Il était conscient que ce n'était pas le nombre de relations d'une personne qui était significatif, mais plutôt la qualité de ces relations, et c'est ainsi qu'il mettait beaucoup d'efforts à entretenir les amitiés qui étaient si importantes à ses yeux, souvent en dépit de grandes difficultés ou de grandes distances. Il savait que le pardon était important, que le temps ne serait peut-être pas là pour arranger les choses. Chaque jour était un combat pour lui, mais il compensait en regardant *Les Simpson,* et en lisant chaque collection de *Calvin et Hobbes,* car il savait que sans rire les journées sont bien trop longues.

Ce n'est pas donné à tous d'avoir le plaisir de connaître quelqu'un de si positif. Pour ceux d'entre nous qui l'ont connu, par contre, notre vie a été touchée de façon merveilleuse. Nous savons que la vie est trop courte pour laisser les choses qui ont le plus d'importance à la merci des choses qui en ont le moins. Nous savons comment vivre — maintenant — et la plupart d'entre nous sont prêts à partager notre secret. Vis le moment présent. Regarde *Les Simpson*. Donne un nom à un ascenseur. Et ris un peu.

Et à toi, Kevin, qui m'a appris avec le plus grand des sourires que j'ai jamais vus que tout le monde peut marcher au ciel, j'espère que tu t'amuses bien à faire la roue. Tu l'as bien mérité.

Lauren Anderson

Mon ange gardien

À quatorze ans, j'ai fait la connaissance de deux personnes qui ont changé ma vie pour toujours. Au cours de l'été qui a précédé mon 3e secondaire, j'étais à la plage avec mon ami, Nick, qui m'a présenté son meilleur ami. Il s'appelait Lee. Nous sommes aussitôt devenus amis. Quelque chose dans son sourire m'a accompagnée pendant tout le week-end. Nous avons commencé à échanger en ligne, puis au téléphone. Nous nous sommes tout simplement découvert des atomes crochus.

Au cours des mois qui ont suivi, je suis tombée amoureuse de Lee. J'ignore comment ou pourquoi, mais c'est arrivé. Au début de la saison de football, à la mi-octobre, Lee et moi formions un couple. À Central, la tradition voulait que les meneuses de claque et les joueurs de football aillent au restaurant après les matches à domicile. Comme j'étais meneuse de claque et Lee jouait au football, c'est ce qui se passait les vendredis soir. Un soir que je mangeais mes habituels doigts de poulet avec Lee, un jeune garçon grassouillet et petit est entré et s'est dirigé directement vers notre table.

« Meghan, je te présente Dan Welsh », m'a dit Lee.

Le garçon m'a regardée avec ses yeux d'un bleu vif, a fait le plus gros et le plus blanc des sourires qu'il m'ait été donné de voir et a dit: « Quoi d'neuf? »

J'ignorais que c'était le début de la plus importante amitié de ma vie et que j'en viendrais à aimer ce sourire (sans parler de ce rire) et à compter sur celui-ci pour traverser certaines des pires journées. Dan me faisait rire, il me faisait pleurer, il recollait les morceaux lorsque ma vie semblait s'écrouler, et il réussissait toujours à me faire sourire. Nous avions des concours de fixation du regard que je perdais *immanquablement*, et des matches de lutte que je gagnais habituellement. Il m'envoyait des messages quand mes chansons favorites passaient à la radio et il ne disait rien quand je les chantais à tue-tête dans sa voiture en même temps qu'elles jouaient.

Pendant environ un an, nous étions tous les trois ensemble aussi souvent que possible. Ils étaient ma vie. Lee et moi avions nos hauts et nos bas, et peu importait le nombre de nos querelles, de nos sorties avec d'autres personnes, ou le nombre de fois que nous nous faisions enrager, nous revenions toujours ensemble.

Puis, à la fin du mois d'août 1999, mon cœur a été brisé. Dan et Lee partaient pour le collège. Même s'ils ne partaient qu'à quarante-cinq minutes de la maison, à Boston, où ils partageaient la même chambre à Northeastern, j'ai cru que j'allais mourir sans eux.

Mais ce fut moins pire que je ne l'avais cru. Mes parents ne s'objectaient pas trop au coût des interurbains, alors je parlais à mes amis chaque jour sans compter nos conversations en ligne. Ils revenaient à la maison chaque week-end. Un soir, lors d'un de ces week-ends, ils m'ont téléphoné de chez Lee et m'ont dit qu'ils venaient me chercher pour que je puisse jouer au Lazer Tag avec eux. Même si je mourais d'envie d'y aller (je les suppliais depuis des lunes de m'emmener avec eux), j'ai dû leur dire non, car je devais me lever tôt le lendemain. Je m'apprêtais à sortir pour aller au centre commercial quand le téléphone a sonné à 19h45. J'ai été surprise d'entendre Nick, la dernière personne à qui je m'attendais à parler, qui les avait accompagnés. Il semblait différent, un peu ébranlé. Il m'a dit qu'ils attendaient seulement que la partie commence, alors je n'y ai pas porté attention. Quand je suis revenue du centre commercial, j'ai trouvé un autre message de lui, peu après mon départ. J'ai trouvé cela étrange et je l'ai donc rappelé. Dès ses premières paroles, mon corps s'est glacé.

« Mauvaise nouvelle, Meg… Lee et Dan ont eu un accident de voiture en route vers le Lazer Tag. »

J'en ai presque échappé le téléphone. Ce n'était pas possible. Les deux personnes que j'aimais le plus au monde… Je ne pouvais le croire.

« Non, Nick, je ne te crois pas. Tu me l'aurais dit lors de ton premier appel… Non, tu mens! Comment peux-tu mentir sur un tel sujet? Je te hais! »

Juste avant que je raccroche, j'ai entendu Nick crier: « J'arrive tout de suite… Attends-moi… »

Je suis descendue, encore ébranlée, pour attendre près de la porte. Je m'attendais à voir les trois monter l'escalier, tout en riant de ma « crédulité ». Mais quand j'ai vu Nick se présenter seul, j'ai compris qu'il m'avait dit la vérité. C'était écrit sur son visage.

« Nick, je t'en prie, dis-moi qu'ils vont bien… Il faut qu'ils aillent bien! Nick, dis-moi. » Je ne savais plus ce que je disais; j'avais de la peine à voir tellement je pleurais.

« Lee est aux soins intensifs à Boston. Je ne sais pas s'il s'en sortira ou non. Personne ne veut me dire quoi que ce soit. »

« Et… Dan? »

Pas de réponse.

« Nick, dis-moi qu'il est sain et sauf! » ai-je crié.

« Je ne peux pas, Meg… » Nick est devenu silencieux et a regardé par terre.

« Dan n'a pas survécu. Je suis tellement désolé, Meg… tellement désolé. J'allais te le dire la première fois que je t'ai appelée, mais je n'ai pas pu… pas comme ça, pas bêtement au téléphone. » Nick cherchait ses mots et je cherchais mon souffle.

« Non! » je me suis effondrée sur lui, en pleurant. Il m'a prise dans ses bras et m'a simplement enlacée. Un de mes meilleurs amis était mort et mon petit ami était aux soins intensifs. C'en était trop.

Nick m'a entraînée dans le salon et a raconté les détails à mes parents. Lee et Dan suivaient Nick et quelques autres personnes dans le Blazer du père de Dan. Dan a perdu le contrôle du camion et il a frappé le garde-fou avant de se renverser et de les éjecter. Ils ne portaient pas leur ceinture de sécurité. Nick m'avait appelée du bord de la route sur son téléphone portable. Il m'a dit plus tard qu'il avait eu besoin d'entendre ma voix; il avait besoin de savoir qu'au moins une personne chère à ses yeux était en sécurité.

J'ai réussi, je ne sais comment, à traverser cette nuit-là. Je suis allée voir Lee à l'hôpital et sa mère m'a dit qu'il s'en sortirait. Il avait l'os d'une joue fracturée, une épaule disloquée et quelques autres blessures, mais il s'en sortirait. Il ne savait pas encore à propos de Dan et tout le monde se demandait comment lui annoncer la nouvelle.

J'ai passé la semaine suivante comme dans un brouillard, en faisant tout mécaniquement. Plus rien m'importait. Chaque soir, je pleurais jusqu'à m'endormir et je pleurais même durant la journée. Comment peut-on survivre sans son meilleur ami?

Le plus dur a été d'annoncer la nouvelle à Lee. Ses parents le lui ont dit, et il ne les a pas cru au début. Il a fini par comprendre que cela était vrai et, à ce moment-là, tout ce qu'il a pu faire a été de pleurer en tenant ma main. Je ne savais pas quoi dire, alors je suis restée plutôt silencieuse quand ils lui ont annoncé la nouvelle. Ce fut un triste moment pour nous tous et la vie de Lee en a été changée.

Il y a presque un an et demi que Dan est décédé. Lee va bien maintenant, physiquement, mais nous sommes tous les deux marqués pour la vie. Il manquera toujours quelque chose en nous, une place gravée au nom de Dan. Je suis allée sur sa tombe à plusieurs reprises et je lui parle chaque soir. Je donnerais n'importe quoi pour retrouver mon meilleur ami. Rien ni personne ne le remplacera. Par contre, je sais qu'il veille sur moi. Il m'a déjà promis qu'il serait toujours là pour moi et qu'il ne me laisserait jamais tomber. Je connais Dan et je sais qu'il tiendra cette promesse à jamais.

Meghan O'Brien

Puis, je leur raconte
mon histoire

Maman et moi nous disputions sans cesse. Elle travaillait à temps plein comme serveuse et elle voulait que je m'occupe de Kimmy, ma jeune sœur de six ans, et que je fasse le ménage. Un jour où j'étais frustrée, je n'ai pas voulu faire la vaisselle et je lui ai demandé: « Pourquoi faut-il que je fasse tout? »

Ma mère m'a amenée dehors et m'a assise dans la voiture, elle m'a regardée et a dit: « Tu connais le SIDA? »

« Oui, je sais ce que c'est. J'en ai entendu parler à la télé », ai-je murmuré.

« Je suis atteinte du SIDA; Kimmy et moi avons le SIDA. Nous sommes atteintes du SIDA, Maria, et je ne peux plus me disputer avec toi. J'ai besoin que tu m'aides. » Puis, elle est rentrée dans la maison.

Je me souviens d'avoir été assise là, sidérée. Je ne savais pas quoi faire. Je n'ai pas pleuré, j'avais trop peur.

La semaine précédente, j'avais vu la courtepointe du SIDA à la télévision. J'avais vu les noms de personnes décédées de cette maladie et j'ai pensé: *Cela ne me concerne pas.* J'ai alors changé pour les bandes dessinées. Après tout, je n'avais que douze ans.

Et maintenant, voilà que les deux personnes avec lesquelles j'habitais et que j'aimais étaient atteintes du SIDA. Maman avait été infectée par une transfusion sanguine avant la naissance de ma sœur. C'était au début des années 1980, au moment où on ne testait pas les banques de sang.

Maman ne voulait pas que j'en parle à qui que ce soit, car elle craignait la réaction des autres. Quand elle en a parlé aux dirigeants de notre église, ils lui ont demandé de ne plus emmener Kimmy à l'école du dimanche. Elle était allée leur demander du soutien et, en retour, elle a découvert qu'ils craignaient d'attraper la maladie.

Nous en avons donc fait un secret et nous avons déménagé très souvent. J'avais peu d'amis et j'en souffrais beaucoup. Mes journées se passaient à aller à l'école, à revenir à la maison pour accompagner maman et Kimmy à des rendez-vous chez le médecin, à payer les factures, à faire l'épicerie, à nettoyer la maison et à prendre soin d'elles la nuit. Parfois, j'étais frustrée de ne pas pouvoir vivre une vie normale d'une adolescente. Je voulais faire des choses normales, mais il s'agissait de ma mère et de ma sœur. Je savais qu'il fallait que je reste avec elles.

Avec le temps, ma frustration a diminué. Pendant longtemps, à chacun de mes anniversaires, je souhaitais un remède pour qu'elles soient bien et qu'elles ne meurent pas. Mon vœu s'est modifié alors que leur état empirait. J'ai commencé à demander à Dieu: « S'il vous plaît, mon Dieu, prenez-les et faites qu'elles ne souffrent pas trop. » Ma vie s'est centrée plutôt sur l'appréciation du temps que je passais avec elles et à me préparer à leur mort.

Maman et Kimmy allaient de plus en plus fréquemment à l'hôpital. Je voulais être à leurs côtés, alors je dormais là dans un fauteuil; parfois, on m'offrait un lit de camp. Chaque fois qu'elles allaient à l'hôpital, j'étais triste et j'avais peur, je me demandais si elles allaient mourir.

Finalement, nous sommes entrées en contact avec la Fondation du SIDA. Les gens ont été merveilleux. Ils avaient des conseillers qui venaient à la maison. Je pouvais leur parler et ils comprenaient ce que je vivais. À quinze ans, j'avais enfin du soutien et des amis.

Mes deux dernières années au secondaire, je les ai suivies à la maison. Il était trop difficile d'aller à l'école chaque jour. Les séjours à l'hôpital étaient de plus en plus fréquents et plus longs. Mes professeurs connaissaient ma situation et ils m'aidaient dans mes travaux scolaires.

Kimmy est décédée il y a trois ans à l'hôpital. Elle avait treize ans. J'ai reçu beaucoup de soutien de la Fondation du SIDA, mais j'ai dû signer des papiers et faire les derniers arrangements. Maman ne voulait pas le faire. Elle était trop malade et cela l'attristait trop.

Après le décès de Kimmy, l'état de santé de maman s'est rapidement détérioré. Elle avait une infection au cerveau et elle ne pouvait pas parler. Les infirmières m'ont appris à changer son cathéter et à prendre soin d'elle à la maison. Chaque matin, elles venaient vérifier son état.

Un jour, maman ne m'a pas reconnue. Elle dormait beaucoup et était sous l'effet de puissants médicaments antidouleur. Une nuit, elle respirait très difficilement. J'ai dormi à ses côtés toute la nuit, craignant le pire.

Elle est décédée le matin suivant. Dieu merci, l'infirmière était là. Sans cela, je crois que je me serais effondrée.

Je suis restée seule dans la maison pendant un mois. Je le voulais; j'avais besoin de passer du temps seule. J'ai commencé à emballer les choses et j'ai organisé une vente-débarras. Mes amis de la Fondation du SIDA étaient là pour m'aider autant qu'ils l'ont pu.

Ces mêmes amis sont aujourd'hui ma famille. Une très bonne amie — la conseillère de Kimmy — est comme une grande sœur pour moi. Elle m'a invitée à habiter dans sa maison. J'ai vécu deux ans chez elle.

Je suis encore triste. Maman et Kimmy me manquent chaque jour, mais je vais m'en sortir. J'ai beaucoup d'amis et beaucoup d'amour. Je vais maintenant à l'université et j'adore l'étude.

Je ne pense pas que le SIDA quittera un jour ma vie. Cela fait partie de qui je suis. Je veux aider à éduquer le plus grand nombre possible de gens. Je participe à tous les événements de la Fondation. Je prononce des conférences devant les étudiants dans les universités, les collèges, les écoles secondaires et primaires pour les informer sur la prévention du SIDA. Plusieurs écoles craignent de dire aux jeunes d'utiliser des condoms ou de pratiquer l'abstinence. Quand je m'adresse à eux, je leur dis: « Vous devez à tout prix vous protéger. Ne vous laissez pas berner. Le fait qu'une personne n'ait pas l'air malade ne veut pas dire qu'elle n'est pas infectée. Ne présumez pas que votre petit ami ou votre petite amie est en santé. Et surtout, ne croyez pas que cela ne peut pas vous arriver. » Puis, je leur raconte mon histoire.

Maria Piñedo

[NOTE DE L'ÉDITEUR: Pour de plus amples informations sur le sida ou le virus du VIH, ou si vous désirez vous occuper d'éducation et de prévention du sida-VIH, voici quelques ressources utiles: Coalition des organismes communautaires québécois de lutte contre le sida, www.cocqsida.com ou 514 844-2477; Société canadienne du sida, www.cdnaids.ca ou 1-800-499-1986; Le Réseau canadien de la santé, www.reseau-canadien-sante.ca; Comité des personnes atteintes du VIH/Sida 514 521-8720 ou 1-800-927-2844; Santé et Services sociaux du Québec, www.msss.gouv.qc.ca.]

En flânant, je me demande

En flânant sous le firmament,
Je me demande
Pourquoi les gens que j'aime
Doivent mourir.

Es-tu heureuse là où tu es,
Quel que soit cet endroit?
En flânant, je me demande
Si tu penses toujours à moi.

Fait-il beau là-haut au ciel?
Car je sais que tu y es.
Les nuages sont-ils faits de guimauve?
Sais-tu que je pense toujours à toi?

Je regarde le ciel d'hiver
Et je verse une larme.
Je pense aux jours passés
Je t'aimerai toujours.

En flânant sous le firmament,
Je me demande
Pourquoi les gens que j'aime
Doivent mourir.

Hilary Begleiter

La mort d'un ami

Je souffre d'une forme rare d'anémie depuis ma naissance. Je dois me rendre à l'hôpital toutes les quatre semaines pour une transfusion sanguine. Chaque fois, je passe deux jours là et je n'ai rien à faire. Je connais quelques enfants qui vont régulièrement à l'hôpital et il nous arrive de nous rendre visite dans nos chambres. Le problème est que la plupart d'eux sont beaucoup plus jeunes que moi et que je n'ai pas grand-chose en commun avec eux. J'accepte cette réalité et j'essaie d'en tirer le meilleur parti possible à chacune de mes visites.

Au cours d'une visite de routine peu après mon quinzième anniversaire, mon infirmière préférée m'a demandé si j'avais rencontré Greg, un nouveau patient de mon âge. Je lui ai répondu non mais que j'aimerais bien le rencontrer. Alors elle m'a accompagné à sa chambre. Ma vie a été changée pour toujours.

Sa chambre était pleine de ballons argentés, de jeux et de boissons énergétiques. Greg était un garçon à la peau basanée et aux cheveux noirs bouclés. Il tenait une manette et jouait au Nintendo. Quand on nous a présentés, il m'a demandé si je voulais jouer. J'adore les jeux vidéo et j'ai accepté son invitation avec plaisir. J'ai immédiatement remarqué un sac jaune néon accroché à son support d'intraveineuse. Je lui ai demandé ce que c'était et il m'a répondu que c'était de la chimiothérapie pour sa leucémie. Je n'avais jamais vraiment parlé à une personne atteinte du cancer avant ce moment et j'étais curieux d'en apprendre plus sur sa maladie. Nous avons parlé de nous-mêmes tout en jouant au Nintendo et quand nous avons eu terminé, j'avais l'impression de le connaître depuis des années.

Depuis ce temps, nous sommes amis. Chaque fois que j'allais à l'hôpital, je demandais s'il y était. S'il venait de quitter, les infirmières me répondaient que Greg s'était informé de moi. Éventuellement, la mère adoptive de Greg a suggéré à mon père que notre amitié puisse s'étendre en dehors des murs de l'hôpital. Greg a commencé à venir chez moi et notre amitié s'est resserrée.

La chimiothérapie modifiait l'apparence de Greg à l'occasion. Ses cheveux noirs, épais et frisés tombaient, et il avait l'air d'une pêche mûre avec du duvet. Parfois, il perdait beaucoup de poids et devenait maigre comme un cure-dent. Pourtant, ces changements physiques n'affectaient jamais son caractère. Il avait toujours une attitude positive et il ne montrait jamais de signes de peur ou de tristesse.

Plus tôt cette année, l'état de Greg a empiré. Son médecin lui a dit qu'il devait se rendre à l'hôpital chaque jour pour des antibiotiques, du potassium et des plaquettes. Comme la mère adoptive de Greg habitait à plus d'une heure de l'hôpital, cela compliquait ses visites quotidiennes. Elle tentait de trouver un foyer temporaire pour lui, plus près de l'hôpital. Mon père a donc posé sa candidature pour devenir famille d'accueil afin que Greg puisse habiter chez nous. Nous habitions à moins de deux kilomètres de l'hôpital, alors nous avons pensé que ce serait parfait. Malheureusement, les responsables du programme de familles d'accueil ont jugé que mon père n'avait pas une situation financière assez stable, et Greg s'est retrouvé dans une famille russe qui accueillait déjà deux enfants.

Quand je l'accompagnais à l'hôpital pour ses séances quotidiennes de quatre heures, j'apportais mon Playstation. Un jour pendant une séance, je lui ai demandé quel était son pronostic. Il m'a dit: « Ils ont tout essayé, il se peut que je meure. » Son honnêteté envers moi était incroyable.

Il était vraiment maigre, tout juste sous les 45 kilos, mais j'espérais qu'il s'en sortirait. Après avoir pris de puissants antibiotiques et d'autres médicaments, son état s'est amélioré. Il a repris un peu de poids et ses cheveux ont repoussé au point où nous avons bientôt recommencé à passer du temps ensemble et à jouer à des jeux vidéo. Nous sommes allés voir le film *La Matrice* dont Greg a dit que c'était son film favori. Nous étions très heureux et les choses n'auraient pu aller mieux. Puis, *bam!* Comme par la balle d'un tireur embusqué, Greg a été frappé d'une grave infection. La chimio avait affecté son système immunitaire, le rendant vulnérable à la bactérie qui cherchait un endroit pour se loger. Une fois de plus, Greg s'est retrouvé à l'hôpital. Je priais pour lui à chacune de mes visites.

Greg a d'abord perdu sa capacité de joueur aux jeux vidéo, puis l'usage de la parole et, finalement, il ne cessait d'entrer et de sortir d'un sommeil comateux tout au long de la journée. Un dimanche soir, je suis monté à sa chambre après ma transfusion sanguine. En entrant, je fus saisi d'une grande tristesse en le voyant allongé dans le petit lit aux couvertures roses. Ses yeux étaient fermés et chaque respiration aurait pu être sa dernière. Il était relié à environ six tubes et quatre machines tout autour de lui. J'ai été tenté de pousser sur le bouton de la distributrice de morphine, car il semblait souffrir terriblement. J'avais peur, il ne semblait pas devoir se rétablir. J'ai pris sa main glacée et j'ai prié. J'ai prié pour une intervention divine et pour que l'âme de Greg fasse ce qu'elle avait à faire, même si cela signifiait de retourner de l'autre côté. Mon père est alors venu me chercher pour me ramener à la maison et nous avons fait nos adieux à Greg avant de rentrer. J'ai bien dormi cette nuit-là, mais le lendemain, nous avons reçu un appel nous informant du décès de Greg, environ deux heures après notre départ.

Connaître Greg a changé ma vie. Son combat contre la leucémie m'a fait comprendre que peu importe si je me sens mal parfois, il y a des gens dont l'état est pire que le mien. Même si je dois vivre toute ma vie avec une maladie du sang, la mort de Greg m'a appris que je dois être reconnaissant de ce que j'ai plutôt que d'être triste de ce que je n'ai pas.

Cassius Weathersby III

Une amitié
hors du temps

Au cours de ma jeunesse, j'ai habité souvent chez ma grand-mère pendant de longues périodes, quand ma mère faisait une de ses nombreuses cures de désintoxication. Mes parents ont divorcé quand j'avais deux ans. Mon père, mon tuteur légal, était pompier et il devait s'absenter pour des postes de vingt-quatre heures. C'était à ces moments-là que j'habitais chez mamie. J'étais assez vieille pour saisir un peu le problème de ma mère, mais encore assez jeune pour y voir une opportunité de passer autant de temps que possible avec ma grand-mère. Pour moi, c'était une fête continuelle, pleine de jeux, me couchant plus tard que l'heure permise et jouant avec le garçon qui habitait en face, Matt Luke.

Matt était de trois ans mon aîné, mais nous trouvions toujours moyen de nous amuser ensemble. En hiver, nous allions glisser sur la grande côte derrière la maison de grand-maman. En été, nous jouions au chat et à la cachette avec les autres enfants du voisinage. Les garçons n'étaient pas encore idiots, ni des créatures que l'on devait admirer. La vie n'était pas si compliquée. Je ne le voyais pas comme un garçon mais comme un ami.

Quand j'étais chez ma grand-mère, je me faisais bronzer avec désinvolture sur la galerie, attendant que Matt remarque que j'étais là et qu'il s'amène d'un pas nonchalent. Si nous étions seuls tous les deux, nous restions là à causer un peu avant de rentrer dans la maison pour nous pourchasser l'un et l'autre dans l'escalier, notre passe-temps préféré. Nous restions assis, nous faisions la course, nous nous allongions par terre. Les courses dans l'escalier étaient devenues un événement très imaginatif et très compétitif. Par contre, elles ne duraient jamais longtemps. Ma grand-mère finissait par nous chasser de l'escalier (il paraît que cela ruinait le tapis; les grand-mères ont de ces lubies) nous poussant vers le salon où nous nous calmions avec une partie de bingo tranquille.

Personne n'a eu une enfance parfaite; et Matt et moi, non plus. Encore aujourd'hui, je ne saurais vous dire quels étaient les problèmes de Matt, nous n'en parlions jamais en détail. Je savais seulement qu'il en avait. Nous ne voyions pas l'intérêt de nous raconter des histoires tristes. Les mots étaient inutiles. Nous étions heureux de rester assis dans une compréhension mutuelle.

Inévitablement, le temps a passé et nous avons vieilli. J'habitais de moins en moins souvent chez ma grand-mère et Matt a fini par déménager de la maison d'en face. Le temps a passé et notre amitié a fondu.

Je ne pensais que rarement à Matt, ma vie était remplie de l'agitation incessante de la fin du secondaire et éventuellement du collège. De cette amitié florissante, il ne restait que quelques photos jaunies dans un album poussiéreux sous mon lit.

Un jour, moins d'un mois après mon dix-septième anniversaire, j'ai été confrontée à l'événement que j'avais redouté toute ma vie: les funérailles de ma mamie chérie.

Elle n'est pas décédée subitement, elle avait été hospitalisée plusieurs fois depuis un certain temps. Pourtant, cela ne m'avait jamais semblé vraiment réel. Jusqu'à ce que je sois confrontée à la cruelle réalité de regarder les yeux fermés à jamais de la femme qui avait été ma meilleure amie.

Au salon funéraire, je remerciais les autres personnes en deuil de leur présence lorsque j'ai aperçu la tante de Matt, Kathy, qui se dirigeait vers moi. Kathy et sa famille avaient habité l'ancienne maison de Matt et elle était à son tour devenue comme une fille pour ma grand-mère. L'image de Matt a traversé rapidement mon esprit et j'ai dit, plus à moi-même qu'à elle: « Je ne demande si Matt le sait. »

Elle a posé la main sur mon épaule et a dit: « Andrea, honnêtement, je l'ignore. Je ne lui ai pas parlé et je sais qu'il est aux études, mais je vais tenter de le rejoindre. »

Je ne pensais pas le voir aux funérailles. Je ne lui avais pas parlé depuis près de dix ans. C'est ainsi que lorsque je suis entrée dans l'église ce soir-là et que j'ai vu Kathy seule, je n'ai pas été surprise.

Vers la fin de la cérémonie, on avait prévu du temps pour échanger des souvenirs à propos de ma grand-mère. Plusieurs personnes ont pris la parole. Serrant très fort le micro, la voix tremblante, j'ai fait de mon mieux pour partager quelques-uns des innombrables souvenirs que j'avais d'elle. Puis, à la fin, une voix s'est élevée de l'arrière de l'église. Les paroles resteront à jamais gravées dans mon cœur.

« Hum… Je ne sais pas si Andrea se souvient de moi… mais je suis le petit Matt Luke… » Il a poursuivi en racontant de façon magnifique le temps que nous avons passé ensemble tous les trois, et comment il avait toujours considéré ma grand-mère comme la sienne.

Après la cérémonie, j'ai enfoui mon visage sur sa poitrine et j'ai pleuré. Aucune parole n'a été prononcée. Elles n'étaient pas nécessaires. Le lien avait été rétabli. Il y avait un garçon, devenu un homme, que je n'avais pas vu et à qui je n'avais pas parlé depuis dix ans. Il avait appris la tenue des funérailles la veille. Il avait ses propres obligations — ses cours et son travail — mais il était venu néanmoins, car il savait que cela était important pour moi. Quand je pense qu'il avait mis sa vie de côté pour être là pour moi, les larmes me montent encore aux yeux.

Je n'ai parlé que quelques fois à Matt depuis les funérailles, mais il est toujours présent dans mon cœur. Il n'est pas seulement un ami, mais un ange envoyé par ma grand-mère au moment où j'en avais grandement besoin d'un.

Andrea Wellman

Les mots de sagesse
de grand-maman

La grand-maman de la petite fille est mourante,
    couchée dans le lit,
La petite se tient tout près et écoute ce qui se dit.
Elle retient ses larmes, elle essaie très fort
    de ne pas pleurer,
Sa grand-maman sourit, car peu de choses
    lui échappent.

« Chérie, ne t'inquiète pas pour moi,
Tu te souviendras toujours de moi.
J'ai vécu jusqu'à un âge vénérable,
Comme un livre d'histoires,
    chaque jour est une nouvelle page.

« Tu seras confrontée à des épreuves,
    mais ne désespère pas,
Écoute simplement ton cœur pour prendre
    tes décisions, et tu t'en sortiras toujours.
Il faut être fort pour vivre avec des succès
    et des conflits,
C'est ce que j'ai appris dans ma propre vie.

« Tu seras confrontée à plusieurs choix,
Et hélas, chérie, souvent ton cœur se brisera.
Malgré la souffrance et les larmes,
    ton cœur guérira toujours,
Ne cède jamais à la tentation, ne te permets pas
    de voler.

« Écoute mes paroles, ma chère enfant,
    elles sont vérité,
J'aurais souhaité savoir ces choses
    quand j'avais ton âge. »

En souriant et en lui serrant la main,
Grand-maman espérait avoir aidé la petite fille
    à comprendre.

Elle a posé un doux baiser sur sa grand-maman
    qui fermait les yeux,
Et le cœur rempli des mots de sagesse de grand-
    maman, elle lui a fait ses derniers adieux.

Heather Deederly

Des sourires plein le cœur

L'un de mes premiers souvenirs est celui de ma grand-maman qui me câlinait dans la berceuse de la cuisine. Elle chantait à mon oreille, m'appelait Dolly et me disait combien elle m'aimait, sa première petite-fille. Quand je couchais chez elle, elle mettait des bulles blanches dans mon bain chaud avant de m'emmitoufler dans sa serviette la plus moelleuse. Je me sentais en sécurité avec elle.

Elle pelait des pommes, les coupait en quartiers qu'elle saupoudrait de cannelle et de sucre, parce que c'était ainsi que je les aimais. Elle me laissait ajouter toutes les décorations et tous les sirops que je voulais sur ma crème glacée. Quand je venais la voir, elle achetait de la racinette et s'assurait que la mousse emplissait au moins la moitié du verre, parce que c'était ce que je préférais. Avec elle, je me sentais spéciale.

Je me souviens d'avoir été assise sur son lit, la regardant se préparer à sortir, en étant fascinée par ses rituels. Elle sentait le savon Dove et la crème Noxema. Elle portait un rouge à lèvres écarlate qui venait dans un étui vert. Le samedi soir, elle lavait ses cheveux dans l'évier de la cuisine et les roulait en petites vagues qu'elle fixait avec des épingles à cheveux pour que, le lendemain matin, ils soient bouclés. Elle était très belle.

Sa voix chaude me rassurait, comme un feu de cheminée et du chocolat chaud par une journée neigeuse. Son rire était fort et clair, et lorsqu'elle riait avec moi, le reste du monde n'existait plus. J'avais l'impression d'être son seul centre d'intérêt. De la même manière, ses larmes, quand j'étais triste, me donnaient l'impression que je ne serais jamais seule. Une fois, elle a crié après moi alors que j'étais en colère contre ma mère. Quand j'ai voulu sortir en claquant la porte, elle a simplement dit: « Je t'aime. »

Elle me laissait ruiner tous ses tubes de rouge à lèvres quand je me déguisais avec ses vêtements et ses chaussures. Elle m'a appris à jouer au bingo et quand j'étais en sa compagnie, bien après mon heure de coucher dans une grande salle enfumée pleine de vieilles dames, je me sentais très *cool*. À l'âge de dix-sept ans, j'ai appris qu'elle allait mourir. J'allais passer la nuit chez elle et elle attendait que je rentre, à moitié endormie et ronflant sur le canapé. Étendue dans son lit d'hôpital, à la veille de mourir, elle m'a fait signe de m'approcher, moi qui me cachais dans un coin, et malgré sa faiblesse et ses lèvres blêmes, elle a tenu ma main et m'a embrassée. Elle était mourante, et pourtant elle me réconfortait.

Elle est décédée il y a quatre ans maintenant. Il me semble que c'était hier. En entrant dans sa maison, je m'attends parfois à la voir assise à la table. Quelquefois, je me rends compte que je n'ai pas pensé à elle pendant la journée ou que je n'arrive plus à me souvenir de son éclat de rire, ou de sa main rassurante, et cela m'effraie. Je remercie Dieu lorsque je retrouve mes souvenirs. Je remercie Dieu quand j'arrive à pleurer, car cela veut dire que je ne l'ai pas oubliée. Je remercie Dieu qu'elle ait été ma grand-maman, et je l'aimerai toujours.

Sara Tylutki

Allons danser
sous la pluie

La relâche du printemps 1999 a été parfaite — j'ai pu passer tout mon temps avec mes amis, à végéter et à ne rien faire. Bien sûr, il y avait ce projet d'anglais à remettre le jour de la rentrée, que j'ai repoussé jusqu'au dimanche précédent. J'étais assise devant mon ordinateur, rédigeant mon texte à une allure folle lorsque ma petite sœur est arrivée de sa pratique de balle molle en mangeant un cornet de neige et en souriant de ses lèvres collantes.

« Qu'est-ce que tu fais? » m'a-t-elle demandé d'un air enjoué.

J'ai souri en la voyant et je lui ai répondu que c'était seulement une dissertation en anglais. Je me suis retournée et j'ai continué de taper sur l'ordinateur. Derrière moi, elle a essayé d'entamer une conversation.

« Dis…, tu connais quelqu'un dans tes cours qui s'appelle Justin? Justin Schultz? » Elle a léché une goutte sur son cornet de neige.

« Oui, je le connais », ai-je répondu. Je suis allée à l'école primaire avec Justin. C'était sans doute le gars le plus formidable que je connaissais. Il ne cessait jamais de sourire. Justin avait essayé de m'enseigner à jouer au soccer en troisième année. Je n'y arrivais pas, il a donc souri et m'a dit de faire de mon mieux et d'encourager tous ceux qui jouaient. J'ai perdu le contact avec lui durant la dernière année, mais j'ai quand même dit oui à ma sœur.

« Eh bien », a-t-elle dit, en essayant de ne pas perdre le contrôle de son cornet de neige. « Le groupe de son église est allé faire du ski cette semaine. » Elle s'est arrêtée pour lécher son cornet.

Chanceux, ai-je pensé.

Ma sœur a avalé les granules de glace et a poursuivi: « Alors, il est allé faire du ski et aujourd'hui il est mort. »

Incrédule, j'ai senti le sang se retirer de mon visage. Mes mains se sont figées sur le clavier, et une ligne de R a rempli l'écran. Mes mâchoires sont tombées lentement alors que j'essayais de digérer ce qu'elle avait dit. *Respire,* ai-je entendu crier dans mon cerveau. J'ai secoué la tête et je me suis retournée pour regarder ma sœur.

Elle mangeait toujours son cornet de neige innocemment en le fixant avec détermination. Ses yeux se sont levés vers les miens et elle s'est reculée, un peu étonnée. « Quoi? » a-t-elle dit.

« T-tu rigoles, n'est-ce pas? Qui t'a dit cela? Je ne te crois pas. Comment? Es-tu certaine? » J'ai craché un long chapelet de questions.

« Claire », m'a-t-elle arrêtée. Elle a commencé un peu plus lentement cette fois-ci. « Une fille dans mon équipe de balle molle faisait du gardiennage pour eux. Les parents de Justin lui ont téléphoné pour le lui dire, et elle me l'a répété. Je m'excuse, je ne savais pas que tu le connaissais. » Elle s'est assise très calmement en attendant ma réponse.

Tous mes souvenirs de Justin me sont remontés à l'esprit. J'ai respiré lentement. « Non. Non! NON! » J'ai essayé de crier, mais aucun son n'est sorti. Je me suis levée gauchement et, tremblante, je suis sortie en courant de la pièce, avec ma sœur sur les talons qui me criait: « Attends! Je m'excuse… »

J'ai immédiatement téléphoné à une amie qui le connaissait aussi. Elle m'a dit entre des sanglots que personne ne savait pourquoi il était mort. À treize ans, le garçon avait une santé de fer. Il s'est endormi le samedi soir dans sa chambre d'hôtel et lorsque son compagnon de chambre a essayé de le réveiller le dimanche matin, Justin ne respirait pas. Je ne voulais pas qu'elle m'entende pleurer, alors j'ai raccroché rapidement.

Je suis allée à l'école le lendemain et j'ai mis le même masque de personne forte. Le directeur a fait une annonce impersonnelle sur la mort de Justin ce matin-là, et presque aussitôt, j'ai pu entendre des sanglots dans toute la classe. Ce fut la pire semaine de ma vie. J'ai tenté d'offrir mon épaule pour que d'autres puissent pleurer, mais intérieurement c'était moi qui pleurais.

Le mercredi soir, mon amie m'a conduite où Justin était exposé. En entant au salon funéraire, j'ai été surprise de voir que les parents de Justin ne pleuraient pas. Ils souriaient et réconfortaient tout le monde. Je leur ai demandé comment ils tenaient le coup et ils m'ont répondu qu'ils allaient bien. Ils m'ont dit qu'ils savaient qu'il ne souffrait pas, qu'il était avec Dieu et qu'il les attendrait au ciel. J'ai pleuré et j'ai failli m'effondrer. Mme Schultz s'est approchée pour me serrer dans ses bras, et j'ai pleuré sur son beau chandail rouge. Je l'ai regardée dans les yeux et j'y ai vu de la sympathie pour une fille qui avait perdu son ami.

Je suis rentrée à la maison ce soir-là avec une profonde tristesse dans mon cœur pour Justin. Je lui ai écrit une lettre que je voulais lui donner à ses funérailles. Dans la lettre, je lui écrivais comme tout le monde était triste, comme il nous manquait, comme ses parents étaient merveilleux, et je lui parlais de choses qu'il ne ferait jamais sur terre. J'ai terminé comme suit:

> *D'une certaine façon, j'ai toujours cru qu'une fois au ciel, les choses tangibles ne signifient plus grand-chose. Bon, avant de trop t'habituer à ta nouvelle vie, prends ceci avec toi. L'odeur du gazon trente minutes après qu'il a été coupé. La sensation de draps fraîchement lavés. La chaleur d'une petite bougie. Le bruit des abeilles. Le goût d'un Cola chaud qu'on vient de verser et qui pétille sur les glaçons — chaud, mais en partie froid. La sensation des gouttes de pluie sur ton visage trempé. Mais si tu n'apportes rien d'autre avec toi, apporte l'étreinte de ta famille.*

J'ai fait une pause et j'ai fixé ma bougie. J'ai replacé ma plume dans ma main et j'ai continué à écrire. *Je vais te dire quelque chose, Justin. Lorsque je mourrai, allons danser sous la pluie.* J'ai souri à travers mes larmes et j'ai glissé ma lettre dans une enveloppe.

Le lendemain, c'étaient les funérailles de Justin. À la dernière minute, la personne qui devait m'y conduire a dû se décommander en raison d'un conflit d'horaire, et j'ai dû rester assise seule à la maison et pleurer. J'ai regardé ma lettre et j'ai souri: « Comment vais-je arriver à te la remettre maintenant, Justin? » J'ai ri à travers mes larmes et j'ai continué de pleurer.

Parfois, des pensées étranges me traversent l'esprit, comme si elles venaient de quelqu'un d'autre. Assise sur mon lit en chiffonnant un papier mouchoir, l'une de ces pensées m'a dit comment me rendre vers lui. *La fumée est plus rapide que la terre.* J'étais étonnée, mais après y avoir réfléchi, j'ai compris que je devais brûler la lettre, non pas l'enterrer. J'ai pleuré pendant une heure tout en brûlant la lettre avec soin. Je brûlais un coin, puis je l'éteignais sous l'eau du robinet, craignant les flammes. Finalement, la lettre a été brûlée et la fumée blanche sortait par la fenêtre. Je l'ai chassée de la main et j'ai demandé à Dieu qu'un jour Justin lise mes mots dans la fumée.

Cette nuit-là, j'ai rêvé à la mort et je me suis réveillée à 2h38 pour entendre la pluie qui martelait ma fenêtre. Les mots du ciel sont rarement visibles, mais ces précieuses gouttes de pluie ont été ma réponse. J'avais dit à Justin que je voulais aller danser sous la pluie. Le rythme lent des gouttes sur ma fenêtre m'a dit que Justin m'avait entendue. En cet instant, je savais qu'il ne souffrait pas et que nous nous reverrions. Ce jour-là, nous irons danser ensemble sous la pluie.

Claire Hayenga

Lorsque demain débute sans moi

Lorsque demain débute sans moi, et que je ne suis
    pas là pour voir
Si le soleil devrait se lever et trouver tes yeux
    remplis de larmes pour moi,
Je souhaiterais tant que tu ne pleures pas
    comme tu l'as fait aujourd'hui
En songeant aux nombreuses choses
    que nous n'avons pu dire.
Je sais combien tu m'aimes, autant que je t'aime,
Et chaque fois que tu penses à moi,
    je sais que je te manquerais aussi;
Mais lorsque demain débute sans moi,
    je te prie d'essayer de comprendre,
Qu'un ange est venu, a nommé mon nom
    et m'a pris par la main,
Et il a dit que ma place était prête aux cieux
    tout là-haut,
Et que je devais quitter tous ceux que j'aime tant.
Mais en me retournant pour m'éloigner,
    une larme a coulé de mes yeux,
Car de toute ma vie, j'ai toujours pensé
    que je ne voulais pas mourir.
J'avais tant de choses à vivre
    et tant de choses encore à faire,
Il semblait presque impossible que je te quitte.
J'ai pensé à tous nos hiers, les bons et les mauvais,
J'ai pensé à tout l'amour que nous avons partagé
    et à tout le plaisir que nous avons eu.

Si je pouvais revivre hier, ai-je pensé,
    l'espace d'un instant,
Je te dirais adieu et je t'embrasserais,
    et je te verrais peut-être sourire.
Mais ensuite, j'ai très bien compris
    que cela ne serait jamais,
Car le vide et les souvenirs prendraient ma place.
Et lorsque j'ai pensé aux choses de ce monde
    qui me manqueraient demain,
J'ai pensé à toi et, à ce moment-là,
    mon cœur s'est rempli de chagrin.
Mais lorsque j'ai franchi les portes du paradis,
    je me suis senti tellement chez moi.
Lorsque Dieu m'a regardé et m'a souri,
    de son magnifique trône en or,
Il a dit: « Voici l'éternité
    et tout ce que je t'ai promis,
Aujourd'hui, la vie sur terre est terminée,
    mais ici elle recommence à nouveau.
Je ne promets aucun demain,
    mais aujourd'hui durera toujours,
Et puisque chaque jour est le même jour,
    il n'y a pas de regret du passé.
Mais tu as été si fidèle, si confiant et si vrai,
Malgré les fois où tu as fait des choses
    que tu savais mal.
Mais tu as été pardonné
    et maintenant tu es enfin libre.
Alors veux-tu prendre ma main
    et partager ta vie avec moi? »

Ainsi, lorsque demain débute sans moi,
   ne crois pas que nous sommes loin
   l'un de l'autre,
Car chaque fois que tu penses à moi,
   je suis tout près dans ton cœur.

David M. Romano

*Le bonheur est un parfum
que l'on ne peut vaporiser sur les autres
sans en avoir quelques gouttes sur soi.*

George Bernard Shaw

Où que tu ailles

J'ai immédiatement aimé Katrina. Il était impossible de faire autrement. Elle était nouvelle à notre école, mais elle ne semblait pas du tout timide ou nerveuse. Elle a souri à chacun, même le premier jour d'école. Malheureusement, nous n'avons pu profiter de ce sourire que pendant les trois premiers jours. Notre professeur nous a informés que Katrina avait la leucémie et qu'elle serait hospitalisée pour une transplantation de moelle osseuse. J'ignorais totalement ce que c'était, mais cela semblait effrayant, alors, certaines de mes amies et moi avons décidé d'aller la voir à l'hôpital. Elle venait de déménager dans une nouvelle ville et n'avait même pas eu l'occasion de se faire des amies. Nous voulions lui tenir compagnie. C'est ainsi que nous avons appris à connaître Katrina et à découvrir à quel point elle était vraiment amusante.

Au début, c'était un peu difficile parce que nous ne la connaissions pas, mais lorsqu'elle a commencé à nous raconter ses aventures à l'hôpital, nous avons ri et, sans nous en rendre compte, nous sommes restées presque trois heures. Elle nous a parlé de l'enfant dans la chambre voisine de la sienne qui se levait et faisait sonner l'alarme de feu sans aucune raison. Bien sûr, pendant que nous étions avec elle, l'alarme a sonné. Nous avons toutes ri en voyant que personne n'a bronché et que le personnel de l'hôpital a vaqué à ses occupations comme si de rien n'était. Elle nous a raconté que sa mère lui apportait des mets chinois en cachette, et combien ses animaux lui manquaient: un poney, des cochons, un furet, une souris, un rat, deux hamsters, un chat, neuf chiens, deux caméléons et une tortue « snapper ». Plus tard, sa mère nous a dit que ce qu'elle aimait le plus, c'était d'aller à la Société protectrice des animaux et d'adopter l'animal le plus laid ou le plus malmené. Elle réussissait toujours à le ramener à la maison et à le rendre beau.

Lorsqu'elle a obtenu son congé de l'hôpital, nous avons passé beaucoup de temps ensemble. Elle est venue chez moi et nous avons maintes fois passé la nuit l'une chez l'autre. Elle a perdu tous ses cheveux pendant ses traitements de chimiothérapie et elle portait toujours un chapeau ou quelque chose pour couvrir sa tête. Pour sa première danse à l'école, elle a acheté un chapeau jaune où pendaient des tresses blondes. Elle l'adorait. Katrina a dansé toute la soirée, sans s'arrêter. Elle avait un plaisir fou. Soudain, elle a retiré son chapeau jaune et a commencé à le faire tourner en le tenant par les tresses et à le lancer en l'air. Je crois que je ne l'ai jamais vue rire aussi fort.

Elle espérait pouvoir un jour refaire du sport, alors elle s'est acheté des souliers de course deux pointures plus grandes. Elle m'a dit qu'elle les porterait dès qu'elle pourrait recommencer à courir. Son optimisme était contagieux.

Peu après, nous avons appris ce que nous attendions tous: son cancer était parti. Les médecins lui ont dit qu'elle était en rémission. Elle pouvait recommencer à vivre sa vie. Elle a commencé à reprendre du poids, ce qui lui allait bien. Elle était tellement maigre lorsque je l'ai rencontrée la première fois. Ses jambes et ses bras ont toujours semblé si fragiles. Maintenant, elle paraissait plus forte de jour en jour. Elle m'a toujours dit qu'elle détestait être petite, mais même moi, j'ai été surprise lorsqu'elle est venue à l'école perchée sur des talons de dix centimètres. Elle était tellement fière de ces souliers. Elle s'avançait vers les gens et leur disait: « Enfin! Je suis plus grande que toi! »

Un soir, je suis revenue de l'école et il y avait un message de Katrina sur notre répondeur. Elle me demandait de lui téléphoner immédiatement dès mon retour à la maison. Je crois qu'elle pleurait. Je savais que quelque chose de grave se passait, car elle ne pleurait jamais.

Elle s'est mise à pleurer lorsqu'elle a entendu ma voix. « Mon cancer est revenu », a-t-elle dit en sanglotant. Ces quatre mots étaient les plus terrifiants que j'avais jamais entendus. Je ne savais pas quoi dire. Mon cœur semblait s'être arrêté. Elle m'a dit que ses ganglions lymphatiques avaient commencé à enfler dernièrement, alors sa mère l'a emmenée chez le médecin. Lorsqu'ils ont fait des examens, les médecins ont constaté que le cancer était revenu. Nous pleurions toutes les deux. Elle m'a dit que j'étais la première personne qu'elle appelait parce que j'étais sa meilleure amie. Cela m'a fait pleurer encore plus. Elle avait peur et elle ne voulait pas mourir. Elle m'a rappelé à quel point elle avait eu du plaisir dernièrement. Je lui ai dit que j'étais là pour me battre avec elle. En aucune façon, je l'abandonnerais.

Nous lui rendions visite autant que nous le pouvions. Nous lui avons donné des cartes et cette immense affiche murale que tout le monde à notre école avait signée. Après quelque temps, sa chambre ressemblait à une boutique de cadeaux. Elle m'a confié que les cartes et les cadeaux l'avaient vraiment aidée à garder espoir.

J'ai entendu dire que sa famille avait des problèmes financiers. J'ai pensé à des façons dont nous pouvions l'aider. Toute notre classe de deuxième secondaire s'est réunie pour trouver des idées. Notre première levée de fonds a été une danse. Au moins la moitié des élèves du secondaire sont venus, et nous avions là un bocal de dons qui était plein à la fin de la soirée. Les gens devaient payer pour entrer et nous avons trouvé un DJ qui s'est occupé de la musique gratuitement. Katrina est venue à la danse et elle s'est bien amusée. Nous avons gardé le reste des pâtisseries que nous vendions à la danse pour en faire une vente le jour suivant.

Nous avons pensé à une journée « Des chapeaux pour Katrina », car elle en portait toujours. Nous avons demandé aux étudiants et au personnel de notre école de payer pour porter un chapeau à l'école toute la journée. Nous avons amassé beaucoup d'argent, car il n'était pas permis de porter des chapeaux à notre école, et tout le monde aimait en porter. Ce fut un immense succès. Nous avons aussi eu un dîner au whopper (hamburger), une tombola et une partie de basket-ball entre les finissants de l'école et le personnel. Nous avons amassé plus de 4 500 $ pour Katrina et sa famille. Lorsqu'ils l'ont su, ils étaient ravis. C'était bon de pouvoir les aider.

Peu de temps après, Katrina a obtenu son congé de l'hôpital et elle est retournée à la maison. Elle était soignée sous la supervision d'un établissement de soins palliatifs, c'est-à-dire qu'une infirmière venait à la maison pour s'occuper d'elle, l'hôpital ne pouvant rien faire de plus. Lorsque j'ai appris cela, je suis devenue vraiment triste et j'avais peur. Ses parents nous ont appris qu'elle avait de quelques semaines à quelques mois à vivre. J'étais sous le choc.

Le 5 avril, Katrina s'est réveillée et a dit à sa mère qu'il était temps pour elle d'aller au ciel. C'était enfin le moment de terminer ses souffrances. Elle s'est mise à tousser et elle respirait difficilement, alors sa mère l'a emmenée à l'hôpital immédiatement. Katrina est morte à vingt-deux heures trente ce soir-là. Elle avait dit à sa mère que si elle ne s'en sortait pas, elle voulait être incinérée. Sa mère lui a demandé pourquoi et elle a répondu: « Parce que tu déménages souvent et je veux partir avec toi où que tu ailles. »

Le lendemain à l'école, mes amies et moi avons parlé de Katrina et des bons moments que nous avons passés ensemble. Soudain, tout le monde est devenu très silencieux. On dit toujours que chaque fois qu'une telle chose se produit, c'est parce qu'un ange vole au-dessus de nous. J'espère que c'était Katrina. Et si c'était elle, elle sera très occupée. Nous aussi, nous déménageons beaucoup.

Kari Fiegen

11

GRANDIR

Il y a toujours une période dans l'enfance où la porte s'ouvre pour laisser entrer le futur.

Deepak Chopra

Quelque part au milieu

Un voyage est au détour
de tous les adolescents d'aujourd'hui.
Un voyage vers la maturité,
un adieu à notre jeunesse.

Chemin faisant, nous nous retrouvons
à un âge tout à fait ingrat.
Nous sommes injustes, immatures,
   à l'état brut et cruels
À cet âge tendre.

Nous sommes assez vieux pour faire un choix,
et pourtant trop jeunes de maintes façons.
Trop jeunes pour faire nos valises et partir,
trop vieux pour vouloir rester.

Assez jeunes pour le plaisir et les jeux,
trop vieux pour la vie insouciante.
Assez jeunes pour l'espoir et les rêves,
et pourtant, à la recherche de la réalité.

Assez vieux pour les souffrances du cœur,
trop jeunes pour trouver le traitement.
Trop vieux pour les enfantillages du passé,
trop jeunes pour avoir la maturité.

Assez vieux pour devenir amoureux
et donner notre cœur.
Mais encore trop jeunes pour comprendre
pourquoi nous éprouvons cette sensation.

On peut nous faire confiance, nous sommes
    loyaux, fiers et sincères
pourtant nous rouspétons, nous sommes sarcas-
    tiques et méprisants.
Entre le rôle d'adulte et celui d'enfant,
nous sommes parfois tiraillés.

Comme une œuvre d'art inachevée,
nous sommes gauches, mal assurés,
    pas tout à fait prêts.
De grâce, soyez patients
nous sommes en route
pour devenir formidables.

Liza Ortego

Perdre Becky

Je ne l'ai pas vu venir, ce jour où j'ai perdu ma meilleure amie. Becky et moi mangions notre lunch sur un banc près des terrains de tennis de l'école. Nous étions seules; nos autres amies n'étaient pas avec nous, ce qui était rare en ce temps-là — nous mangions presque toujours notre lunch en groupe, nous étions huit. J'aurais alors dû me douter de quelque chose. Il est vrai que Becky agissait de façon étrange depuis les dernières semaines, tantôt m'ignorant, tantôt me parlant d'un ton brusque. Lorsque je lui ai demandé ce qui n'allait pas, elle m'a répondu: « Rien! »

« Alors, pourquoi agis-tu de façon si étrange? »

« Si je suis si bizarre, tu ne devrais peut-être pas te tenir avec moi. »

J'étais donc contente d'être avec elle ce jour-là, juste nous deux, comme avant. Nous étions les meilleures amies depuis presque deux ans. Nous nous étions rencontrées peu après avoir commencé au secondaire et nous sommes rapidement devenues les meilleures amies, de cette façon étrange qu'ont parfois les amies. Nous nous sommes téléphoné des milliers de fois et nous avons partagé nos lunchs et dormi l'une chez l'autre. Nous avons passé de nombreux week-ends ensemble, à rire à gorge déployée, à faire tourner des disques et à écouter la radio; je jouais au piano pendant que Becky chantait de sa voix légère de soprano. Nous avons partagé beaucoup de blagues pour nous seules et de niaiseries, comme nos folles parties de tennis. Ni l'une ni l'autre n'avait du talent pour le tennis. Donc, quand nous frappions la balle bien à l'extérieur des lignes du terrain, on se criait: « Elle vole encore ! », en riant à perdre haleine et en courant pour frapper la balle, peu importe combien de fois elle avait rebondi.

Ce jour-là, par contre, sur les terrains de tennis, aucune de nous ne riait, ni même ne souriait. Soudain, j'ai compris que ce lunch en tête à tête avait été planifié. Becky voulait me parler.

« Tu voulais savoir ce qui n'allait pas », a dit Becky. Elle avait un ton trop doux et condescendant. « Depuis quelque temps maintenant, nous sentions que tu ne t'amusais plus avec nous. » Pourquoi disait-elle « nous »? J'avais un sentiment d'angoisse. Elle avait raison en ce qui concernait le fait de ne plus avoir de plaisir en compagnie de nos amies. En réalité, elles étaient les amies de Becky, et je me tenais avec elles par égard pour Becky. C'étaient d'assez gentilles filles, mais j'avais peu de choses en commun avec elles. Elles aimaient la musique du Top 40, ce qui m'ennuyait de plus en plus. Elles disaient que la musique que j'aimais était trop bizarre. Pendant le lunch, elles parlaient constamment des garçons de treize ans, de gymnastique, d'émissions de télévision et de la stupidité des filles qui étaient considérées populaires. De plus en plus, je n'écoutais plus leur bavardage et je pensais aux groupes de musiciens que j'aimais. Je m'ennuyais de plus en plus avec les amies de Becky — mais pas avec Becky elle-même. Je subissais cet ennui à cause d'elle. De plus, j'éprouvais une certaine sécurité à m'asseoir avec ces filles pendant le lunch, je les avais quand je le voulais.

Becky a poursuivi son discours: « Je veux être… populaire. » Sa voix était tremblante et impitoyable. « Tu sembles ne pas le vouloir, mais nous croyons que c'est important. » Je ne pouvais pas croire ce que j'entendais. Elles avaient déblatéré sans arrêt sur ces filles idiotes qui étaient populaires. Pourtant, ce que Becky a dit ensuite m'a totalement chavirée. « Nous croyons que tu devrais peut-être prendre ton lunch avec d'autres filles à partir de maintenant. »

« Mais qui? » ai-je demandé, en panique. Je ne pouvais penser à une seule personne. J'ai soudain compris que je n'avais plus de meilleure amie.

« Pourquoi pas ces filles plus âgées? Tu sembles bien t'entendre avec elles », a-t-elle suggéré, avec ce qui me semblait être une pointe de jalousie dans la voix. C'était vrai que je m'entendais avec certaines filles plus âgées — comme Lisa, que j'avais rencontrée dans un atelier d'écriture créative après l'école, qui écrivait d'étranges poèmes passionnés, et qui m'avait prêté une cassette sur laquelle il y avait également d'étranges chansons passionnées, des chansons que j'ai écoutées encore et encore. Les filles plus âgées étaient plus intéressantes que les amies de Becky. Par contre, à cet instant, tout ce que je voulais, c'était que Becky me dise que nous étions encore les meilleures amies. J'avais l'impression que personne ne voulait être avec moi.

Le jour suivant, à midi, j'ai rangé mes livres dans mon casier, j'ai attrapé mon lunch, fermé sèchement la porte, puis je me suis dirigée automatiquement vers le casier de Becky, comme je le fais depuis toujours, à ce qu'il me semblait. Quand je l'ai aperçue — petite, mince et les cheveux noirs aux épaules — je me suis souvenue. Elle m'avait vue et nous sommes restées immobiles pendant un moment. Puis, j'ai tourné les talons et j'ai marché dans la direction opposée. C'était comme un divorce.

Au début, j'errais autour de l'école, toujours au bord des larmes — en classe, en éducation physique, partout. J'avais cependant commencé à mieux connaître certaines filles plus âgées. J'ai commencé à prendre mon repas avec elles, à m'asseoir avec elles pendant les moments libres. Nous parlions de la musique et des films que nous aimions, et j'ai commencé à avoir du plaisir. Je n'avais plus à m'isoler mentalement — je ne m'ennuyais plus. J'aurais encore bien voulu avoir une meilleure amie. Après trois années au secondaire, j'avais plusieurs amies, des amies proches — et certaines d'entre elles avaient aussi laissé tomber leur ancienne clique qu'elles trouvaient « trop bizarre ». Elles aimaient la même musique que moi, et quelques-unes allaient aux concerts. Peu après, je sortais à mon tour et l'univers semblait s'ouvrir à moi.

Becky et moi n'avons jamais plus été amies, même si je lui parlais de temps en temps à l'école. Parfois, j'ai essayé de lui parler du plaisir que j'avais, mais elle ne semblait pas comprendre. Elle et ses amies ne sont pas devenues plus populaires qu'au temps où je faisais partie de leur bande. Je ne savais pas si cela lui importait encore.

Un jour, pendant le lunch, elle s'est excusée de la façon dont elle m'avait traitée. « Je ne peux pas croire que je t'ai traitée ainsi! » a-t-elle dit. Je lui ai répondu que, depuis longtemps, j'avais compris qu'elle m'avait rendu service. J'avais trouvé mes vraies amies, des amies qui pouvaient vraiment me comprendre, des amies avec qui je pouvais être totalement moi-même, alors que le chagrin causé par le rejet de Becky était devenu un lointain souvenir.

Gwynne Garfinkle

Ce que je ne pouvais pas voir

Je disais toujours en riant que la première personne que j'avais rencontrée, après mes parents, c'était Ellie Oswald. Ellie était la fille de notre voisin d'à côté et nos mères nous ont présentées alors que nous n'avions pas encore un mois. Je ne me souviens pas d'un temps où Ellie et moi n'avons pas été amies.

Nous sommes allées à la même école, et nous avons passé presque tous nos temps libres ensemble. Nous avons fait des casse-têtes ensemble, nous nous sommes déguisées, nous avons joué au père et à la mère (l'une des raisons pour lesquelles j'aimais Ellie, c'est qu'elle acceptait toujours de jouer le père), et nous avons couru sur le terrain de golf qui était au bout de notre rue.

Nous nous disions tout, et nous nous connaissions si bien toutes les deux que nous pouvions communiquer sans parler. En cinquième année, son banc était deux rangées devant le mien et, parfois, lorsque Mme O'Hara ne regardait pas, Ellie jetait un coup d'œil vers moi et me posait des questions ou me disait des choses avec ses yeux: *N'est-ce pas que Brad Bentley est beau aujourd'hui? Pourquoi les études sociales sont si ennuyantes? Veux-tu jouer au carré à la récréation?* Mon amitié avec Ellie était si sûre et si familière que, curieusement, je ne me suis jamais questionnée à ce propos; c'était ma vie, simplement.

C'est en cinquième année qu'Ellie et moi avons passé le stade d'être des filles qui existaient dans la périphérie de la scène sociale de notre école primaire à celui de celles que tout le monde voulait avoir comme amies. Je n'arrive pas encore à comprendre pourquoi. Un jour, nous nous tenions ensemble, simplement, en regardant la télévision et en buvant un soda dans la chambre de ses parents ; le lendemain, nous étions submergées d'invitations à des fêtes d'anniversaire et nous étions celles que les autres filles voulaient comme partenaires au gym, ou s'asseoir à côté de nous dans l'autobus. Nos compagnes de classe demandaient notre opinion, riaient de nos blagues et nous confiaient leurs problèmes.

Mais, il n'était pas facile d'être populaire — vraiment pas. Au lunch, les filles s'entassaient autour de la table que nous avions choisie et lorsque nous nous levions après avoir terminé notre repas, elles se levaient aussi. Si deux filles se querellaient pendant une soirée pyjama, on faisait appel à moi pour faire cesser la dispute. Je sentais toujours que mes compagnes de classe cherchaient mon attention. Je voulais être gentille avec toutes, mais parfois, c'était épuisant.

Vers la deuxième secondaire, mes compagnes ont commencé à se rebeller — les filles et les garçons avaient des amourettes, faisaient du vol à l'étalage, fumaient des cigarettes. De telles activités me mettaient mal à l'aise. Ellie et moi avions toujours très bien réussi à l'école et je tenais à l'approbation de mes professeurs. De plus, je ne voulais pas avoir de problèmes avec mes parents, ce n'était vraiment pas nécessaire. Les cigarettes sentaient mauvais et faisaient tousser, et pourquoi irais-je me cacher quelque part pour fumer alors qu'il y avait tant d'autres choses qui m'intéressaient ?

Je pouvais voir à quel point mon manque d'intérêt à mal me conduire commençait à m'isoler de mes amies — y compris Ellie. Si quelques-unes d'entre nous passaient la nuit chez Gina et que quelques garçons se faufilaient dans la maison après que les parents de Gina étaient endormis, je faisais exprès de me coucher tôt. Puis, le lendemain matin, les autres filles avaient un nouveau sujet de conversation en commun dont j'étais exclue. Je ne pouvais pas comprendre cette hâte de mes compagnes d'agir comme les plus vieux; nous avions le restant de notre vie pour être vieilles, mais si peu de temps pour être jeunes. Lorsque j'ai essayé d'en parler avec Ellie, elle m'a simplement répondu : « Les choses changent, Caroline. » Je voulais lui dire que cela n'était pas nécessaire — que nous n'avions pas besoin d'être au centre de tout, que ce serait bien si c'était nous, comme avant — mais je n'ai jamais réussi à exprimer ma pensée.

Un samedi d'octobre, j'étais à l'épicerie avec ma mère et j'ai rencontré une compagne de classe, Melissa. Elle m'a prise à part et a chuchoté : « Est-ce qu'Ellie est bien ? »

« Quoi ? » ai-je dit.

« À cause de la nuit dernière. »

J'ai ravalé ma salive, le cœur battant. « Qu'est-il arrivé la nuit dernière ? »

« Tu ne sais pas ? »

Je n'aimais pas particulièrement Melissa et j'étais embarrassée de devoir lui demander des nouvelles de ma meilleure amie. « Non, ai-je répondu. Je ne sais pas. »

« Eh bien, j'imagine que les parents de Gina étaient à l'extérieur de la ville, et Gina a organisé une soirée où tout le monde buvait. Ellie est tombée dans les marches et s'est coupé le front. J'ai entendu dire qu'elle a dû avoir des points de suture. » Melissa m'a regardée du coin de l'œil. « Je ne peux pas croire que tu ne le savais pas. »

Ce fut difficile d'absorber toutes ces informations d'un seul coup — une soirée? Ellie qui tombe? Des points de suture? Comment se fait-il que je n'ai rien su? J'avais pourtant été invitée aux autres soirées. Depuis quand Ellie buvait-elle?

Lorsque j'ai téléphoné à Ellie, elle paraissait sans entrain et sur la défensive. « Ce n'était pas une soirée, a-t-elle dit. Nous n'étions que quelques-uns. Et je n'ai pas eu de points de suture. Je ne suis même pas allée à l'hôpital. »

« Tes parents le savent-ils? »

« Non, et ne le dis pas à ta mère, car elle le dira à la mienne. »

« Quelque chose de très grave aurait pu arriver », ai-je répondu.

« Mais rien n'est arrivé, a-t-elle répliqué. Alors, relaxe. »

Ce fut à ce moment-là, lorsqu'elle a prononcé ces mots — *alors, relaxe* — que j'ai su avec certitude que les choses avaient changé entre nous de façon dramatique et permanente. Effectivement, Ellie a rapidement trouvé une excuse pour raccrocher. Je l'avais perdue.

Alors que j'étais devenue rapidement populaire pour aucune raison apparente, je ne l'ai plus été tout aussi rapidement. Les filles qui avaient bu mes paroles me saluaient à peine dans les corridors; à plusieurs reprises, lorsque je passais devant un groupe, la conversation cessait. À vrai dire, j'ai peut-être même éprouvé du soulagement de ce revirement, sauf que, cette fois, je ne pouvais plus être avec Ellie. J'ai été seule pendant à peu près toute ma troisième secondaire. Je voyais encore Ellie en classe, mais chaque fois que le professeur ou un autre étudiant disait quelque chose qui me rappelait le temps où elle et moi nous jetions des regards complices, elle évitait mon regard, les yeux dans le vide. J'ai entendu dire qu'elle avait commencé à fumer de la mari. Elle a aussi cessé d'être sur la liste des meilleurs élèves et a commencé à sortir avec un garçon plus vieux, Dave, qui a été mis à la porte de notre école.

Pendant presque tout le reste du secondaire, j'ai été très seule. Ce n'est pas avant le collège que je me suis fait des amies avec qui je sentais les mêmes affinités qu'autrefois avec Ellie. Il est peut-être surprenant que, lorsque je regarde en arrière, je ne regrette rien. J'ai passé une grande partie de mes années du secondaire à étudier, et j'ai été récompensée lorsque j'ai été acceptée au collège de mon choix. Je me suis concentrée sur ce qui m'intéressait, comme les livres que nous lisions dans les classes de littérature, et je me suis jointe à l'équipe des coureurs, si bien qu'aujourd'hui j'aime encore lire et courir. Curieusement, ma décision de ne pas faire des choses qui me rendaient mal à l'aise, comme boire, fumer et mentir à mes parents, m'a fort embarrassée. Mais c'était gérable; il y avait une vérité à cela. Je peux dire honnêtement que les conséquences d'être soi-même ne sont jamais pires que celles de ne pas l'être.

Quant à Ellie, la dernière fois que je l'ai vue, c'est l'été où j'ai obtenu mon diplôme du collège, alors que je l'ai rencontrée au centre commercial. Je savais qu'elle avait fait sa première année de collégial, puis avait abandonné les études pour travailler et, peu après, elle était devenue enceinte. J'ai été surprise de voir qu'elle était de nouveau enceinte. J'ai demandé: « Quand dois-tu accoucher? »

« En septembre. » Sa voix était faible et elle avait un teint pâle et terreux.

Je craignais de poser d'autres questions. J'étais presque certaine qu'elle n'était pas mariée.

« Et toi, comment vas-tu? » a-t-elle demandé.

« Je viens d'obtenir mon diplôme, et je vais à Londres pour un stage en entreprise », ai-je répondu.

« Formidable », a-t-elle dit, et là non plus il n'y avait aucun enthousiasme dans sa voix.

Je voulais la regarder et lui dire avec mes yeux: *Tout ira bien pour toi aussi, Ellie! Je me souviens combien tu étais intelligente, forte et drôle. Je sais que tu peux reprendre ta vie en main.* Mais chaque fois que je la regardais, elle fuyait mon regard — fixant quelque chose que je ne pouvais pas voir.

Caroline Smith

Grand-maman racontait
des histoires

Lorsque j'étais jeune, ma mère allait en Floride rendre visite à ma grand-mère. Je l'ai suppliée de m'emmener. « Je veux bien, mais souviens-toi, m'a prévenu maman, grand-maman est malade. »

J'avais vu beaucoup de personnes malades avant, alors je me suis dit que ce ne serait pas si terrible. De plus, au moment où nous arriverions en Floride, grand-maman irait probablement mieux. Alors, nous aurions du plaisir comme avant. Je me souviens à quel point je m'étais senti important l'été précédent, quand grand-maman m'a porté sur ses épaules dans les rues de St. Petersburg.

Maman et moi avons pris le train pour la Floride. Elle avait apporté un sac de cerises, Il était très gros, mais au lieu de m'en donner une poignée, elle m'a fait tenir tout le sac. Après en avoir mangé une première poignée, je l'ai regardée, mais elle n'a rien dit. Même si elle était assise à côté de moi, elle semblait lointaine, perdue dans ses pensées, et son regard errait à travers la fenêtre. J'ai pris une autre poignée de cerises et elle n'a toujours rien dit. Elle ne l'a même pas remarqué. Maman m'a laissé manger toutes les cerises que je voulais, mais lorsque j'ai baissé les yeux vers ma nouvelle chemise et que j'y ai vu des taches de cerises, j'ai eu peur d'avoir des ennuis. Je l'ai dit à maman et elle a répondu que ce n'était pas grave en essuyant patiemment les taches avec un chiffon humide.

Nous avons pris un taxi de la gare vers la maison de grand-maman. J'étais de plus en plus fébrile en approchant. Grand-maman était formidable pour raconter des histoires, et je me sentais privilégié chaque fois qu'elle en racontait.

« Grand-maman, raconte-moi une histoire », lui disais-je, et elle commençait toujours par : « Il était une fois un garçon qui s'appelait Billy… » Chaque histoire commençait par un garçon qui portait mon nom. Lorsque nous sommes arrivés à sa maison, j'allais commencer par dire : « Grand-maman, raconte-moi une histoire. »

Une fois chez grand-maman, elle n'est pas venue à ma rencontre. Même après avoir grimpé les marches, elle n'est pas venue m'accueillir. Je suis allé dans sa chambre. En l'espace d'un instant, j'ai changé pour toujours, car ce que j'ai vu dans cette chambre n'était pas ma grand-maman insouciante. C'était un corps déformé, maigre et aux traits tirés.

Ce soir-là, allongé sur mon lit, j'ai entendu ma grand-maman qui gémissait de douleur. Cela a eu sur moi le même effet que si quelqu'un avait passé ses ongles sur un tableau noir. Je voulais tellement que ça cesse, mais les gémissements ont duré toute la nuit.

Le lendemain matin, j'ai demandé à maman si je pouvais partir, car cela me faisait trop mal de voir grand-maman si malade. Elle m'a renvoyé à la maison par avion l'après-midi même. Quelques semaines plus tard, maman est rentrée à la maison et m'a demandé si j'accepterais que grand-maman vienne vivre avec nous. J'ai dit oui, mais en réalité, je ne voulais plus jamais revoir grand-maman.

Même si elle a vécu avec nous pendant les quelques mois suivants, je ne suis jamais allé dans sa chambre. Elle ne pouvait pas se lever. Je n'avais pas besoin de la voir. De temps à autre, lorsque je passais devant sa chambre, je pouvais la voir le dos tourné. Parfois, je voyais à travers sa robe de nuit et je remarquais à quel point elle était ridée avec son dos et son bassin osseux visibles sous sa peau flasque. J'avais honte car je ne croyais pas avoir le droit de voir ce côté de ma grand-mère.

Un jour, grand-maman m'a appelé alors que je passais devant sa chambre. Je ne voulais pas y aller. Sa voix a touché une corde sensible et familière en moi. Je ne pouvais pas décevoir cette voix. Je l'ai suivie comme dans un rêve. Dans sa chambre, je ne l'ai pas regardée. J'ai simplement fixé le plancher et je me suis dit que ce n'était pas ma grand-mère — c'était impossible.

J'étais sur le point de sortir de la chambre et de ne jamais y revenir lorsqu'elle a parlé: « Il était une fois un garçon qui s'appelait Billy… » J'ai suivi ses mots, au-delà des mots et du corps déformé, là où je pouvais la reconnaître et me rappeler: «… et le petit Billy aimait beaucoup sa grand-maman… » J'ai levé la tête et j'ai regardé grand-maman. Même si son corps déformé et mourant n'avait pas changé, je pouvais maintenant voir au-delà de son apparence. Je suis allé dans sa chambre tous les jours par la suite, jusqu'à son décès. Et tous les jours, elle me racontait une autre histoire à propos d'un garçon qui s'appelait Billy.

William Elliott

Mon journal

Personne ne peut vous donner un conseil plus sage que vous-même.

Cicéron

En tournant la page soixante-dix-neuf de mon journal, je souris d'un air entendu au changement subtil de voix que je ne peux pas bien expliquer, et je remarque un peu ironiquement que la page a le même numéro que l'année de ma naissance. Depuis ma deuxième année, alors que j'ai commencé à écrire chaque semaine dans mon journal, j'ai considéré davantage ce moment d'écriture comme un exercice pour ma propre satisfaction. Relire ces pages me montre les hauts et les bas, le bon et le mauvais. Il est instructif de lire à propos de mes obsessions d'enfant, des disputes avec des amis qui semblent aujourd'hui insignifiantes, et de celles qui me font encore mal au cœur. Ce n'est peut-être que de l'encre sur du papier, mais ce sont mes amours, mes haines et mes espoirs. Lorsque je n'écris pas dans mon journal, je me retrouve en dehors de la réalité, incapable de faire un constat avec mes propres mots et ma propre écriture.

L'entrée soixante-dix-neuf de mon journal a été écrite quand ma meilleure amie a levé ses mains et m'a mis au visage deux poignets torturés. J'ai décrit le vide dans ses yeux pendant que je regardais tantôt ses poignets, tantôt son visage, en cherchant une réponse ou une explication. « Qui t'a fait ça ? » ai-je aussitôt dit. « C'est moi », a-t-elle répondu. Je lui ai saisi la main, en prenant soin de ne pas toucher aux ecchymoses, aux fines striures et aux taches de sang séché. Elle a baissé les yeux, incapable de voir le chagrin dans mon regard implacable. Je n'avais alors que treize ans, à peine une adolescente, et ma meilleure amie depuis l'enfance avait été hospitalisée pour une tentative de suicide. Ce jour-là, le silence qui nous était devenu confortable comme meilleures amies fut brisé. Dans mes oreilles, il y avait du bruit — toujours cette incessante question: « Pourquoi, POURQUOI? POURQUOI? » Elle avait mille et une raisons, mais je sais maintenant qu'elle n'aurait jamais pu m'en donner une que j'aurais acceptée. Pendant cette période de noirceur où un gouffre insurmontable m'a séparée d'elle, le miroir de ma propre évaluation s'est effrité, morceau par morceau, et les tessons fragiles de ma naïveté et de mes croyances sont tombés.

J'ai écrit que j'avais glissé dans un rêve cauchemardesque où la torpeur a pris le dessus sur mon corps et sur mes émotions. J'ai épousé sa douleur profonde, et c'était comme si son expérience était devenue ma toute première confrontation face à la mort. Devant toute cette adversité, notre vie complexe s'est inextricablement liée encore plus fortement qu'avant. À travers ses yeux ternes et sans vie, et à travers ma voix hébétée qui s'exprimait par des paroles insensées sur une page indéterminée, j'ai commencé à avoir une plus large perspective de la vie et de la mort.

Une grande partie des choses qui se sont produites ce jour-là, et pendant les mois qui ont suivi, reste floue. Pendant longtemps, le sujet est demeuré inabordable, enfoui profondément quelque part dans un pays imaginaire. En repensant aujourd'hui à cette entrée dans mon journal et à celles qui ont suivi, je peux remarquer un changement net dans le ton et dans la voix. La crainte constante de Peter Pan s'était réalisée du jour au lendemain pour moi — j'ai grandi. Même si je ressens parfois une envie de revenir à mon idéalisme et à mon innocence, je sais maintenant que ce que j'ai gagné à la place est plus précieux — une affirmation d'amour et de force.

Écrire dans mon journal a éclairé ma vie; cela m'a donné un espace sacré où je peux noter mes pensées tout en restant en contact avec la réalité et avec moi-même.

Stephanie Hsu

En déboulant
les collines l'été

Chaque être humain sur cette terre porte en lui
une tragédie, et ce n'est pas le péché originel.
Il porte en lui la tragédie de devoir grandir.
Bien des gens n'ont pas le courage de le faire.

Helen Hayes

Nous courons pendant une nuit d'août, avec les mouches à feu pour tout éclairage, et nous ressentons la liberté que seuls les enfants peuvent connaître l'été. L'écho de nos rires vogue dans le noir pendant que nous courons les uns les autres en jouant au jeu du chat. Bientôt, nous nous taisons, en chassant à travers l'herbe haute et humide, avec pour seul bruit le battement de notre cœur.

Une main traverse la nuit et m'attrape. Nos deux corps tombent enlacés en une masse de jambes et de bras, et elle prend le dessus parce que je le veux bien. Elle me cloue au sol sur le dos, ses mains tenant les miennes écartées dans l'herbe humide. En coinçant ma poitrine avec ses genoux, je sens sa tête qui s'approche lentement encore plus près. Nous sommes si proches que je peux sentir sa respiration sur mes lèvres. Elle couvre ma bouche avec la sienne et je suis perdu dans la nouveauté de mon premier baiser. Avant que j'aie pu parler ou penser, elle se retire. En courant, elle me laisse là, pantois. C'est ainsi que la nuit s'est terminée; c'est ainsi que tout a commencé.

C'est l'été de mes treize ans et j'aime beaucoup ces journées majestueuses à Pocono. De notre chalet, nous voyons une suite infinie de collines habillées d'herbe odorante et de marguerites jaunes. Mon jeune frère Mikey et moi grimpons jusqu'au sommet et ensuite, couchés sur le côté comme deux quilles de bowling, nous fermons les yeux et nous roulons à toute vitesse jusqu'en bas. C'est une sensation étourdissante que de sentir le monde tourner follement ainsi. Parfois, je perds le contrôle et je dévie vers une destination inconnue non planifiée.

C'est alors que je vois Carly pour la première fois, traînant avec d'autres filles au lac. Je ne savais pas que je dévierais de son côté et que j'entrerais tout droit dans son monde.

Elle se tient avec ce groupe de filles de treize ans qui ont formé équipe, par commodité plus que par intérêt commun. Ses longs cheveux noirs tombent en cascade sur sa peau laiteuse, et elle a cette capacité unique de me sourire avec ses yeux.

Ma petite gang a l'air d'un assortiment bizarre. D'abord, me voici. J'ai connu une grande poussée de croissance pendant l'été, et mes membres sont beaucoup trop longs. Cela fait curieux d'être soudainement plus grand que sa propre mère, la personne que l'on a pris comme modèle toute sa vie. La dépassant maintenant d'un bon 7 cm, je peux facilement lui tapoter la tête. Cependant, peu importe à quel point je mange, mes pantalons pendent sur mon corps dégingandé de 48 kilos. Tout change, autour de moi et en moi. Je ne peux même pas dire que je suis confortable dans ma peau, bourgeonnée d'acné.

Puis, il y a mon frère de dix ans, Mikey. Il n'a pas trouvé d'autres jeunes de son âge pour jouer et il semble qu'il soit en sérieux sevrage de Nintendo. J'ai la responsabilité de le surveiller, lui qui se déplace à la vitesse de l'éclair. Nous formons une paire étrange. Bien que seulement trois ans nous séparent, nous avons presque 60 cm de différence.

Enfin, il y a Ron, quatorze ans, un an plus âgé que moi et tellement plus sage dans sa façon de comprendre le monde. Il rabaisse sa casquette des Mets sur les yeux pour les protéger du soleil et de tout regard inquisiteur des parents. À l'oreille gauche, il porte un faux diamant, pour montrer qu'il est *cool*.

Ron et moi sommes assis sur le quai, les pieds dans l'eau, pendant que Mikey flotte négligemment sur sa chambre à air noire. De temps à autre, nous avons le toupet de jeter un coup d'œil vers les filles qui plongent dans l'eau à tour de rôle dans leurs bikinis aux couleurs vives, en gloussant et en essayant aussi de regarder de notre côté.

Ron partage avec moi son expérience avec les femmes et je me demande s'il y a beaucoup de vrai, mais j'écoute attentivement, au cas où ce le serait. Certaines de ses histoires sont drôles, et d'autres sont vraiment vulgaires, mais j'emmagasine tout ce qu'il me dit précieusement dans les rouages de mon cerveau pour références futures.

La seule autre expérience que j'ai entendue sur le sexe remonte à un cours sur la santé; ça ressemblait à une blague très grossière. Il y avait ce gars au fond de la classe qui riait chaque fois que le professeur mentionnait quelque chose de sexuel. C'était le même gars qui répétait à qui voulait l'entendre qu'il y aurait un « test... » le lundi et qui se tordait de rire à son propre mot d'esprit.

À la maison, mes parents n'en parlent qu'en termes strictement médicaux. La façon dont ils en parlent ressemble davantage au procédé douloureux pour arracher une dent de sagesse qu'à une expérience agréable. Ici, assis sur le quai avec Ron, cela semble plus réel. J'observe Carly dans son deux-pièces rouge. Ses cheveux noirs brillent au soleil de midi et je me demande quel effet ça ferait d'embrasser ces lèvres couleur pêche. Jusqu'à présent, il m'a fallu tout mon courage pour seulement lui dire bonjour lorsque nous nous croisons chaque jour au lac.

Bientôt, la nuit tombe et papa nous appelle pour une réunion de famille informelle autour de la table. Il dit qu'il veut parler de notre « avenir ». La pièce est chaude et sans air climatisé. La sueur derrière mes jambes fait que ma peau colle aux chaises de cuisine recouvertes de vinyle.

Papa s'assoit au bout de la table, les coudes appuyés sur le Formica jaune. Il ne s'est pas rasé depuis que nous sommes arrivés ici, et sa barbe grise de plusieurs jours lui donne l'air vieux. Ma mère s'assoit à l'autre bout de la table, portant toujours le même maillot de bain qu'elle portait plus tôt dans la journée, au bord du lac. Elle tire le bord de son maillot sur chaque cuisse, plus nerveuse que d'habitude, elle pourtant si calme. Mikey est assis nonchalamment et trempe ses biscuits Oreo dans un grand verre de lait, puis il les suce de ses lèvres mouillées.

Papa nous a appris qu'il a été remercié de son travail — comme ça, sans autre avertissement. Je ne peux pas dire que je suis surpris; nous avons tous vu les signes. Papa travaille dans le textile et l'industrie se meurt. Je le sais, car j'ai entendu des conversations à voix basse entre papa et maman. Le gros de l'industrie se fait maintenant à l'étranger et il n'y a pas assez de travail pour garder les manufactures de couture en vie. Ce n'est pas comme si papa avait une profession où il pouvait facilement trouver un autre emploi. Il est difficile de trouver un autre travail à quarante-six ans.

Mikey continue de sucer ses biscuits. Il est trop jeune pour comprendre qu'il n'y a pas de miracle pour arranger les choses, et papa n'a pas toutes les réponses.

Pendant que je m'affole, j'entends papa parler de notre maison; il utilise des mots comme « réduire nos dépenses » et « se serrer la ceinture ». Tout ce que je me demande, c'est: *En quoi cela m'affectera-t-il? Pourrai-je encore aller au cinéma avec mes amis, ou est-ce que je devrai rester à la maison? Où sera ma maison?* J'entends papa qui parle de taxes horriblement chères et de la possibilité de déménager dans un appartement plus petit.

Je veux l'empoigner et crier: « Arrête! Te rends-tu compte que tu ruines ma vie? Je ne peux pas déménager… c'est ici que sont tous mes amis… c'est ici que je vais à l'école. Nous avions une entente, tu t'en souviens? Tu prends soin de moi et je n'ai jamais à m'inquiéter de tout cela, car je ne suis qu'un enfant. »

Puis, ce sentiment fait place à une poussée de culpabilité à rendre malade pour être si égoïste. Je regarde mes parents qui me semblent petits et vulnérables. Qui sont ces imposteurs pathétiques dont les mots changent tout pour nous, et comment devrais-je réagir envers ces étrangers que j'aime tant? Devrais-je mentir et leur dire que tout s'arrangera? Est-ce les mots qu'ils ont besoin d'entendre, ou est-ce ceux que *j*'ai vraiment besoin d'entendre? Je me sens soudainement comme les parents.

Ce soir-là, je suis allé jouer au chat avec tous ces enfants dont la vie n'est pas changé. J'ai couru dans la nuit, en espérant que le vent efface tout — j'ai couru pour oublier ce qui concernait mon père, ou peut-être pour arriver à trouver une réponse qui nous sauverait. C'est alors que le bras de Carly sort de l'ombre et m'attrape. Elle m'embrasse, et j'oublie pour un instant toute cette incertitude.

Puis, elle est partie et je reste là couché dans la noirceur profonde, avec la tête qui tourne de la même façon que lorsque je roulais en bas de ces longues collines. Je ressens la même désorientation étourdissante, couché là seul dans la noirceur, et je comprends que parfois il n'y a pas de vraies réponses, et que la vie continue.

C. S. Dweck

À propos des auteurs

Jack Canfield

Jack Canfield est un auteur de best-sellers et un des meilleurs experts américains du développement du potentiel humain. Il est à la fois un conférencier dynamique et divertissant et un formateur très recherché pour sa merveilleuse capacité d'informer et d'inspirer les auditoires à ouvrir leur cœur, à aimer plus ouvertement et à poursuivre leurs rêves avec audace.

Jack a passé son adolescence à Martins Ferry, en Ohio, et à Wheeling, en Virginie de l'Ouest, avec sa sœur Kimberly (Kirberger) et ses deux frères, Rick et Taylor. Tous les membres de la famille ont passé la plus grande partie de leur carrière professionnelle à enseigner, à conseiller et à responsabiliser les adolescents. Jack admet avoir été timide et ne pas avoir eu confiance en lui au secondaire, mais par un travail acharné, il a mérité des distinctions dans trois sports et a terminé troisième de sa promotion.

Après avoir obtenu son diplôme universitaire, Jack a enseigné au secondaire dans les quartiers défavorisés de Chicago ainsi qu'en Iowa. Au cours des dernières années, il a étendu son auditoire aux adultes, tant dans les milieux éducatifs que corporatifs.

Il est l'auteur et le narrateur de plusieurs programmes audio et vidéo qui sont devenus des best-sellers. Il est souvent invité comme expert à de nombreuses émissions de radio et de télévision et il a publié de nombreux livres — tous des best-sellers dans leur catégorie

— dont plus de vingt titres de *Bouillon de poulet pour l'âme*, *Le pouvoir d'Aladin*, *Osez gagner*, *Heart at Work* et *100 Ways to Build Self-Concept in the Classroom*.

Jack donne plus d'une centaine de conférences par année. Ses clients sont des associations professionnelles, des commissions scolaires, des agences gouvernementales, des églises et des entreprises dans les cinquante États.

Jack anime un séminaire annuel de huit jours, *Training of Trainers*, portant sur la confiance en soi et le rendement maximal. Ce séminaire attire des éducateurs, des conseillers, des formateurs auprès de groupes de soutien aux parents, des formateurs en entreprise, des conférenciers professionnels, des ministres du culte et d'autres personnes intéressées à améliorer leurs talents d'orateur ou d'animateur de séminaires dans ces domaines.

Mark Victor Hansen

Mark Victor Hansen est un conférencier professionnel qui, au cours des vingt dernières années, a donné plus de quatre mille conférences à plus de deux millions de personnes dans trente-trois pays. Ses exposés parlent d'excellence dans la vente et de stratégies, de responsabilisation et de croissance personnelles, et comment tripler votre revenu et doubler vos temps libres.

Toute sa vie, Mark s'est donné pour mission de changer profondément et positivement la vie des gens. Pendant toute sa carrière, il a inspiré des centaines de milliers de personnes à se bâtir un avenir plus solide et plus significatif, tout en stimulant la vente de biens et services pour des milliards de dollars.

Mark est un écrivain prolifique. Il est l'auteur des livres *Future Diary, How To Achieve Total Prosperity* et *The Miracle of Tithing*. Il est coauteur de la série *Bouillon de poulet pour l'âme, Osez gagner* et *Le pouvoir d'Aladin* (avec Jack Canfield), et *Devenir maître motivateur* (avec Joe Batten).

Mark a également produit une bibliothèque complète de programmes sur audio et vidéocassettes sur la responsabilisation personnelle, qui ont permis à ses auditeurs de reconnaître et d'utiliser leurs aptitudes innées dans leur vie professionnelle et personnelle. Son message a fait de lui une personnalité populaire de la télévision et de la radio. Il a participé à des émissions sur ABC, NBC, CBS, HBO, PBS, QVC et CNN.

Il a aussi fait la une de nombreux magazines dont *Success, Entrepreneur* et *Changes*.

Mark est un grand homme avec un cœur et un esprit à sa mesure. Il est un modèle inspirant pour tous ceux qui cherchent à s'améliorer.

Kimberly Kirberger

Kimberly prend la défense des ados, elle écrit pour les ados, elle est la mère d'un ado, et l'amie et la confidente de nombreux ados qui font partie de sa vie. Elle s'est engagée à améliorer la vie des ados dans le monde entier par ses livres et la main tendue qu'elle leur offre par le biais de son entreprise, Inspiration and Motivation for Teens, Inc.

L'amour de Kim pour ces jeunes s'est d'abord manifesté globalement par la publication du best-seller *Bouillon de poulet pour l'âme des ados*. Ce livre a été une véritable œuvre d'amour pour elle, et le résultat de plusieurs années d'amitié et de recherche sur les adolescents qui lui ont révélé ce qui comptait vraiment pour eux. Après le succès du premier livre *...pour l'âme des ados*, et l'arrivée de centaines et de milliers de lettres et de soumissions d'ados du monde entier, Kim a poursuivi en cosignant le best-seller du *New York Times*, *Bouillon de poulet pour l'âme des ados II*, *Chicken Soup for the Teenage Soul III*, *Bouillon de poulet pour l'âme des ados — Journal*, *Chicken Soup for the Teenage Soul Letters* et *Chicken Soup for the College Soul*. L'empathie de Kim et sa compréhension des problèmes auxquels sont confrontés les parents l'ont amenée à cosigner une nouvelle parution: *Chicken Soul for the Parent's Soul*.

En octobre 1999, le premier livre de Kim dans la série *Teen Love* est sorti des presses. *Teen Love: On Relationships* est devenu depuis un best-seller du *New York Times*. Son amitié et sa collaboration avec Colin Mortensen, de l'émission *Real World Hawaii* de MTV, ont entraîné la publication du très apprécié *Teen Love: A Journal on Relationships* et de *Teen Love: On Friendship*. Elle vient de publier *Teen Love: A Journal on Friendship*.

Son entreprise sans but lucratif, *Soup and Support for Teachers*, est orientée vers les ados et les enseignants en leur offrant des lectures inspirantes et du soutien.

Quand elle ne lit pas les lettres qu'elle reçoit des ados, Kim leur offre soutien et encouragement dans le forum de son site Web, *www.iam4teens.com*. Elle aime aussi s'occuper de sa famille, écouter l'orchestre de son fils et fréquenter ses amis.

Autorisations

Nous aimerions remercier les personnes et les éditeurs suivants de nous avoir permis de reproduire le matériel cité ci-dessous. (Remarque: Les histoires dont l'auteur est anonyme, qui sont du domaine public ou qui ont été écrites par Jack Canfield, Mark Victor Hansen ou Kimberly Kirberger ne sont pas incluses dans cette liste.)

J'embrasse comme un cheval, La dernière chanson pour Christy et *Les mains découpeuses*. Reproduites avec l'autorisation de Rebecca Woolf. ©2001 Rebecca Woolf.

As-tu déjà. Reproduite avec l'autorisation de Tiffany Blevins. ©1999 Tiffany Blevins.

Je m'appelle Loni et *Amies jusqu'à la fin.* Reproduites avec l'autorisation de Cynthia Hamond. ©2000 Cynthia Hamond.

Poursuivre, Je m'excuse... et *Vis aujourd'hui.* Reproduites avec l'autorisation de Shari Henderson. ©1999 Teal Henderson.

Pourquoi j'ai coulé le cours d'histoire et *Le Sac.* Reproduites avec l'autorisation de Tal Vigderson. ©2001 Tal Vigderson.

Adieu, cher ange. Reproduite avec l'autorisation de Tyler Phillips. ©1999 Tyler Phillips.

Je m'applique. Reproduite avec l'autorisation de C. S. Dweck. ©2000 C.S. Dweck.

Le dernier acte. Reproduite avec l'autorisation de Lisa Teller. ©1999 Lisa Teller.

Ça fait réfléchir... ©2000 Weider Publications, Inc. Reproduite avec l'autorisation du magazine *Jump.*

Le bas-fond. Reproduite avec l'autorisation de Susan K. Perry et Jenny Hungerford. ©2001 Susan K. Perry et Jenny Hunderford.

Par une douce nuit... Reproduite avec l'autorisation de Sarah Woo. ©1999 Sarah Woo.

Elle l'ignore encore. Reproduite avec l'autorisation de Kate Reder. ©1997 Kate Reder.

Série
Bouillon de poulet
pour l'âme

1er bol *
2e bol
3e bol
4e bol
5e bol

Ados *
Ados II*
Ados dans les moments
  difficiles *
Ados — Journal
Aînés

Amateurs de sport
Amérique
Ami des bêtes *
Ami des chats
Ami des chiens

Canadienne
Célibataires *
Chrétiens
Concentré **
Couple *

Cuisine (livre de)
Enfant *
Femme
Femme II *
Future Maman *

Golfeur *
Golfeur, la 2e ronde
Grand-maman
Grands-parents *
Infirmières

Mère *
Mère II *
Mères et filles
Noël
Père *

Préados *
Professeurs *
Romantique *
Sœurs
Survivant

Tasse **
Travail

* *Volumes disponibles également en format de poche*
** *Volumes disponibles seulement en format de poche*